本书获得河北省社会科学基金项目（项目批准号：H

经济管理学术文库 • 经济类

京津冀产业链创新链双向融合与制造业升级路径研究

Research on the Bidirectional Integration of the Industrial Chain & Innovation Chain and the Upgrading Path of the Manufacturing Industry in the Beijing–Tianjin–Hebei Region

杨　华　苏凤虎　吴　譞／著

图书在版编目（CIP）数据

京津冀产业链创新链双向融合与制造业升级路径研究/杨华，苏凤虎，吴譞著．—北京：经济管理出版社，2023.10

ISBN 978-7-5096-9356-8

Ⅰ.①京… Ⅱ.①杨… ②苏… ③吴… Ⅲ.①制造工业—产业发展—研究—华北地区 Ⅳ.①F426.4

中国国家版本馆 CIP 数据核字(2023)第 200828 号

组稿编辑：杨　雪
责任编辑：杨　雪
助理编辑：付姝怡
责任印制：黄章平
责任校对：王淑卿

出版发行：经济管理出版社
（北京市海淀区北蜂窝 8 号中雅大厦 A 座 11 层　100038）
网　　址：www. E-mp. com. cn
电　　话：（010）51915602
印　　刷：北京晨旭印刷厂
经　　销：新华书店
开　　本：720mm×1000mm/16
印　　张：13. 25
字　　数：238 千字
版　　次：2023 年 11 月第 1 版　　2023 年 11 月第 1 次印刷
书　　号：ISBN 978-7-5096-9356-8
定　　价：78. 00 元

前　言

京津冀是我国经济最具活力、开放程度最高、创新能力最强的地区之一。推动京津冀协同发展，是党中央在新的时代条件下作出的重大决策部署，也是促进区域协调发展、打造新增长极的重大国家战略。建设世界级先进制造业集群和以首都为核心的世界级城市群，打造中国式现代化建设的先行区、示范区，是推进京津冀协同发展的核心任务和终极目标之一。当前，世界百年未有之大变局加速演进，新一轮科技革命和产业变革深入发展，国际力量对比深刻调整，国际产业链供应链加快改变，在此背景下，京津冀协同发展面临诸多新的机遇与挑战。自京津冀协同发展战略实施以来，京津冀三地通力合作，在产业发展和协同创新共同体建设方面取得了显著成效。但是，由于三地产业发展落差较大，创新和产业错位由来已久，诸多体制机制障碍尚待破解，京津冀产业链与创新链融合程度较低，产业特别是制造业对世界级城市群建设的支撑明显不足，故京津冀亟须全面提升制造业整体发展水平和综合竞争实力。因此，研究京津冀制造业产业链创新链双向融合路径，提出推动制造业升级的对策和建议具有十分重要的现实意义。

基于以上背景，本书展开了以下方面的研究：第一章主要为研究背景与意义、研究综述、研究思路与内容、研究结论与创新等。第二章重点从产业链和创新链的内涵、特征、类型、形成与演进趋势入手，分析产业链和创新链的基础理论，进而分析“双链”融合的基础理论及推动区域产业升级的逻辑。第三章分别从类型结构、城市分布、完整性、区域分工等方面，分析京津冀制造业产业链现状特征；从创新主体布局、创新要素集聚、研发成果转化等环节，分析京津冀创新链现状特征。在此基础上，运用复合系统协同度模型，分析京津冀制造产业链与创新链的融合程度，并揭示京津冀制造产业链与创新链融合存在的问题及障碍。第四章以日本东京湾区、美国旧金山湾区及我国的长三角地区、长株潭城市群为例，分析推动产业链与创新链融合，助推区域产业转型升级的做法和经验。第五章重点从总量规模、产业结构、质量效益、载体平台等角度，分析京津冀三地制造业发展现状，并提出了京津冀制造业升级的目标导向。第六章对京津冀制造业产业链与创新链融合进行战略设计，主要包括确定融合思路，分析融合重点领域和选择融合模式等。第七章从优化创新资源布局、加强制造业产业链功能升级、疏导“创新—产业”传导环节、推进北京创新链与津冀产业链精准对接四个方面，提出了京津冀制造业产业链与创新链双向融合的路径。第八章提出了京津冀产业链与创新链双向融合推动制造业升级的政策建议，主要包括整合重构京津冀制造业产业链群，建立统一的产业和创新规划体制，推进要素市场一体化建设，打造高能级产业创新平台，构筑开放创新高地，优化创新成果扩散环境等。

本书的特色主要有：一是分析跨区域产业链与创新链融合及“双链”融合促进产业升级的基本内涵、基本原理、一般动因和制约因素，丰富和拓展了产业链与创新链融合的基础理论。二是多层面、多维度、多视角剖析京津冀制造业产业链与创新链现状特征及融合条件，弥补了以往研究由于数据支撑不足导致的研究深度和系统性方面的缺陷。三是运用复合系统协同度模型，对京津冀制造业产业链与创新链融合的程度进行量化分析，并揭示推进京津冀制造业“双链”融合的问题及障碍，为准确把握京津冀地区产业协同和创新协同的脉络，进而为做出科学决策奠定了前提条件。四是深刻分析京津冀制造业产业链与创新链耦合的重点领域，提出了推进“双链”融合的五大模式和主要路径，并提出了推进京津冀制造业升级的对策和建议，丰富了产业升级路径和相关政策研究的内涵。五是在全面梳理京津冀现有产业链的基础上，创造性地提出未来京津冀需要重点打造的先进铁基材料—精密零部件—高端装备、钢铁（化工）—新材料、生物医药健康、新能源、电子信息、汽车（新能源汽车）六大制造业产业链群，为进一步推动京津冀地区制造业升级提供了重要前提和依据。

本书在写作过程中，得到了河北省宏观经济研究院高智研究员、王素平研究员从始至终的大力支持和悉心指导。高智研究员在提纲设计、思路确定、整体把握等方面，王素平研究员在内容写作、调研组织、资料搜集、进度协调等方面均给予了帮助与支持。本书在写作过程中还得到了黄贺林研究员的热心帮助以及笔者所在单位河北省宏观经济研究院有关领导、财务部同事和河北科技大学孔慧珍教授的帮助、支持和鼓励。同时，经济管理出版社的编辑为本书的出版付出了辛勤劳动，在此一并表示感谢。

在本书的写作过程中，我们参考和借鉴了众多专家、学者的研究成果，并尽可能地在参考文献中列出。在此，对这些研究成果的作者表示诚挚的谢意。

由于笔者水平有限，加之编写时间仓促，书中可能存在不妥与疏漏之处，诚盼同行专家指导，敬请广大读者不吝指正。

杨 华

2023 年 5 月

目　录

第一章　导论

制造业是实体经济的基石，也是一个国家和地区综合实力和竞争力的集中体现，更是引领区域发展实力由大变强的核心利器。党的二十大报告提出，我国新时代新征程的使命任务之一是推进中国式现代化，而实现中国式现代化离不开制造业的高质量发展。做大做强先进制造业，加快制造业升级，是推进中国式现代化的重要路径，也是构建现代化产业体系，促进经济高质量发展的关键所在。京津冀地区人口众多，经济体量巨大，是拉动我国经济发展的重要引擎。推进京津冀协同发展，打造以首都为核心的世界级城市群，离不开先进制造业集群的支撑。当前，京津冀制造业层次落差大，整体实力和竞争力不强，产业升级需求迫切，必须围绕产业链部署创新链，围绕创新链布局产业链，加快推动产业链创新链双向融合，助力区域制造业升级发展。

第一节　研究背景与意义

一、研究背景

1. 我国制造业发展已经进入深层次、高质量提升阶段

经过改革开放 40 多年的发展，我国制造业发展取得了举世瞩目的成绩，拥有了全球门类最为齐全的工业体系，制造业总量超过 30 万亿元大关，截至 2021

年底，连续12年位居世界首位①，成为当之无愧的制造大国，正在向世界制造中心迈进。我国制造业产品、技术、装备、品牌不断升级，产业价值链不断攀升，特别是一批“国之重器”“国家名片”相继问世，壮大了“中国制造”的科技优势。目前，我国在轨道交通、特高压输变电、基础设施建设、超级计算机、民用无人机等领域居于世界领先水平，在全球导航定位系统、地球深部探测、5G移动通信、可再生能源、新能源汽车、第三代核电等领域整体进入世界先进行列，在集成电路、高档数控机床、大型船舶制造、节能环保技术等领域加快追赶世界先进水平的步伐。尽管如此，我们仍要看到，我国与世界制造业强国之间仍存在较大落差，中国制造在自主创新能力、质量效益、发展水平、资源利用效率、产业结构层次等方面差距明显，迫切需要加强顶层设计和前瞻部署，打造具有全球水准的制造业体系，推动制造业向高端化、智能化、绿色化转型升级。党的二十大报告指出，我国要推进新型工业化，加快建设制造强国。我国经济已步入高质量发展阶段，制造业发展活力和国际竞争力不断提升，习近平总书记提出的“推动中国制造向中国创造转变、中国速度向中国质量转变、中国产品向中国品牌转变”目标正加快实现。

2. *加快构建创新体系成为制造业高质量发展的必然要求*

科技创新是助推制造业高质量发展的原生动力。制造业的核心就是创新，就是掌握关键核心技术。习近平总书记强调：“推动我国制造业转型升级，建设制造强国，必须加强技术研发，提高国产化替代率，把科技的命脉掌握在自己手中，国家才能真正强大起来。”近年来，我国高度重视制造业创新体系建设，始终把创新摆在制造业发展全局的核心位置，围绕制造强国建设重点领域，组建了稀土功能材料、高性能医疗器械、集成电路特色工艺及封装测试、先进印染技术等23个国家制造业创新中心和国家地方共建的制造业创新中心，支持建设了125个产业技术基础公共服务平台，扶持认定了千方科技等多家国家技术创新示范企业，制造业研发投入强度从2012年的0.85%增加到2021年的1.54%，专精特新“小巨人”企业的平均研发强度达到10.3%，570多家工业企业入围全球研发投

① 国新网．国新办举行促进工业和信息化平稳运行和提质升级发布会[EB/OL]．国务院新闻办公室新闻发布会，[2022-02-28]．http://www.scio.gov.cn/xwfb/gwyxwbgsxwfbh/wqfbh_2284/2022n_2285/2022n02y28rsw/.

入 2500 强①，以创新中心为核心节点的多层次、网络化制造业创新体系加快形成，制造业科技创新能力和水平迈上新台阶。尽管如此，支撑我国制造业高质量发展的科技创新体系仍有待进一步完善，良好的创新生态系统尚未形成。当前和今后一段时期，我国将持续加强基础研究和应用研究，集中力量攻克一批制约制造业高质量发展的“卡脖子”关键技术，强化关键共性技术供给，提高科技成果转化效率，加大原创技术研发及产业化，全面提升制造业创新体系效能。

3. 科技与产业深度融合成为推动经济转型升级的主引擎

当前，新一轮科技革命和产业变革加快突破，新技术、新成果不断涌现并加速转化、扩散、融合，已经成为推动经济社会发展的新引擎和新动能，我国正加速由制造大国向制造强国转型升级。同时，驱动经济高质量发展的动力因素也由资本、劳动、资源等有形要素加速向创新、数据等无形要素转变。随着我国越来越多地“触摸”到国际前沿技术，国外不再有大批先进技术可供引进、吸收，国外技术“无限供给”的基本面已经发生根本性变化。在此情形下，我国制造业转型升级必须依靠自主创新。国际经验表明，技术创新不是完整意义上的创新过程，而只是创新链上的一个环节。要推动经济转型升级和全要素生产率提升，必须将原始创新、过程创新和应用创新等嵌入产业发展中去，只有将技术创新转化为产业发展能力，即推动技术创新与产业化扩散融合，才能助推实体经济加快转型。当前，越来越多的国家重视技术创新与产业化扩散融合，纷纷推出加快技术创新，推动产业升级发展的政策措施，如美国提出加强基础研究，围绕发展新兴技术群，以期发展新兴产业和未来产业；日本加快建设以东京为代表的创新型城市，引领带动本国产业转型升级。实际上，很多发展中国家很早就加入了全球产业链，但由于在研发投入、专利产出、品牌建设等方面严重不足，迄今为止仍然没有加入全球创新链，因此难以推动技术创新与产业化扩散融合，很容易落入中等收入陷阱。我国在非常短的时间里，既加入了全球产业链成为世界制造大国，又在个别领域挤入全球创新链，加快打破发达国家把持国际产业“微笑曲线”两端的格局。未来能否实现技术创新与产业化融合扩散，已然

① 李洪兴．建设制造强国，把制造业做实做优做强（评论员观察）——强国之路正扬帆［N］．人民日报，2022-09-19(5)．

成为中国制造业高质量发展的关键所在。

4. 推动产业链创新链双向融合成为全球重要发展逻辑

当前，世界正经历百年未有之大变局，新一轮科技革命推动人类生产生活方式发生深刻变革，世界各国经济竞争力此消彼长，全球竞争格局加快重塑，大国之间在贸易领域、关键技术领域的博弈日趋激烈，全球产业链和全球创新链的分工格局、运行逻辑、规则体系、竞争范式呈现新的变化趋势。新冠疫情的全球大暴发、俄乌冲突不断持续，使各国开始对缺乏医疗设施、基础原材料，以及能源供应等自主生产能力而过度依赖国外产业链的现状进行反思，很多国家更加重视产业链、供应链、创新链安全，纷纷采取措施加强制造环节本土化。例如，美国提出采购国产化，让制造业回流。与此同时，国际产业创新范式也在发生重要变化，国际产业创新竞争正在从产品竞争、个体竞争升级到产业链群之间的竞争，分工深化、融合互补、链条完整的产业创新链群成为产业竞争力的重要来源。在此情况下，世界主要经济体纷纷推出措施，加快推动制造产业链回流，并更加注重产业链与创新链融合发展，以增强自身经济韧性和产业竞争力。面对严峻复杂的经济形势，我国必须通过推动产业链创新链协同发展和产业链创新链深度融合，全面提升产业链供应链的安全性、稳定性和竞争力。

二、问题的提出

当前，全球都市圈和城市群一体化加速发展已经成为推动区域经济高质量发展最具潜力的增长动能。高度协同的城市群正以前所未有的形象、规模和发展速度，成为全球产业升级的引领者和重点产业技术创新的研发实践者。作为我国极为重要的战略性区域和除长三角城市群、粤港澳大湾区之外的第三经济增长极，京津冀地区的产业发展同样至关重要。

自 2014 年 2 月 26 日京津冀协同发展正式上升为国家战略以来，京津冀地区围绕产业和创新等领域的重点建设任务，开展了大量工作，采取了多项政策措施，京津冀地区产业一体化、创新共同体建设取得了重大进展。当前，京津冀协同发展已经进入纵深发展新阶段，对高水平产业技术创新、产业（特别是制造业）综合竞争力提升有了新的更高要求。但是，京津冀地区的制造业发展落差巨大，产业链和创新链发育程度低、融合水平差，区域产业发展实力和水平整体偏弱。京津冀地区作为我国重要的制造业基地之一，京津冀协同发展的核心

任务之一就是推动制造业高质量发展。随着我国经济发展形势的变化，京津冀区域经济迈入了高质量发展阶段，而制造业作为推动京津冀地区经济发展的重要支撑体系，同样面临着向数字化、高端化、绿色化、多元化升级的迫切需求。

随着习近平总书记提出“围绕产业链部署创新链、围绕创新链布局产业链，推动经济高质量发展迈出更大步伐”，越来越多的专家学者认识到了产业链和创新链的重要性，并提出了推动产业链与创新链融合发展，而这正是推动制造业转型升级的关键举措。但是，对目前的京津冀地区而言，如何推动产业链与创新链融合发展，如何实现制造业高质量转型升级的相关研究仍处于起步阶段，尚未建立起成熟完善的科学理论体系，许多理论问题尚不清楚，特别是以下问题：产业链与创新链的融合机理是什么？京津冀产业链与创新链的发展基础究竟如何？京津冀产业链与创新链的融合模式和融合路径是什么？产业链与创新链的融合对制造业升级具有什么样的传导作用？京津冀制造业升级的重点和路径究竟在何方？这些问题亟待深入研究。

三、研究目的和意义

基于上述背景和认识，本书拟从产业链与创新链融合的角度深入探讨推动京津冀制造业升级的有效途径，为推动京津冀地区产业高质量发展提供科学可行的决策依据。重点研究解决以下五个方面的问题：第一，本书提出跨区域产业链与创新链融合的基础理论，揭示“双链”融合的内涵和逻辑，探讨跨区域“双链”融合的驱动因素；第二，深入分析京津冀产业链与创新链现状特征，运用复合系统协同度模型测度“双链”融合程度，并明确京津冀“双链”融合面临的困难和障碍；第三，结合京津冀制造业升级的基础和方向，为京津冀制造业产业链与创新链融合的重点领域和模式选择提出建议；第四，以跨区域精准对接为着力点，分析提出京津冀制造业产业链与创新链融合的重点路径；第五，从实际需求出发，提出京津冀产业链与创新链双向融合推动制造业升级的建议。

本书的理论意义和实践意义如下：

1. 理论意义

第一，有助于完善产业链与创新链相关理论。当前，我国产业发展经历了一个“由点到线”“由线成网”的过程，产业政策也由支持单一产业发展向更注重产业链群发展转变，针对产业链的研究对我国各地区产业政策制定和区域经济发展都具有重要意义，有关创新链发展的研究亦然。国内外对产业链与创新链的研究由来已久，学者们大多对“双链”的定义、“双链”上下游的关联方式及形成原理等进行了研究与探讨，但鲜有学者将两者结合起来研究其内在融合机理。因此，本书以京津冀区域为重点，研究产业链与创新链的融合，对完善产业链与创新链相关理论及丰富理论内涵具有重要意义。

第二，有助于深化跨区域产业链与创新链融合的研究内涵。产业链与创新链融合总是发生在同一区域或不同区域之间，同一区域内的“双链”融合往往相对容易，效率较高；不同区域之间的“双链”融合由于政策错位、行政壁垒等因素，往往面临诸多困难，难以有效实现。本书以京津冀的“双链”融合为重点，研究跨区域“双链”融合的一般动因、制约因素和有效路径，丰富了“双链”融合研究的理论内涵。

第三，有助于拓宽对产业链与创新链融合的研究范围。本书以京津冀产业链与创新链为研究对象，不仅深入研究了“双链”融合的内涵、机理、驱动因素等，还将“双链”融合与区域产业升级结合起来，探讨了“双链”融合促进区域产业升级的作用机理，是产业链与创新链相关研究在视野上的新拓展。

2. 实践意义

京津冀地区产业升级是京津冀协同发展的重要组成部分，以制造业产业链与创新链深度融合为着眼点，深入研究京津冀制造业升级路径，具有重要的现实意义。

第一，依托产业链与创新链双向融合推动产业升级是我国实现制造业高质量发展的必由之路。产业是制造业发展的重要载体，创新是引领制造业发展的第一动力。习近平总书记指出“要围绕产业链部署创新链、围绕创新链布局产业链，推动经济高质量发展迈出更大步伐”，深刻揭示了科技创新与产业发展、经济发展紧密结合，同向发力，协同联动，互促提高的内在要求①。高质量的经济发展必然是创新链与产业链深度融合的发展，高水平的创新体系必须是能促进创新链和产业链双向互嵌、协同升级的体系。我国若要顺利实现内生性增长，就必须打通“创新—产业—经济增长”传导路径，而其中的关键在于打通“创新—产业”

① 盛朝迅．推动产业链创新链深度融合[N]．经济日报，2022-04-27(10).

这个传导环节。创新链与产业链深度融合既是优化经济结构的重要途径，也是影响经济新动能转化速度和潜在经济增长率的核心所在。当前，我国面临制造业高端环节核心技术掣肘、价值链低端环节比较优势丧失的双重压力不断加大①，只有加快推动产业链和创新链深度融合，在事关发展全局和国家安全的基础核心领域进行技术研发项目前瞻布局，着力破解核心技术“卡脖子”难题，推动产业链向高能级演化跃升，才能全面提高产业发展质量，筑牢实体经济根基，培育产业国际竞争新优势，实现中国制造由大到强的转变。

第二，推动产业链与创新链双向融合是京津冀协同发展的关键举措。京津冀协同发展战略是习近平总书记亲自谋划、亲自部署、亲自推动的重大国家战略，旨在推动京津冀地区实现更加均衡、更高层次、更高质量的发展；其最根本、最核心、最重要的目标是建设具有国际竞争力和重要影响力的世界级城市群，打造环渤海地区创新发展的新引擎，辐射和带动全国发展。习近平总书记指出“产业一体化是京津冀协同发展的实质内容和关键支撑”。推动京津冀协同发展，必须在更高层面整合京津冀产业发展，理顺京津冀三地间产业链条，建立区域间产业合理分工、上下游协调联动机制，推动三地形成优势互补、协同紧密、资源共享、深度嵌套的产业发展格局，实现京津冀产业整体升级。目前，京津冀三地产业发展存在互补性。北京创新资源高度聚集，科技创新能力较强，但缺少发展高端产业的支撑链条；津冀两地，特别是河北拥有良好的制造业基础，产业发展具有一定规模优势，但是产业创新发展实力较弱，升级发展离不开北京的创新引领。因此，必须加快缩小三地产业发展梯度差，推动北京创新链与津冀产业链嫁接融合，并激活与之配套的金融链、服务链、人才链，提升区域整体价值链，才能最终实现京津冀产业高质量发展。

第三，推动产业链与创新链深度融合是提高京津冀产业链安全性的重要途径。当前，世界格局动荡不安，经济形势复杂多变，国际贸易保护主义日益抬头，全球产业链加速重构，呈现区域化、本土化、分散化的发展趋势，产业链、供应链不确定因素增多，包括京津冀在内的区域产业链、供应链稳定性面临严峻挑战。因此，亟须加快推动产业链与创新链对接，促进区域间产业相互渗透，共同打造产业共生发展生态，纠正域内创新资源与产业布局空间错位，引导北京创

① 叶堂林，李国梁．京津冀发展报告 2021[M]．北京：社会科学文献出版社，2021.

新资源加速向津冀外溢，推动京津冀地区创新活动各环节与区域内产业链同频共振，构建本地配套完备、域内循环顺畅、包容开放共享的产业链、供应链体系，保障京津冀区域产业链、供应链稳定安全。

第二节 研究综述

一、产业链及相关研究

长期以来，西方的产业经济学缺乏对产业链及其相关问题的重视。直到20世纪90年代，由于在促进企业发展、提升产业竞争力、优化产业结构等方面的作用日益凸显，产业链逐渐进入经济学者的视野，产业链理论和实践才得以快速发展。对产业链及其相关问题的研究主要有以下三个方面：

1. 产业链内涵

关于产业链内涵的理论研究，最早源于亚当·斯密的分工理论，他认为产业链是工业生产过程中基于分工的迂回生产链条。波特的价值竞争理论从管理学的角度对产业链进行了研究。国外专家学者的研究领域通常集中于价值链和供应链等微观层面，而对产业链的研究鲜少涉足。在为数不多的产业链研究成果中，大部分学者围绕产业链的维度、形态、作用等来诠释其内涵和实质。在国内，众多学者对产业链的内涵进行了研究。郁义鸿（2005）提出，产业链是一个纵向链条，是一个从原材料到消费者的最终产品生产加工过程链。李心芹等（2005）指出，产业链是一个以企业为单位的纵向关联系统。这部分学者观点类似，都是从供给与需求纵向联系的角度对产业链进行解析，认为产业链是一个纵向的过程链。在研究中，也有学者从产业形成关联机制的角度进行解析，认为产业链是一个前后连接的有机链条，但这种链条是围绕某一主导产业发展形成的，如蒋国俊和蒋明新（2004）指出，产业链是一种战略联盟的关系链，且这种链条是以某一主导产业中具有较强竞争力的龙头企业为核心的。部分学者从价值创造的角度对产业链进行解析，认为产业链就是价值链，如芮明杰和刘明宇（2006）认为产业链是一种价值增值的活动过程。还有部分学者将产业链概念的研究拓展到横向网

状结构的视角，认为产业链是一种纵横交织的网络系统，如张晖和张德生（2012）将产业链定义为具有中间性组织和网络型组织特性的网络系统。通过对我国学者研究产业链概念的成果进行分析，可以看出我国学者对产业链内涵的认识正逐步从单一走向丰富。

2. 产业链转移

国内外学者对产业链转移的研究成果主要集中在产业链转移的动因、产业链转移的模式等方面。关于产业链转移的动因，日本学者小岛清（1987）认为，发达国家出于产业升级的需要，将部分低端生产工序向发展中国家转移；国内学者陈刚和陈红儿（2001）指出，区域经济发展水平的差距是导致产业链发生区域间转移的直接动因；王全春（2008）则将我国东部产业向西部转移的动因归于产业生命周期的作用。关于产业链转移的模式，马海霞（2001）分别从区域传递的空间指向特征和地域变化特征出发，提出了产业链转移的区域梯度推进模式和中心辐射模式；安增军和许剑（2006）将福建省内由东南沿海向西北内陆产业转移的模式总结为衰退型产业转移、扩张型产业转移和膨胀型产业转移。由此可见，学者对产业链转移的研究更多关注于生产制造等环节的转移，而对产业技术研发和服务等环节转移的研究还存在一定短板。

3. 产业链整合

产业链整合作为产业链研究的一个分支，研究起步较晚。目前，国内外学者对产业链整合的研究成果相对较少。在现有的研究中，大部分学者将产业链整合分为横向整合、纵向整合和混合整合三种，认为产业链整合是由企业组织实施的。其中，横向整合是指行业头部企业通过对产业链上相同类型企业的约束，来提高企业集中度，进而扩大市场势力，获得垄断收益的行为。纵向整合是指产业链上的企业通过对上下游企业施加纵向约束，使上下游企业接受一体化或准一体化的合约，通过产量控制或价格控制实现纵向产业利润的最大化。混合整合是指企业对和本产业紧密相关的企业进行一体化或是约束，它既包括横向整合又包括纵向整合，是两者的结合。产业链整合的实质就是资金链、信息链、物流链等的整合（赵梅阳，2019）。庞卫宏等（2015）认为，产业链整合可以帮助我国实现经济快速增长，改变产业在国际产业链分工中的不利地位。目前学者对产业链整合的研究更多集中在内涵、方式、影响因素和作用等方面，研究内容相对单一，对产业链转移与整合的关系，以及产业链与创新链、供应链、资金链等多链条整合的相关研究还比较有限。

二、创新链及相关研究

创新链是创新模式、创新方法等领域的研究热点之一。进入21世纪以来，技术进步逐步成为驱动经济进步的首要因素，世界上主要发达国家都把创新放在优先发展的战略地位，中国也提出了创新驱动发展战略，加强了对创新方法、创新过程、创新模式的研究。创新链作为创新方法研究的重要组成部分，也成为了学术界关注的热点。国内外学者对创新链的研究主要集中在创新链基本内涵、创新链组织模式、创新链组织体系等方面。

1. 创新链基本内涵

创新链的概念最初来源于熊彼特的创新理论，之后国内外专家学者也从多个角度进行了探讨。其中，以林淼等（2001）为代表的过程视角论，强调创新链是创新和科技成果转化的全过程；以蔡翔（2002）为代表的功能视角论，认为创新链是科学技术知识经过技术创新环节实现产业化的全过程；以田桂玲（2007）为代表的价值创造视角论，强调创新链是遵循价值规律生成的、由创新活动连接起来的价值链。

2. 创新链组织模式

部分学者对创新链组织的策略和模式进行了研究，认为创新链是由知识、人才、资金和信息等多种要素组成的，为了能使各个创新要素自由流动，从而促进创新顺利进行，必须建立创新主体的激励机制和利益分配机制。创新链的组织模式主要有政府主导、企业主导和中介推动等多种类型。其中，在政府主导模式中，政府出台政策措施，全方位动员企业、大学、科研院所等多元主体共同参与产业技术创新等活动。这种组织模式的优点是政府可以充分调动各方资源，形成产业技术创新的合力，但在诸多体制性壁垒存在的情况下，政府主导模式往往效率较低。在企业主导的模式中，市场激励机制驱使企业积极游说政府出台符合其意愿的产业政策，并与大学和科研机构开展深度合作。由于多方的有效协同，整个创新系统的效率较高，创新成果相对突出。

3. 创新链组织体系

创新链的形成和发展离不开资金和服务，因此有的学者将“创新链、资金链、服务链”三链融合的科技创新组织体系作为研究对象。杨泽伟（2022）认

为完整的科技创新组织体系应该由“创新链、资金链、服务链”三链融合构成，即吸纳科技创新、科技金融、科技服务三方面主体，构建多主体共享共赢的组织体系。孟添和祝波（2020）通过分析制约长三角科技金融整合与协同的瓶颈性问题及其主要成因，探索长三角科技金融的融合发展与协同创新的思路和路线图，提出了构建一站式、全周期、全方位金融服务的科技金融生态体系。

三、产业链与创新链融合研究

经济学者普遍认为，创新链与产业链具有双向互动关系，创新链可以提升产业链的价值，产业链对创新链也具有拉动作用（倪君等，2021）。随着我国创新驱动发展战略的深入实施，如何构建科技与经济的良性互动关系，推动产业链与创新链双向融合，逐渐成为经济学界的研究热点。学者们对“双链”的研究也从最初的偏重概念性研究发展到如今更注重应用性研究，研究内容也从“双链”的对接内涵、对接方式等，扩展到“双链”融合的机制设计和路径选择等。在此过程中，韩江波（2017）研究了创新链与产业链融合的理论逻辑，认为产业链与创新链之间存在“互补互促效应”，正是这种效应促成了创新链与产业链的双向融合。陈爱祖和惠红旗（2018）对“双链”的对接方式进行了研究，提出可以通过创新与产品生产对接、创新与产业发展对接、创新与组织对接等方式来实现产业链与创新链的精准对接。汪明峰等（2020）从产业类型、空间平台及政策工具三个维度分析了产业链和创新链的融合机制。匡茂华等（2021）以长株潭城市群为例，研究了创新链和产业链融合发展的路径。

第三节 研究思路与内容

一、研究思路

研究京津冀产业链与创新链双向融合，首先必须搞清楚以下问题：什么是产业链，什么是创新链？产业链与创新链形成、演化、升级的规律是什么？“双链”融合的机理和内在驱动因素是什么？国内外先进地区推动“双链”融合有哪些值得借鉴的经验和做法？其次要结合京津冀产业发展的实际情况，分析京津冀产业链与创新链融合发展的现状、问题、基础和条件。一是分析制造业产业链和创新链的发展现状与特征，包括区域产业关联度、生产力关键环节布局、产业空间集聚性等，以及京津冀制造业创新资源优势、创新需求领域、创新成果转换等。二是分析京津冀产业链与创新链双向融合的问题障碍，包括制造业产业链缺环断链、创新链与产业链脱节割裂等。三是分析京津冀产业链与创新链双向融合的基础和条件，包括政策条件、创新资源优势、产业基础优势等。

在此基础上，本书首先剖析了京津冀，特别是河北、天津制造业发展现状及升级需求，为科学提出京津冀制造业产业链与创新链深度融合提供前置条件。其次分析设计了京津冀制造业“双链”双向融合的战略思路。一是“由点选链定域”，通过建立产业链与创新链耦合关联度分析模型，依据市场前景、升级需求和“双链”契合度三个维度，选择确定京津冀制造业产业链与创新链双向融合的重点领域。二是结合产业链与创新链对接融合的一般规律和客观现实，分析提出京津冀重点制造领域产业链与创新链双向融合的五大模式。

京津冀产业链与创新链双向融合的主要路径和对策建议是本书的核心内容。本书从畅通“双链”传导作用机制、加强产业链内功能升级、优化创新链供给和服务、优化京津冀产业与创新合作等方面，提出京津冀“双链”融合的主要路径，并围绕如何打造京津冀制造业产业链群、增强产业创新发展平台支撑、提升先进要素供给水平、塑造开放创新优势等问题，提出了依托“双链”融合促进制造业升级的对策建议。

二、技术路线

本书的研究技术路线如图 1-1 所示。

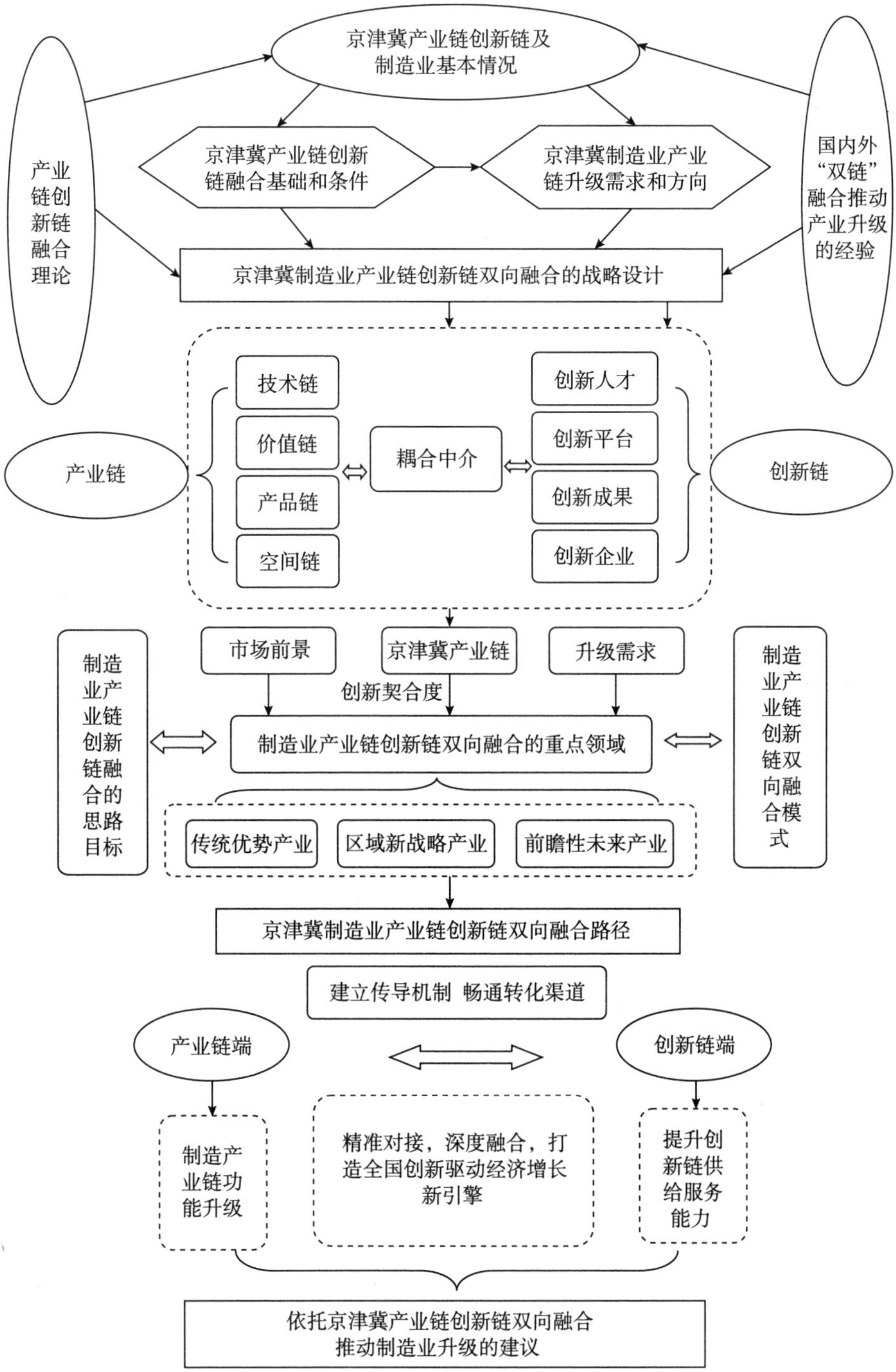

京津冀产业链创新链及制造业基本情况

产业链创新链融合理论

国内外“双链”融合推动产业升级的经验

京津冀产业链创新链融合基础和条件

京津冀制造业产业链升级需求和方向

京津冀制造业产业链创新链双向融合的战略设计

产业链

技术链

价值链

产品链

空间链

耦合中介

创新人才

创新平台

创新成果

创新企业

创新链

市场前景

京津冀产业链

创新契合度

升级需求

制造业产业链创新链融合的思路目标

制造业产业链创新链双向融合的重点领域

制造业产业链创新链双向融合模式

传统优势产业

区域新战略产业

前瞻性未来产业

京津冀制造业产业链创新链双向融合路径

建立传导机制 畅通转化渠道

产业链端

创新链端

制造产业链功能升级

精准对接，深度融合，打造全国创新驱动经济增长新引擎

提升创新链供给服务能力

依托京津冀产业链创新链双向融合推动制造业升级的建议

图 1-1 京津冀产业链创新链融合与制造业升级逻辑导图及本书技术路线

三、章节安排

本书共分为八章，各章的研究内容简述如下：

第一章为导论。主要包括本书的研究背景与意义、研究综述、研究思路与内容及主要结论与创新。研究背景从我国制造业的发展阶段、制造业高质量发展的必然要求、经济转型升级的动力转换、发达国家和地区制造业升级发展的趋势和方向等进行分析论述。在此基础上，从京津冀协同发展战略的推进实施、京津冀地区产业一体化及创新共同体建设面临的问题入手，分析提出本书研究的问题，进而揭示本书的研究目的，即从产业链与创新链融合的角度出发，深入探讨推动京津冀制造业升级的有效途径，为推动京津冀地区产业发展，特别是制造业高质量发展提供科学可行的决策依据。

第二章为“双链”融合的基础理论。主要包括产业链基础理论、创新链基础理论、“双链”融合基础理论，以及跨区域“双链”融合基础理论等。本章旨在通过深入分析产业链与创新链融合的机理及跨区域“双链”融合的逻辑理论，说明“双链”融合，特别是跨区域“双链”融合的驱动因素、作用机理、主要模式，力图实现基础理论方面的突破与创新，为后面的深入研究提供理论基础。

第三章为京津冀制造业“双链”现状特征及融合度分析。本章从类型结构、城市分布、完整性、区域分工等角度分析了京津冀制造业产业链的现状特征，从创新主体布局、创新要素集聚、研发成果转化等方面分析京津冀创新链现状特征，并运用复合系统协同度模式对京津冀制造产业链与创新链融合程度进行了分析测定。在此基础上，分别提出京津冀“双链”融合存在的问题及障碍，为进一步提出“双链”融合思路和路径奠定基础。

第四章为以“双链”深度融合助推区域产业升级的国内外经验借鉴。本章通过分析日本东京湾区经济带加速协同创新，推动制造业转型升级，美国旧金山湾区创新驱动制造业升级发展的主要经验和做法，国内长三角地区推进创新与产业区域一体化、长株潭城市群推动产业链与创新链深度融合的主要经验和做法，得出了产业链与创新链深度融合助推区域产业升级的有益启示：完善的顶层设计是跨区域“双链”融合的核心保障；统一畅通的先进要素市场是跨区域“双链”融合的重要前提；骨干企业引领突破是跨区域“双链”融合的主要途径，创新资源引入嫁接是跨区域“双链”融合的有效手段；良好的成果转化环境是跨区域“双链”融合的基本保证；大胆推进机制创新是跨区域“双链”融合的关键支撑；高效的创新中介是跨区域“双链”融合的桥梁和纽带。

第五章为京津冀制造业发展基础和升级方向。本章从京津冀制造业的整体发展状况入手，深入分析京津冀三地制造业规模地位、层次结构、质量效益、平台载体等发展现状，明确制造业升级的基础。在此基础上，从产业升级的要求、方向、目标和思路对京津冀制造业升级的导向进行分析。

第六章为京津冀制造业“双链”深度融合的战略设计。本章是全书的核心部分，主要分析了京津冀制造业“双链”融合的主要思路和目标。首先，通过耦合关联度分析法选择确定了京津冀制造业“双链”融合的重点领域，即传统优势产业，如钢铁、化工等，战略性新兴产业，如新一代电子信息、生物医药、新能源、新材料等，以及前瞻性未来产业。其次，提出了京津冀制造业“双链”融合的五大模式，包括产业科技创新中心建设、产学研政多方集成、龙头企业带动、骨干创新资源外溢和科技服务中介搭桥。最后，通过分析比较五大模式对京津冀制造业重点领域推进“双链”融合的模式进行了选择确定。

第七章为京津冀制造业“双链”双向融合路径。推进京津冀制造业“双链”融合，必须同时提升创新端、产业端的发展水平，并着力打破跨区域产业和创新发展的壁垒，推动“双链”精准对接。第一，优化创新资源布局，加大创新链科技投入和供给，优化区域创新生态，全面提升创新链供给能力和服务水平。第二，加快推动传统产业改造升级和新兴产业培育壮大，不断向产业价值链“微笑曲线”两端发力，推动制造业数字化转型和服务化转型，加强制造业产业链功能升级。第三，优化企业与科研院所的合作方式，破除科技领域各类体制机制障碍，疏导“创新—产业”传导环节，畅通技术创新向现实生产力转化的通道。第四，围绕北京创新链整合布局津冀制造业产业链，通过雄安新区创新发展试点示范，培育打造产业链与创新链融合的关键节点城市，推进北京创新链与津冀产业链精准对接。

第八章为京津冀制造业升级的政策建议。加快推动京津冀制造业“双链”融合，其根本目标是实现京津冀制造业整体升级，提升区域产业综合竞争力。为此，在前七章分析论述的基础上，本章提出了七条建议：实施产业基础再造，整合重构制造产业集群；推进规划体制改革，建立京津冀统一的产业和创新规划发展体系；加快要素市场一体化建设，强化制造业升级要素保障；打造高能级创新平台，增强制造业创新发展支撑；构筑开放创新高地，打造制造业产业链升级平台；优化创新成果扩散环境，提高“双链”跨区域融合效能；构建系统有力的政策支持体系，增强“双链”跨区域融合的原始动能。

第四节　主要结论与创新之处

一、主要结论

自京津冀协同发展战略实施以来，京津冀三地在非首都功能疏解（承接）和交通、生态、产业一体化发展等方面成效显著，但是由于长期以来形成的产业发展断层过大，京津冀三地在产业一体化方面仍存在诸多问题和障碍，如产业协调耦合度低，制造业产业链条短、水平低、综合竞争实力弱，创新链与产业链脱节、割裂严重，产业发展水平与建设世界级城市群的要求极不匹配等。一方面，北京拥有首屈一指的创新优势，但受有限的资源及发展空间约束，难以靠自身形成完善的产业体系；另一方面，津冀具备良好的产业体系，但创新能力有限，产业升级需要北京的创新引领。纵深推进京津冀协同发展，实现京津冀产业特别是制造业能级跃升，必须重新考虑三地的发展基础和发展条件，充分发挥各自比较优势，加快推进产业链与创新链双向融合。

通过对产业链升级需求及“双链”耦合关联度等进行分析，确定京津冀制造业产业链与创新链双向融合的重点领域为以钢铁、化工、建材等为主的传统优势行业，以及以电子信息、生物医药、新材料等为代表的战略性新兴产业。根据不同行业领域产业链性质、组织方式、演进形式的不同，采取建设产业科技创新中心、产学研政多方集成、龙头企业带动、骨干创新资源外溢、科技服务中介搭桥五大模式，推动京津冀产业链与创新链深度对接融合。

二、创新之处

本书的创新之处主要体现在以下四个方面：

一是从产业链与创新链的视角出发，研究区域制造业升级问题，全面提出京

津冀制造业产业链与创新链融合的路径，丰富了产业链、创新链及“双链”融合的实证研究内容。

二是从产业链类型、关联度、集聚性等维度入手，从创新资源数量水平、创新需求领域、创新成果转化等方面出发，在全方位剖析相关调研资料及数据资料的基础上，分析提出京津冀制造业产业链与创新链现状特征及融合条件，弥补了以往研究由于数据支撑不足导致的研究深度和系统性方面的缺陷。

三是建立了京津冀产业链与创新链耦合关联度模型，科学地确定了制造业产业链与创新链双向融合的重点领域，进而提出京津冀制造业“双链”融合的五大模式，为进一步提出推动京津冀重点制造业产业链创新发展和转型升级的政策建议提供了可资借鉴的理论依据。

四是从关键技术突破、产业基础再造、建强创新平台、创新成果转化、创新生态网络优化、先进要素聚集、打造开放创新高地等多个层面提出了京津冀产业链与创新链双向融合推动制造业升级的主要举措，丰富了产业升级路径和相关政策研究的内涵。

第二章 “双链”融合的基础理论

产业链与创新链有机融合是习近平新时代中国特色社会主义经济思想在产业高质量发展实践中的重要应用，科学回答了经济高质量发展的重大时代课题①。推动京津冀产业链与创新链双向融合，促进全产业链升级，全面提升京津冀产业链核心竞争力，关键是要明确产业链、创新链及“双链”深度融合的理论内涵、现实意义及作用机理。本章对产业链与创新链融合的基本逻辑和理论进行了分析研究。

第一节 产业链基础理论

一、产业链的内涵

关于产业链的内涵，学者的研究较为充分，在借鉴吸纳前人研究成果的基础上，本书对产业链的理解有了更深的认识。产业链是由一系列具有上下游投入产出关系的生产过程所构成的链条，是由原材料、中间产品到最终产品制造所经历的各生产环节构成的集合。产业链的形成经历了由“连点成线”到“连线成网”的过程，其关键节点在于各节点之间的比较优势是否形成互补，分工合作是否紧密合理，这是是否形成具有竞争优势的产业链的前提条件。产业链的形成是一个

① 李霞．以产业链创新链融合促经济能级跃升[N]．中国财经报，2022-05-17.

产业成长发展的必然产物，它随着该产业的产生而产生，随着该产业的发展而发展。一条完整的产业链以产业间或行业间的分工协作为前提，产业链各环节之间的联系主要表现为产品的投入产出关系或产品的全生命周期联系。例如，氢能产业链主链由氢气制备—氢气储运—氢气应用等环节构成，每个环节又涉及各自的相关子环节和不同组织载体。

产业链形成及演化是一个由产业链内部各主体为适应市场需求变化而进行调整组合的动态过程。在不同的发展阶段，产业链的核心竞争力来源于产业链内部各环节之间能够建立起强强联合、协同一致的生产关系网络。产业链中的节点一般为两类：一是核心企业或龙头企业，这些企业往往在整个行业中居于核心地位，能够影响上下游关联网络中共同行动目标的确定，从而形成对整个产业链的话语权和控制权。二是产业集群，通常情况下，产业集群具有规模优势，并对整个产业的能级跃升起到组织和支撑作用。

二、产业链的特征

产业链一般具有以下三方面主要特征：

1. 整体性

从产业链组织构成来看，组成产业链的各个部门不是简单的链接，而是一个相互联动、相互制约、相互依存的有机整体。每个部门又是由若干企业和细分部门组成，它们在技术上具有高度关联性，上游产业（环节）之间、下游产业（环节）之间及上下游产业（环节）之间存在大量信息、物质、价值方面的交换关系，且它们之间的链接具有多样化的实现形式。产业链的整体性使产业链一旦形成，就会具有单个企业无法比拟的优势，如协同效应和增值效应等。

2. 差异性

产业链上的各个组成部分虽然是一个整体，但各个部门之间存在着技术层次、增值能力与盈利能力的差异，因而呈现分离和集聚并存的趋势，也就有了关键环节和一般环节之分。此外，由于产业链各组成部分对技术、资本、人力、信息等要素条件的需求也具有差异性，因而各个部分对地理区位会有不同的偏好，这就导致了产业链的各战略环节存在区域差异性。

3. 层次性

产业链受产业特征及其发育状况影响，存在繁简程度的差异性，同时由于产业链之间的相互交织，产业链往往呈现多层次的网络结构，存在主链条、次链条的区分，而且这些链条都处于一定的外部支撑环境之下①。不同产业链所处的层次不同，各层次产业链、产业链各环节均具有明显的技术关联性，越是高层次的链环，其资金密集性、技术密集性越明显。

三、产业链的类型

根据分类标准不同，产业链可以分成不同的类型，如按照产业所属不同行业，可以将产业链分成农业产业链、制造业产业链、服务业产业链等；按照不同作用层次，可以将产业链分为宏观产业链、中观产业链和微观产业链；按照不同所属范围，可以将产业链分为全球产业链、全国产业链、区际产业链和区域产业链等。本部分根据研究需要，按照产业链技术复杂度、规模经济特征、技术标准化差异及关键驱动因素不同，将产业链分为资源推动型产业链、市场导向型产业链和需求拉动型产业链。

1. 资源推动型产业链

资源推动型产业链以资源型产业为主导，产业间相互配套，形成一条以生产资源型产品为核心的产业链条，产业链上下游的资源依赖关系较强。因此，这类产业链既是环环相扣的产业供应链，又是循序渐进的资源供应链，下游企业对上游企业资源供给具有很强的依赖性。在资源推动型产业链中，上游能成为供应商的企业可能只有少数几家，基本处于垄断地位；而下游则存在众多相似企业，彼此进行着激烈的竞争。典型的资源型产业链有钢铁产业链、建材产业链等。

2. 市场导向型产业链

市场导向型产业链中，上下游企业数量众多，相互之间竞争较为充分，产业链上的众多企业呈独立存在状态，并以市场为导向自由选择对方。上下游企业之间的依赖性几乎为零，任何一个环节的企业退出，都不会对整个产业链产生实质性影响，因为在市场的选择下很快会出现新的替代者。在这类产业链中，上下游企业都没有控制产业链上其他企业的权力和能力，它们只是市场的接受者。常见的市场导向型产业链有日用品制造产业链、食品制造产业链等。

---

① 张早平．产业链一般具有哪些主要特征？［EB/OL］.［2020-07-06］．科易网，https://www.1633.com/ask/29458.html.

3. 需求拉动型产业链

需求拉动型产业链中，各环节的企业数量相对较少，基本处于垄断地位，产业链上下游企业之间的相互依赖性较强，供应商对下游企业的产品需求很大，下游企业对供应商的资源供给也具有较高的依赖性，任何一方单独退出产业链都有可能导致对方因为缺乏原材料或者缺乏产品的销路而经营困难。在这类产业链中，上下游企业都没有控制或者决定对方生产规模的权力和能力，也没有决定中间产品价格的权力，它们之间是一种相互制衡、相互依存的关系。

四、产业链的形成与演进

1. 产业链的形成

社会分工的出现是产业链形成的基本条件。随着经济社会的发展，生产的迂回程度日益提高，生产过程被划分为一系列有关联的环节，分工与交易也变得越来越复杂。生产分工从最早的产业间分工、产业内分工演进到同一产品的零部件和不同工序之间的分工和贸易，从原料到生产到经营销售各环节的不同企业相互配合，形成了产业链，产业价值的实现和创造是产业链形成的根本动因。随着产业链的发展，产业价值由在不同部门间的分割转变为在不同产业链节点上的分割，不同节点的产业价值不同，且各个节点相叠加的价值是“1+1>2”的效果，产业链的形成就是为了实现产业价值最大化，它的本质是体现价值增值效应。

2. 产业链的演进

我国产业链的演化发展主要经历了四个阶段：

（1）早期区位关联阶段。这一阶段产业链的概念初步形成，学界对产业链的认识和重视程度不深，产业链不多，形成时间不长，制造业产业链多以劳动密集型为主，在人口集聚的地区更容易形成竞争优势。从产业链长度来看，这时的产业链长度较短，上下游企业之间关系相对简单，产业链覆盖半径有限，基本依托镇域或县域的尺度来布局。从产业链层次来看，产业链层次往往不高，整体处于全球价值链的中低端。

（2）成长期政策关联阶段。所谓政策关联是指通过优惠政策、特殊支持措施等实现产业链的集聚和发展。在这一阶段，政府加大了对产业链形成和发展的政策支持，通过税收优惠、税收分成、供地优惠、基础设施保障、其他政府服务配套等来降低企业及产业链的成本，进而使企业和产业链在更大的区域内形成竞争优势。改革开放形成的政策洼地为企业和产业链的发展创造了比较好的环境，吸引了关联产业集聚，筑成了比较完整的产业链，产业链又进一步往“微笑曲线”两端进行高附加值的延伸。这一阶段的特点是：产业逐渐向园区内集聚，进一步强化了产业链的竞争优势，但整体还是属于低成本优势导向的发展模式。

（3）中期产品关联阶段。产品关联是在区域龙头企业整合产业链上下游环节的过程中形成的。龙头企业的发展带动整个区域相关产业的发展，通过某一产品将上下游各个企业连接在一起，形成具有较强竞争优势的产业链。例如，华为通过产品关联对所在区域产业链进行了整合，各个产品为核心企业的关键产品起到了重要支撑作用。

（4）成熟期技术关联阶段。在产业链发展的成熟期，各环节之间的联系更多依赖技术的更新换代，技术水平的高低成为产业链整体竞争力的重要决定因素。产业链上下游之间的技术经济关联性逐渐增强，产业链中核心产品的生命周期开始缩短，产品的快速迭代能力对产业链竞争力的提升至关重要。为了实现产品的差异化发展、个性化发展和快速迭代，基于技术创新的敏捷制造、精益制造应运而生，把概念性产品快速变成产成品，成了产业链竞争中一个很高的境界。

对一个区域来讲，产业链所处的阶段并非单一的，而是多阶段共存的。不同的产业链由于形成和发展的时间不同，往往存在形态、特征、层次和水平上的差别。力图提升做强产业链，必须准确把握产业链的类型特征和演进轨迹。

五、产业链整合

产业链整合是产业链各环节之间调整和协同的过程，其实质就是纵向产业链上及产业链内部每一个环节的企业之间建立某种协同联系①。这些联系包括知识联系、资金联系、产品联系、物流联系、管理联系等。对产业链整合的分析可以从宏观视角、中观视角和微观视角进行。通常我们从宏观视角分析，认为产业链整合是对产业链上下游之间、不同产业链之间组织形式、作用关系、协同模式等的一系列调整优化的过程，可提高整个产业链的运行效能，最终提高整个产业链的综合竞争力。

① 李新安．区际产业转移与产业链整合：以中部地区为样本［M］．北京：社会科学文献出版社，2014.

1. 产业链整合的影响因素

探讨产业链整合受哪些因素影响，需要特别关注产业技术进步、企业的进入与退出、供应链关系变化等。第一，产业技术进步。产业技术进步是推动产业链整合提升的根本动力因素。随着新的产业技术的产生，企业的规模经济效益和成本结构都将发生变化，部分企业将凭借技术改进获得更多效益，企业之间将产生更多重复博弈的机会，最终结果是企业之间的竞争格局发生改变，产业链结构或形态也将发生变化。第二，企业的进入与退出。企业的进入与退出是决定行业间资源配置的重要因素。当某一产业链处于均衡状态时，如果有产业链外部的新企业进入或者产业链内部的原有企业退出，产业链的平衡就会被打破，产业链就可能发生整合分化。第三，供应链关系变化。供应链是由若干个点或面衔接而成的链条，当供应链上的点或面发生变化时，供应链上的原材料、半成品或者最终产品就会发生变化，产业链也会随之发生变化。

2. 产业链整合的方式

产业链整合不仅表现为纵向链条内部各环节的企业之间关系的再连接，也表现为供需链、价值链、产品链和空间链等的重新组合。

产业链整合的方式主要有三种，即纵向整合、横向整合和产业链融合。

第一，纵向整合，是指产业链中的企业向上游或下游延伸，最终改变产业链长度和形态的过程。纵向整合可以表现为主导企业对上游企业进行整合，如资源型企业为了保证所需资源的稳定供给而对上游原材料企业进行整合；也可以表现为主导企业对下游销售网络的整合，如消费类产品生产企业对下游批发商和零售商的整合，其目的是建立专门的销售网络以实现利润最大化。

第二，横向整合，是指两个平行的产业链之间发生了关联，不同产业链相同环节或相似环节中的企业采用兼并、重组等方式对其他企业进行整合，以达到优化资源配置、提升资源利用效率，进而提高企业竞争力的目的。产业链横向整合有助于提高产业集中度，增强产业链的韧性、稳定性与安全性，促进产业协同效应的形成与发挥，从而提升产业链整体效率。

第三，产业链融合，是指产业链发生延伸、收缩或者产业链之间发生交叉相融的过程。产业链融合的发生往往是由于产业链发生了重大变革，如重大技术突破、产业政策更迭等。随着新技术、新模式的出现，各个产业都在积极寻求跨界整合，借助自身优势与其他产业的资源进行搭配融合，通过跨行业、跨产业合作，构建一个具有竞争壁垒的产业生态圈。这种产业链融合不仅表现为近年来比较热的制造业服务化和服务业产业化等，还体现在互联网企业中。例如，小米公司提出“生态链”模式，致力于形成以小米品牌为中心的物联网生态圈。在物联网生态圈布局中，小米自己掌控核心智能产品，如手机、电视、路由器、平板、音箱等，周边产品则交给生态链中的其他企业来拓展，形成从中心点不断向外扩散的同心圆结构。

第二节　创新链基础理论

一、创新链的内涵

创新链的概念是 20 世纪 70 年代中后期提出来的，当时人们对创新链的认识并不充分，普遍认为创新链是创新过程的集合。随着时间的推移，创新链的概念和内涵逐渐被深化。本书在总结提炼前人研究成果的基础上提出创新链的概念，即创新链是以技术演进为依托，以科技创新为主要内容，是基于产业环节而存在的一系列创新节点，涉及从创新需求到产业化应用的全过程。

1. 创新链的演进过程①

创新的过程是一个技术演进的过程。创新的方案往往具有很多种，只有对现行技术有改进作用的创新方案才能被保留下来，否则创新方案将会被淘汰。创新链就是在这种技术演进过程中形成并发展的，所以说技术演进是创新链形成和发展的依托。

2. 创新链的核心

创新链将政府、高校、科研院所、个人等组织或个体联系起来，形成了一个链式网状结构，这种结构在组织模式上发生了变革、在管理技术上实现了升级。与此同时，创新链的形成促使这些组织和个体在自身组织结构、管理技术和组织战略上发生较大的变化。创新链作用的发挥依托组织创新实现，并在组织创新的

---

① 张凡勇，杜跃平．创新链的概念、内涵与政策含义[J]．商业经济研究，2020（22）：132-134.

作用下实现效率最大化。因此，创新链的核心是组织创新。

3. 创新链的组成

一条完整的创新链包括创新主体、创新要素、创新活动、创新成果四个部分。习近平总书记指出，创新是一个民族进步的灵魂，是一个国家兴旺发达的不竭动力。创新主体是创新活动的直接承担者，也是创新发展整体效能的直接决定者，更是创新链的关键塑造者。创新主体主要包括企业、高校和科研院所。其中，企业是创新成果应用和商业化的主要实施者，高校和科研机构是基础知识的主要创造者。党的二十大报告确立了到 2035 年"实现高水平科技自立自强，进入创新型国家前列"的目标。加快实现高水平科技自立自强，必须强化企业科技创新主体地位，营造良好创新生态，不断激发创新主体活力。创新要素是创新活动涉及的各类生产要素的总称，包括人才、资金、技术、数据、产业、市场等。创新要素是创新链的"黏合剂"，将创新链的各个部分聚环成链。因此，提高创新效能，必须优化创新要素配置，释放创新要素潜能。只有通过优化创新要素配置的质量、模式和结构，才能提升经济增长的动力、质量和效率，进而推动经济高质量发展。创新活动是围绕企业或社会的创新需求，改进技术及其应用方面的创造性活动，包括基础研究、应用研究、试验发展等。创新活动是构建创新链的关键步骤，是产生创造性成果的必经之路，直接决定创新链的成败及水平的高低。创新成果是创新链的目标和终点，创新链的价值最终体现在创新成果的产出及产业化应用上。

二、创新链的特征

创新链特征主要包括多元性、协同性、循环性、发展性四个方面。

1. 多元性

首先，创新链的参与主体往往不是单一的，而是由多元主体共同参与组成的。例如，创新链的参与者既包括企业、高校、科研院所等创新主体，也包括政府、行业协会、金融机构、服务中介等组织部门。其次，创新要素具有多元属性，如人才、资金、技术、数据、产业、市场等多种资源都在创新链的运行中发挥着重要作用。最后，创新链结构也具有多元性，拥有政策链、资金链、人才链等一系列配套链式结构。

2. 协同性

创新的过程是一个破旧立新、不断开拓的漫长而艰难的过程，离不开各个组成部分的协同配合。同样，创新链的运行和发展也需要创新主体的共同参与和创新要素的充分流动；只有创新链各部分就创新活动达到统一协作，才能实现有效创新、高效创新。

3. 循环性

创新链的产生和发展具有循环属性，即企业通过创新产出实现技术改进、产业化应用和新产品上市，市场对新技术、新产品形成反馈和新的创新需求，消费者通过使用、体验产生的应用数据重新进入创新链，成为一种新的创新要素促进下一轮创新活动开展。

4. 发展性

创新链不是一成不变的，而是一个不断发展变化的动态结构链。随着创新主体的不断增多，创新活动日益推进，创新要素加速循环流动，创新领域不断扩张，产业范围不断扩大，创新链的效能进一步提高，其地位也进一步巩固。

三、创新链的类型

根据不同的分类标准，创新链可以分成若干种类。根据创新内容不同，创新链可以分为产业创新链、制度创新链、组织创新链等；根据产业领域不同，创新链可以分为农业创新链、制造业创新链、服务业创新链等；根据创新活动发起主体不同，创新链可以分为以创新型企业为主体的产业创新链、以高校和科研机构为主体的知识创新链等；根据创新区域不同，创新链可以分为全球创新链、国内创新链、区域创新链等。本书以京津冀区域为重点，聚焦区域创新链，围绕产业领域创新链，特别是制造业创新链的作用及效能，重点研究其与产业链的融合问题。

四、创新链的演进趋势

创新链形成至今，经过多年发展，已经形成了较为完整的体系结构。目前，创新链正向着主体构成多元化、创新要素数字化、组织结构网络化、节点链接平台化、发展模式循环化、作用效果场景化的方向演进。

1. 主体构成多元化

在新技术革命的推动下，数字技术不断发展，创新链生态体系大力拓展。在物联网和大数据的链接作用下，各类创新主体以更加灵活的方式组成各类新的联合体。企业、政府、高校、科研院所等创新主体的沟通方式更加多样，链接模式更加多元，跨时空、跨领域的协同创新日益增多，共同推进创新链的整体跃迁。

2. 创新要素数字化

随着新技术革命的日益深化，创新链要素数字化趋势越发明显，数据的战略资源属性不断增强，成为驱动创新链提质增效的关键力量。数字技术贯穿基础研究、应用研究、产品开发、工艺改善、成果商业化等整个创新链过程，并有效促进全链条协同创新。

3. 组织结构网络化

以往的创新链以链式结构为主，即创新主体、创新要素、创新活动和创新成果各组成部分之间大体上是双向沟通关系，创新资源的配置范围和组织边界通常局限于产业链上下游之间或产业集群内部。随着互联网的普及，以及物联网、大数据的发展，创新活动所需要的资源配置边界不断拓展，规模经济、范围经济和网络经济的边界不断扩大，加快了创新链各主体之间的流转速度、汇聚速度和配置速度，使各类创新主体的合作范围、合作领域日益增大。创新链的形态结构也逐渐向网络化方向发展。

4. 节点链接平台化

在新技术革命浪潮中，工业互联网日益发展起来，并促使整个制造业创新链向平台化方向发展。工业互联网通过实现工业全要素、全产业链、全价值链的深度互联，推动工业呈现全面平台化趋势，这也带动了以工业互联网为关键技术核心的制造业创新链关键节点更趋平台化。

5. 发展模式循环化

在传统模式下，创新链从基础研究开始，到产业化应用或商业化应用结束的整个流程是一种线性模式，创新者与终端用户之间缺乏互动和协同。当前，工业互联网将创新链发展模式升级，创新链越来越表现出分布式、协同化和需求驱动的特点。新一代数字技术使全链条上的核心企业、中小微企业及终端用户等主体彼此能够高效互动。创新链上的各类主体广泛参与新技术和新产品的开发推广应用过程，推动创新链更趋循环化。

6. 作用效果场景化

新技术革命条件下，5G、人工智能、大数据等新一代信息技术以通用性、渗透性、融合性贯通了物理空间与网络空间，形成了万物互联、人机交互的数字世界和智能空间。这不仅为创新链的构建和发展提供了新的活动载体、试验空间，也大大降低了推动创新链与产业链多样化动态融合的成本，促进创新链的作用效果更加趋于场景化。场景化发展的创新链有利于持续丰富产学研深度融合的创新生态，提升技术创新对制造业全行业、全流程的辐射带动能力及转型赋能能力。

第三节 “双链”融合基础理论

一、“双链”融合的内涵

产业链是物质产品生产制造过程的集合，创新链是推动产业升级的根本力量。产业链与创新链就像是人的身体和大脑，彼此之间联系紧密、相互依存、共同演进。创新链中衍生的新思想、新技术、新发明、新产品、新方法、新流程等通常只有融入产业链才能实现其价值，并且在融入产业链的过程中会对产业链活动起到牵引作用，进而对产业链重塑和产业结构升级产生一定影响。而产业链中的企业主体在生产实践过程中，往往通过改进自身技术提高生产效率和产品质量，改善管理手段，进而提高企业竞争力。与此同时，为了追求利益最大化，企业主体又对新技术、新工艺、新产品开展了进一步的研发，从而反过来形成对创新链的拉动作用①。产业链与创新链之间的紧密关系决定了产业链需要创新链提供技术支撑作为升级的动力，创新链则需要产业链提供创新需求作为灵感的源泉。同理，产业链与创新链的融合互动也是双向的，既有从创新链向产业链的延伸渗透，也有从产业链向创新链的拓展融合。产业链与创新链融合本质上是产业要素和创新要素间的深度匹配，并通过市场和政府有机结合的模式促进资源配置更科学、链接更合理、融合更高效。

① 褚思真，万劲波．创新链产业链的融合机制与路径研究[J]．创新科技，2022，22（10）：47-57.

产业链与创新链融合充分体现了创新主体与生产主体的融合、科技创新和产业发展的融合、原始创新与产业化应用的融合。当前，由于“政产学研用资”各方对知识产权的界定、利益分配机制和合作机制尚未达成全面共识，导致多方合作的层次偏低，规模较小，效果不强。创新链注重“学”和“研”，关注理论成果相对较多；企业则受制于技术市场化成熟度不高，市场需求不确定，以及与科研机构合作不顺畅等问题，难以实现产业技术和产品的创新升级。可以说，上述因素均对产业链与创新链的融合效果产生了负面影响。

推进产业链与创新链深度融合，必须坚持问题导向，以产业和市场为重点，将产业和创新紧密联系起来，不断加强企业、高校和科研院所等创新主体之间的交流与合作。一方面，充分发挥科研机构的研发优势，加强科技攻关，提高科技成果产出率，多出成果、出好成果；另一方面，强化企业主体地位，加快推进科技成果产业化、规模化应用，切实增强科技成果对产业发展的引擎作用。

二、“双链”融合的机理

产业链与创新链的融合是双向的、交叉的、螺旋式的融合，既有从创新链向产业链的渗透延伸，也有从产业链向创新链的融合拓展，还有多条产业链在创新链作用下的整合重组。“双链”融合既有自发条件下的相互嫁接，也有政策驱动下的对接融合。产业链的每一个环节和环节内部的节点，都有能力衍生出或倒逼出一条新的创新链，创新链的各个组成部分对产业链也发挥着不同程度的作用。

1. 从创新链向产业链渗透融合

创新链是产业链发展的动力之源，也是产业链各环节实现价值增值的基础，产业链依托创新链形成发展，升级提高。创新链围绕产业链设计和选择上游研发项目、研发内容，并将下游创新成果应用于产业链之中，通过产业链评估实现创新成果的应用价值，即创新链通过整个创新活动过程对产业链施加影响和作用，最终实现两者的深度融合。

从战略层面来看，创新链向产业链的渗透融合是围绕产业链部署创新链，推动创新链主动向产业链方向靠拢，强调依照产业发展安排构建创新链，切实发挥创新链对产业链的动力支持作用。在当前加快建设中国式现代化的大背景下，必须根据区域产业发展需求、产业链各环节技术需求，以及产业链现代化水平提升需求，对创新链建设任务进行部署。

从结构层面来看，创新链向产业链的渗透融合既体现在创新链整个链条和产业链网络的融合，也体现在创新链各组成部分向产业链的延伸拓展。创新链整个链条可以从创新主体、要素整合、研发活动、成果应用和价值实现等不同环节同时与产业链衔接互动，包括产业技术升级与产业链重构等。其中，以独角兽企业、瞪羚企业等创新型企业为主导的创新链，由于企业既是创新链的主导者，同时也是产业链的关键环节，因此双链融合度通常较高，其创新链下游成果可以直接应用到产业链，从而推动产业链整合重构、提档升级。总的来看，创新成果对产业链的作用是显而易见的，创新成果可以直接作用于产业链，通过技术改进和产业升级促进产业竞争力快速提升，或推动新产品加快问世。

科技创新的内容和层次不同，创新链对产业链发展的影响也不同。基础科学方面的理论创新和制度创新往往与产业链融合的速度较慢，但影响范围更大、程度更深、时间更长，有些重大科技突破，甚至科技革命对产业链发展带来的变革影响更为深远；而应用性工程技术和生产技术及工艺创新对产业链的影响更为直接快捷，创新成果往往直接作用于产业发展，带来产业技术的升级和产品的更新换代。

2. 从产业链向创新链融合拓展

产业需求是创新的灵感之源，从产业链向创新链的融合拓展体现在响应创新需求，围绕产业链各环节整合创新资源，推动创新主体互动和创新要素流动，从而使创新链运行更高效，成果更丰富，整个创新过程和创新成果更符合产业发展和市场需要，最终实现“双链”之间深度对接的良性循环。

产业链向创新链的融合拓展就是围绕创新链布局产业链，推动产业链向创新链方向延伸并高效嫁接。要充分发挥科技创新对产业发展的引领作用，将区域产业的发展和布局与科技创新的方向及趋势结合起来，谋篇布局区域内新产业发展，促进科技成果，尤其是战略性成果加速向生产力转移转化。这种以创新链引领产业链发展进步的方法，有利于促使科技成果的科研价值及时转化为产品的经济社会价值，推动科技与经济社会和人类发展紧密结合，充分发挥科学技术作为第一生产力的作用。从产业链向创新链融合拓展，就是要围绕产业链部署创新链，就是要鼓励和引导优势企业和科研院所围绕区域产业的发展和升级方向，开展创新性研究，推动区域产业技术更新和产品升级，实现创新链整体布局的跃升，进而引导产业链动态调整和优化，最终实现“双链”深度融合与共同发展。

“双链”融合的机理具体如图 2-1 所示。

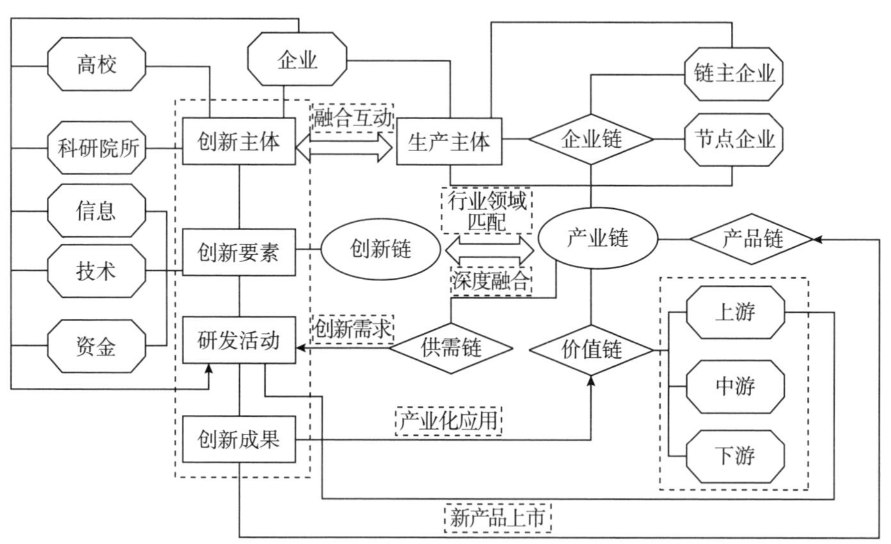

图 2-1 产业链与创新链融合机理示意

“双链”融合除了创新链向产业链渗透延伸，以及产业链向创新链融合拓展之外，还包括产业链与产业链之间、创新链与创新链之间的转移整合与交叉重组。前文对产业链整合已经进行了叙述，产业链整合行为的发生往往与产业转移有着紧密联系，即当产业发生区际转移时，产业链的均衡条件就会被打破，只要产业要素发生变化，产业链整合重组行为就会产生。而创新链之间的整合则往往发生在创新链内部各个环节之间的融合协作，如不同创新主体之间的交流合作、多种创新要素之间的融合重组、各类研发平台之间的共建共享等。基于本书的研究内容和目的，这里主要对产业链与创新链的融合进行分析研究，暂不考虑其他的“双链”交叉联系及相互作用。

三、“双链”融合的驱动因素

产业链与创新链的双向融合，是内因和外因共同作用的结果。其中，内因主要是指科技创新与产业发展本身存在的互补互促效应、产业链供应链的变化规律和趋势，以及产学研用各方的共同参与、协同推进，外因主要是指政府、市场、中介等主体的影响和驱动作用。

1. 产业发展与技术创新的互促效应

产业发展与技术创新历来都是协同共生、相辅相成、互相促进的。从“科学—技术—生产”的范式中可以看出，科技创新推动产业发展，而后产业与科技相互作用、协同升级，技术创新的成果最终会体现在社会生产方式效率的变革上。例如，科技革命中，纺织机械的发明带来了机器大生产的普及，电力的发明开启了电气化时代的新纪元等。产业发展同样对技术创新起着拉动作用，产业发展对生产工艺改进、产品更新换代产生了新的需求，又反向推动了新技术的产生，而后在新技术发展和其他因素的作用下，产业继续向前发展，直到升级为与新技术相对应的新产业。因此，产业发展与技术创新互补互促的规律是推动产业链与创新链双向融合的直接内在因素。

2. 产业链安全性考量和布局变化趋势

当前，我国经济发展面临需求收缩、供给冲击、预期转弱三重压力，迫切需要提升产业链与供应链的安全性和竞争力来夯实经济发展根基。为了提高产业链的安全性和竞争力，我国在《中华人民共和国国民经济和社会发展第十四个五年规划和 2035 年远景目标纲要》中明确要求，优化区域产业链布局，引导产业链关键环节留在国内。习近平总书记多次提出“要围绕产业链部署创新链、围绕创新链布局产业链”“促进创新链和产业链精准对接”“提高产业链创新链协同水平”。因此，推动产业链与创新链深度融合，促进创新链赋能产业链，产业链拉动创新链，进而提高产业链关键技术的自主可控能力和竞争力，是我国未来经济发展的必然选择。随着国家对提升产业链安全性的考量不断深入，部署加快实施，产业链创新链融合发展的政策驱动力日益增强，“双链”融合进一步提速升级。

3. 深入实施的政府支持政策

政策因素是“双链”融合的重要驱动力之一。政府介入科技领域并主导产业链与创新链的对接融合，顺应了当今世界格局加快变化及全球竞争不断加剧的重要趋势。政府是宏观政策的制定者和经济发展导向的引领者，也是产业链与创新链融合的外部驱动者。政府通过制定一系列政策措施，影响人才、资金等要素配置，支持创新，推动产业发展，确定创新链和产业链的发展方向与布局，引领并激发“双链”互相吸引、彼此交融。因此，要充分发挥政府的主导作用，加快推动创新链与产业链深度融合，进而优化国家科技战略布局，推动经济社会发展，增强综合国力和核心竞争力。

4. 创新主体之间的互补互动行为

创新链上的创新主体种类多元、数量众多，但其中占比最高、作用最为突出的是企业和研发机构（包括大学等）。企业是国家创新体系的重要组成部分，在创新链中主要承担中游和下游的新技术应用、新产品上市等功能，是影响创新成果产业化和实现创新成果价值的关键环节；研发机构是创新链上游技术研发和创新活动的实施者，其主要功能除了科研部分，还包括及时根据企业的创新需求确定技术研发的方向和内容等。企业在生产过程中，面对市场变化，会产生技术升级和产品更新的需求，并主动吸引科研力量参与创新活动。科研机构具有较强的创新能力和优势，创新活动频繁，对经济发展具有引领能力和支撑能力。企业和科研机构的相互作用，促进了产业链与创新链的对接融合，是推动“双链”融合的内在动力。

5. 充分发挥创新中介的桥梁作用

除了政府和创新主体外，创新中介也在“双链”融合中发挥着重要作用。创新中介是指为创新主体提供社会化、专业化服务以支撑和促进创新活动的机构。创新中介主要承担政策咨询、技术扩散、成果转化、要素配置、创新决策、创新需求反馈等服务功能，为创新需求方和供给方提供沟通渠道，是各类创新主体之间、创新主体与市场之间的重要桥梁。创新中介在“双链”融合中起着促进要素流动、推动知识迁移、推进创新技术转化应用等重要作用，具体体现在两方面：一是加强信息沟通，降低信息不对称的概率；二是协调创新资源，为创新活动提供基础平台和设施设备支持。因此，促进“双链”深度有机融合，需要加强对创新中介发展的支持力度，充分发挥其功能效用。

第四节 跨区域“双链”融合基础理论

一、跨区域“双链”融合的一般动因

一般情况下，产业链与创新链融合若是发生在同一行政区域内，在地缘相似、政策一致、落差较小的条件下，“双链”融合往往更为直接、便捷。例如，

省域或市域范围内的科技创新成果，由于沟通衔接机制顺畅，行政壁垒较少，政策和机制协调性较强，往往能够就地实现高效转移转化，科技价值能够快速转变为经济价值。但是，现实中跨区域“双链”融合的情况往往更多，更有意义，如国家推动京津冀地区、长三角地区、粤港澳大湾区等跨区域“双链”融合的需求迫切，对我国新发展格局构建和区域经济高质量发展有重要的现实意义。因此，有必要深入研究跨区域“双链”融合的促进机制。

1. 产业互补是跨区域“双链”融合的基础条件

产业互补是指不同国家或区域之间产业要素的相互补偿和相互依赖关系，具体表现为资金、技术、人才、市场等的相互依存和相互作用，形式包括贸易交往、项目投资和技术合作等。产业互补是由区域间产业发展水平、产业类型、要素禀赋的差异而产生的。产业互补是跨区域的产业链与创新链融合发展的基础和前提。当一个区域创新链的下游环节要实现成果应用转化时，鉴于时间、空间和资金成本等因素所限，首选本地转化应用。但当本区域内的产业发展难以满足创新成果转化需求时，创新链往往会跨区域寻找更加符合转化要求，且与本地区产业存在互补性的产业链，通过与该产业链的对接融合实现创新成果的产业化和价值化，如北京由于产业结构以第三产业为主，大规模加工制造环节缺失，创新链与产业链融合往往需要在域外实现，即北京的科技成果往往在与其存在产业互补的外地实现转化应用。因此，产业互补性是实现跨区域“双链”融合的必要条件之一。

2. 统一的要素市场是跨区域“双链”融合的重要前提

产业链与创新链融合的本质是要素的流动与嫁接。人才、技术、资金、数据等要素资源的流动性越强，跨区域“双链”融合的效果就越好，效率就越高。可以说，统一的要素市场是实现跨区域“双链”融合的重要前提。当前，我国正在加快建设全国统一大市场，这正是统一要素市场的重要手段。建设全国统一大市场，可以为跨区域“双链”融合提供重要保障，有利于破解现阶段“双链”融合面临的多方面困难。通过统一大市场，可以引导创新资源实现有效配置，促进创新要素在区域内和区域间有序流动、合理集聚，支持科技创新与相关产业业态融合发展，推动重大科技成果转化应用，进而提升产业链、供应链现代化水平。

3. 有效的行政干预是跨区域“双链”融合的根本保障

政府政策支持是实现产业链与创新链融合的重要保障，对跨区域“双链”

融合而言更是如此。与区域内“双链”融合相比，跨区域“双链”融合面临更多的困难和挑战，存在诸多壁垒和多重差异，需要行政力量加强干预和支持。一方面，各地区之间的政府部门必须加强沟通合作，联合出台鼓励“双链”融合的资金支持、平台建设、环境优化等政策，为“双链”融合创造有利条件；另一方面，上级政府也要根据地区间的实际情况，制定推动“科学技术化、技术产品化、产品产业化”的有效政策，最大限度为跨区域“双链”融合提供良好保障。只有在有效的行政力量干预下，跨区域产业链与创新链才能更快、更好、更深地融合发展。

4. 共生型合作机制是跨区域“双链”融合的强大动力

从生物学的角度出发，共生是一种普遍存在的现象，它代表的是多种不同生物之间形成的紧密互利关系。共生生物之间相互依赖，彼此有利，由此延伸到经济学领域，共生意为不同区域、不同组织之间的相互合作关系，即通过信息互通、资源共享和价值共创，共同激活和获得任何一方都无法单独实现的高水平发展①。在区域经济发展中，区域间的共生合作必不可少。只有区域间共同建立起相互衔接、高度协同的成果转化机制、平台共建机制、数据共享机制和场景示范机制等共生型合作机制，共同构建有利于“双链”融合的生态圈、同心圆，才能助推跨区域产业链与创新链深度融合发展。跨区域产业链与创新链融合的驱动因素如图 2-2 所示。

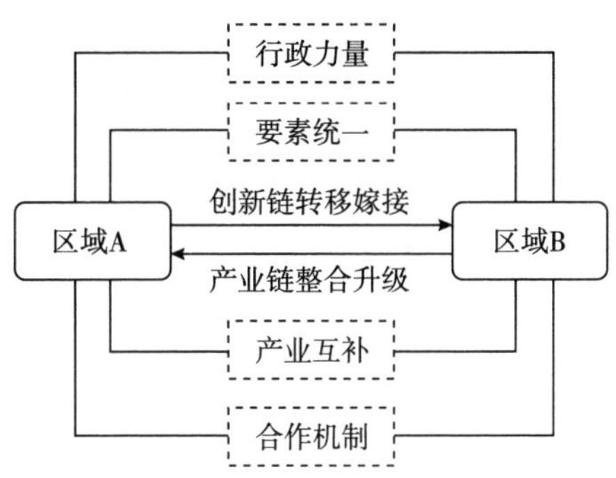

图 2-2 跨区域产业链与创新链融合示意图

① 全球共生研究院．共生型组织及其四大特征[EB/OL].[2016-03-09]. http://symbiosism.com.cn/39.html.

二、跨区域“双链”融合的制约因素

当前，我国跨区域“双链”融合面临诸多困境。有些区域合作意识不强，地方保护主义严重，区域合作机制和制度缺失，政策规划错位，导致产业链与创新链对接程度不高，融合速度较慢，直接影响着区域经济高水平、高质量发展。

1. 各区域独立的规划体系

众所周知，区域规划体系是对一个地区未来经济社会发展的一系列顶层设计，对地区发展具有重要的引领、协调作用。当前，我国的区域规划体系仍是以行政区划为主体而设计实施的，虽然京津冀、长三角、粤港澳大湾区等地区在更高层次上制定了统一的发展规划，明确了经济社会发展的总体方向，但是在区域规划落地实施过程中，内部各行政区之间各自为政、规划衔接不到位、不统一的问题仍然存在。除此之外，区域规划体系中的各个子规划往往在制定时未充分考虑到规划之间的协调、衔接问题，造成子规划在落地实施过程中相互矛盾、衔接困难，这对跨区域的产业链与创新链有机融合产生了巨大的阻碍作用。

2. 滞后的衔接制度

当前，区域产业转移、跨区域科技成果转化制度仍不健全。以京津冀为例，京津冀协同发展实施以来，加快制定和推进各项协同发展政策，三地产业转移、协同创新取得了重大进展，但跨区域产业转移衔接和利益共享机制等仍亟待完善，如税收利益不协调仍是制约当前京津产业链转移入冀较为突出的因素之一，创新资源跨区域配置效率低下影响了京津冀创新共同体的建设步伐。滞后的制度建设阻碍了京津冀产业链与创新链深度融合发展①。

3. 缺位的合作机制

区域之间高效的合作机制是推进跨区域“双链”融合的重要保障。当前，虽然在一定区域内，如长三角、珠三角、成渝地区等地政府之间已初步搭建起部分领域合作平台，但是大部分区域之间仍缺乏协作治理的联动机制，或是合作机制尚未建立，或是虽建立起合作平台，但是在具体协作过程中仍存在一定不足，不能实现合作的规范化和制度化，在有效促进创新主体和产业主体对接合作等方面存在一些问题，制约了区域间合作的深度和广度。例如，河北与京津之间虽然

① 周维富. 京津冀产业协同发展的进展、问题与提升路径[J]. 中国发展观察，2023(5)：11-15.

初步建立了高层对话和工作机制，但市、县（区）政府与京津对应部门之间制度化的工作推进机制和对话机制尚不完善，且跨部门一体化综合协调机制尚不健全。这就导致产业对接合作、协同创新、创新成果转化等支持政策制定和执行不及时、不到位，影响产业链与创新链的融合效率。

4. 明显的政策落差

区域间较大的政策差异是影响跨区域“双链”融合的重要因素之一。当区域间在发展条件、地方财力方面存在差异，且产业税收、土地支持、财政资金、人才发展等方面的政策扶持力度差距较大时，产业发展和科技创新要素很难从发展基础和政策条件较好的地区流向较差的区域；相反，企业主体和要素资源很可能发生逆向回流。这样，创新链与产业链的融合就很难发生，即使发生也难以达到提升整个区域的经济发展水平和综合竞争力的目的。在创新链与产业链逆向流动的情况下，区域之间的差距将会进一步拉大。

第五节 “双链”融合与区域产业升级理论

一、区域产业升级的内涵

区域产业升级是指某一区域范围内生产专业化程度的提高、本地产品附加值的增加以及前向一体化或后向一体化程度的提升。从产业结构来看，产业升级是产业结构合理化和高度化的升华；从要素构成来看，产业升级是要素配置科学化和高级化的过程；从发展层次来看，产业升级是产业价值链从低端向高端攀升的过程；从产业布局来看，产业升级是产业布局的调整和优化；从产品变化来看，产业升级是产品层次的提升和附加值的增加。因此，产业升级在宏观上表现为结构升级、工艺改进、要素优化、价值链提升、产品更新、布局优化等。产业升级的核心和灵魂是产品附加值的提升。产业升级主要是靠技术进步来推动的，即高新技术成果通过产业化助推新兴产业发展和传统产业转型，从而在整体上实现产业结构优化和层次提升。

二、产业升级的影响因素

1. 技术创新是产业升级的直接动力

产业升级受诸多外在因素影响。其中，技术创新是最普遍、最重要的因素。技术创新，特别是突破性技术创新是驱动产业转型升级的重要力量。产业升级主要靠技术创新实现，表现为高新技术的产业化和传统产业的高技术化，进而在宏观上表现为整体产业升级，尤其是产业结构的升级。技术创新不仅可以提高部门劳动生产率，提升供给质量，还可以催生新产品、引致新需求、产生新消费，从需求和供给两方面同时驱动产业升级和结构优化。当前，新技术与实体经济融合发展的进程不断加快，技术创新层出不穷，无人驾驶、区块链、量子通信、人工智能等突破性新技术不断出现，在改变人们生产生活方式的同时，提升了劳动生产率、降低了劳动成本、提高了产业价值链，从而推动了产业向高能级跃升。

2. 市场需求是产业升级的重要导向

需求是现代经济发展的最大动力。从微观层面来看，企业发展的效益在很大程度上由市场决定，企业生产的产品只有满足市场的多元化、特色化、高端化需求，才能取得较好的经济效益。同时，企业通过提升产品质量、更新产品种类和优化产品层次等方式扩大市场需求，进而实现企业价值最大化。从宏观层面来看，市场需求是产业升级的风向标和指挥棒，其作用机理主要是通过人均收入、不完全竞争市场、可持续发展理念等引导和推动产业转型升级。其中，人均收入水平在一定程度上决定着消费者的需求层次，人们的消费层次和能力水平随着收入的提升而提高；同时，消费需求的不断升级倒逼企业进行技术创新和产品更新换代，进而促进整个产业转型升级。不完全竞争市场的作用在于借助竞争机制和竞争手段来推进企业工艺改进和技术进步，进而提升企业的盈利能力。可持续发展理念不仅改变着消费者的消费理念和心理，而且倒逼企业向环境友好、资源循环化利用的技术方向发展，进而实现产业的低碳化、绿色化转型升级①。

3. 制度安排是产业升级的支撑保障

产业升级需要制度的升级，高效、优越、具有激励性的制度安排是产业升级

① 豆蔻财经．从需求和供给两方面看，制造业转型升级的影响因素有哪些？［EB/OL］．［2022-12-15］．https：//baijiahao. baidu. com/s？id=1752268478842964678&wfr=spider&for=pc.

的重要支撑和根本保障。一般来讲，制度具有为经济发展提供服务、降低成本、减少不确定性、促进交流协作等重要功能。例如，得当的知识产权制度能够促进创新，具有激励性的人才政策能够为产业发展提供更好的人力支持，良好的金融政策能够为产业升级提供充足的资金要素等。随着我国现代化产业体系建设不断加快，对区域产业升级的要求越来越高、越来越迫切，制度安排对产业结构优化调整和升级的重要性越来越凸显。急需建立和完善有利于产业转型升级的制度安排，如知识产权保护制度，节能环保、质量安全等重点领域的法律法规，人才培养和激励机制等，从而形成推动产业转型升级的制度保障。

4. 要素供给是产业升级的物质基础

要素供给对产业发展的重要性不言而喻。所谓的生产要素，是指企业正常生产经营活动得以进行所必不可少的人才、资金、技术、信息等资源。在经济发展的最初阶段，几乎所有发展较好的产业都依赖基本生产要素①。在京津冀地区，这些基本生产要素包括丰富的农村转移劳动力、自然资源禀赋和较为优越的地理区位等。这些要素对京津冀制造业升级发挥着重要作用。当前，随着经济发展阶段和形势的变化，区域产业升级的要素条件也发生了改变。除了基本生产要素外，技术、数据和信息资源等先进要素对产业升级的作用日益突出。在区域产业升级的过程中，要提升经济效益、综合竞争力、产业价值链，就要加强先进要素的吸引、集聚和整合，增强优质先进要素的供给。

三、“双链”融合促进产业升级的作用机理

“双链”融合的过程本身就是创新成果产业化的过程，既有可能催生新产业、新产品，也有可能带来原有生产工艺的改进，提高生产效能，促进产业升级换代。创新链通过科技研发和成果转化，可以弥补、延长和强化产业链功能，进而推动产业链群化发展，推进产业链群做大做强；同时，产业链为创新链发展提供了需求导向，创新链的不断发展使创新成果日益丰富。在区域产业发展目标导向下，产业链与创新链的融合发展、螺旋式互动，将有利于加快科技成果产业化，推动战略性新兴产业发展；有利于改进工艺水平，提高生产效率，促进传统

① 阳扬财经. 经济生产要素，对制造业产业升级有何影响？[EB/OL]. [2022-01-19]. https://baijiahao.baidu.com/s?id=1722397166808025340&wfr=spider&for=pc.

产业转型升级；有利于制度创新、文化创新、品牌创新、业态创新和管理创新，推动产业层次和品位提升；有利于优化要素配置，激发企业发展动力活力。总体而言，“双链”融合通过提升产业链，提高生产效率推动行业发展和产业结构升级，是产业升级的重要手段。“双链”融合促进区域产业升级的作用机理如图 2-3 所示。

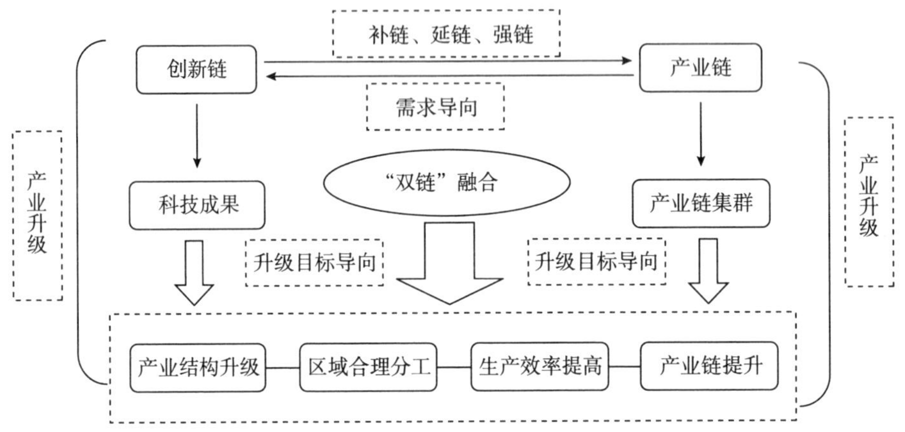

图 2-3 “双链”融合促进区域产业升级机理示意

第三章　京津冀制造业“双链”现状特征及融合度分析

研究京津冀制造业产业链与创新链融合问题，必须首先明晰当前该地区“双链”融合现状和存在的问题。因此，本章在明确产业链、创新链及“双链”深度融合的内涵、意义及作用机理的基础上，运用数理统计、案例分析和复合系统协同度模型分析等方法，测度京津冀“双链”融合程度，深入剖析京津冀地区制造业“双链”融合存在的问题及障碍，为进一步提出“双链”融合思路和路径奠定基础。

第一节　京津冀制造业产业链特征

京津冀地区是我国重要的制造业基地之一，制造业发展具有多年历史。自2014年2月京津冀协同发展正式上升为国家战略以来，京津冀协同发展不断深入，产业协同发展，特别是制造业协同发展取得了显著成效，初步构建起若干条类型多元、层次多样、较为完整、协调发展的制造业产业链，带动区域经济快速发展。本节从类型结构、城市分布、完整性、区域分工四个角度分析京津冀制造业产业链特征。

一、产业链类型结构特征

1. 制造业产业链类型多元

京津冀地区作为中国北方最大的工业基地，制造业发展规模大、门类多、集聚发展优势明显，形成了类型多元、结构多样的产业链群。大数据显示，2000~2019年，京津冀制造业细分行业部门共有优势行业572类，在这些行业中，比较优势持续周期超过15年的行业门类共有210类，这210类行业构成了京津冀制造业产业链中的核心节点①。从产业链类型来看，京津冀地区既有以钢铁产业链为代表的资源要素型产业链，也有以北京中关村高新技术产业链为代表的技术成果核心轴产业链，还有以消费品制造产业链为代表的需求引导型产业链。在产业协同发展的大背景下，京津冀地区重点打造形成了新能源与智能网联汽车、生物医药、电子信息、工业固废和尾矿综合利用、应急产业、食品、服装等多条制造业产业链，产业链类型进一步丰富。

2. 资源型产业链地位突出

京津冀地区众多的制造业产业链中，最完整、优势最突出的即是资源型产业链。京津冀资源型产业链包括钢铁产业链、石化产业链和建材产业链等。其中，以科技研发—原材料及辅料—钢铁冶炼—应用为主要流程的钢铁产业链在京津冀地区规模最大，实力最为雄厚，地位最为突出。北京、天津、河北的钢铁资源各具优势。其中，北京科技实力雄厚，在产业链上游钢铁研究方面具有明显优势；天津具有较大的需求市场，在产业链下游应用环节优势突出；河北工业历史悠久，钢铁生产企业集聚，是钢铁制造大省，拥有广阔的产业技术创新成果应用市场，在产业链中游制造环节优势明显。总体而言，京津冀地区以钢铁产业链为代表的资源型产业链较为完整，在全国具有一定的地位和竞争优势。

3. 高新技术制造业产业链发展不足

从产业链层次来看，虽然京津冀地区以北京为中心，依托众多的高校和科研院所资源，在制造业科技创新方面占据得天独厚的优势。但是，由于长期以来河北与京津存在较大的产业梯度差，先进制造业与京津交叉点较少，先进要素，特别是创新资源及其成果难以实现区域内转移转化，河北难以融入京津产业链，导

① 叶堂林，李国梁．京津冀蓝皮书：京津冀发展报告（2021）［M］．北京：社会科学文献出版社，2021.

致京津冀地区制造业体系整体上不完善，高新技术制造业产业链发育不足，制造产业链在全国的层次地位不高。

二、产业链城市分布特征

1. 沧州、保定和邢台——京津冀制造业产业链节点较集中的区域

前文提到京津冀制造业细分行业部门共有210类行业，这些行业所布局的重点区域构成了产业链核心节点，而这210类行业就是京津冀制造业产业链的核心产业。这些产业链核心节点很大一部分分布在沧州、保定和邢台。其中，拥有核心产业最多的是沧州，达到51类，主要包括石油钻采设备制造、通信系统设施制造等产业；其次是邢台，达到35类，主要包括太阳能单晶硅及电池制造、冶金专用设备制造、食品加工等产业；再次是保定，达到29类，主要包括输配电及控制设备制造、电工仪器仪表制造、汽车制造等（叶堂林和李国梁，2021）。这三个市之所以产业链节点地位突出，主要原因有二：一是区位优势明显，沧州港口资源丰富，海运条件便利，制造业特别是港口型重化工业发展条件优越，发展趋势较好；保定地处环京津地区，具有借力京津加快发展的先天优势。二是政策支持到位，沧州、邢台等地市制定出台了有利于制造业发展的政策措施，如沧州制定了《沧州市产业提质提效工程行动方案》、邢台出台了《邢台市制造业高质量发展“十四五”规划》，对制造业高质量发展给予全力支持。总体而言，沧州、保定和邢台三地的产业链核心节点密度较大，对京津冀区域产业链建设和发展起着重要的串联作用和枢纽作用。

2. 北京——制造业产业链优势不显著

北京是中国北方第一大城市，是全国的政治中心、文化中心、科技创新中心、军事中心、国际交往中心，在国家技术创新中发挥领导作用。但是，由于功能定位所限，北京具有比较优势的产业及细分行业部门主要集中在高端服务业，制造业发展规模相对较小，一般加工制造环节缺失，制造业产业链优势不突出。北京制造业产业链种类少、比重低，2015~2020年，北京制造业占地区生产总值比重持续降低至10%左右，在2021年才止降回升①。从产业门类来看，北京制造业主要集中在高端制造环节，如汽车制造、通信设备、电子设备及仪器制造等，

① 笔者根据2016~2021年《北京统计年鉴》相关数据计算。

工业机器人、高档数控机床、交通运输设备等部分关键技术和装备实现突破，智能制造与装备产业链布局正在逐步完善。北京在智能装备产业领域具有较强的综合实力，拥有一批掌握国际前沿核心技术和先进工艺的优秀企业。

3. 天津——制造业产业链优势明显

天津毗邻渤海，依海而兴，作为京津冀城市群的重要一极，被赋予先进制造研发基地的定位。天津依托优越的沿海区位条件，发展形成了以海洋装备制造、集成电路、航空航天等为主导的先进装备制造业，在先进制造业领域具有突出竞争优势，居于中国北方地区龙头地位。2021 年，天津规模以上工业增加值突破 2 万亿元，同比增长 18.4%，其中，制造业增加值同比增长 8.3%，占比接近全市地区生产总值的 1/4。天津将产业链作为建设制造强市的核心抓手，重点打造信息技术应用创新产业、集成电路、车联网、生物医药、中医药、新能源、新材料、航空航天、高端装备、汽车及新能源汽车、绿色石化、轻工业 12 条产业链。截至 2021 年，12 条产业链初具规模，总产值达到 1.26 万亿元，同比增长 20.7%，占全市规模以上工业总产值的 63%，已经成为带动天津实体经济发展的重要支撑①。天津制造业产业链实力地位突出，在京津冀制造业升级过程中承担重要的引领和支撑作用。

三、产业链完整性特征

1. 京津冀域内不同城市制造业产业链完整性变化各异

对产业链完整性的考量可以从产业链中节点数目②的多少来分析。从近年来京津冀地区制造业产业链中的节点数量变化来看，石家庄和保定两个城市具有比较优势的行业数显著下降，且产业链中部分区域关键节点密度降低，直接关联的行业部门数量有所下降，说明这两个城市的制造业产业链完整性降低，且行业间的直接关联关系有所弱化，具体表现为近几年石家庄和保定制造业关键节点行业外移现象较为显著，例如，保定的长城汽车将高端制造基地转移至重庆，将核心零部件业务转移至江苏，石家庄制造业比重下降明显等。除上述两个城市外，京津冀城市群内其他城市制造业产业链中节点的数量均呈上升态势。其中，沧州、

① 叶堂林，李国梁．京津冀发展报告 2021[M]．北京：社会科学文献出版社，2021.

② 产业链中的节点数目是指具有比较优势的细分行业的数量多少。

廊坊和衡水制造业产业链节点数增加明显①，说明这三个城市制造业优势行业有所增多，制造业产业链完整性不断提升。

2. 区域产业链关键枢纽型节点缺失

所谓枢纽型节点是指在产业链形成和发展过程中，能够起到关键的承上启下作用、产业关联性较高的优势行业。京津冀制造业产业链发展过程中，一些“支链”的枢纽型节点缺失明显，即关键优势行业发展不足，对提升整个区域产业链完整性产生了较大的负面影响。例如，河北信息通信产业链在上游基础材料领域拥有部分企业，具备一定优势，但在中下游的芯片器件、通信设备和系统集成等枢纽节点发育不足，龙头骨干企业缺乏，竞争优势相对较弱。再如，河北氢能产业链在上游绿氢制备、氢能装备等领域拥有一定的竞争优势，但氢能储运和多场景应用几乎是空白，整个氢能产业链“缺环断链”问题突出。如果不能尽快弥补产业链缺口，长此以往，就会严重影响整个产业链竞争力的提升。

四、产业链区域分工特征

1. 京津冀制造业产业链垂直分工特征明显

针对制造业产业链分工，可以从企业总部、研发设计、加工制造和营销服务四个环节进行分析。通过对京津冀三地在各环节的生产力布局情况进行分析，可以看出京津冀地区由于各自的发展阶段、条件、要素禀赋特点各异，已经形成了垂直化的制造业分工格局。从企业总部布局环节来看，世界500强和中国500强企业总部布局北京的较多，分别占京津冀地区的96%和70%，而落户河北和天津的500强企业总部则微乎其微②。可见，北京凭借其全国政治、文化、经济、对外交流合作中心地位，在企业总部布局环节上拥有津冀无可比拟的优势。从研发设计环节来看，河北在研发设计环节处于弱势地位，研发机构数量少，层次低，唯一一所“211”工程院校——河北工业大学还坐落在天津市；而北京作为全国资本流、信息流、人才流汇集和分配的枢纽，在研发设计环节上处于绝对优势地

① 周琳，商瑞．天津坚定实施制造业立市战略——以智能科技引领现代产业[N]．经济日报，2022-10-09（7）．

② 根据世界500强、中国500强企业总部所在地计算汇总得来。其中，世界500强为2023年《财富》公布名单企业，中国500强为中国企业联合会、中国企业家协会按国际惯例组织评选、发布的中国企业排行榜上榜企业。

位，其拥有的“985”“211”院校占比分别占京津冀的80.0%和85.71%，如表3-1所示。不仅如此，北京还集中了大批国家重点实验室，在生物医药、航空航天、节能环保、新一代信息技术、新能源、新材料、智能制造等领域具有核心技术优势。

表3-1 京津冀分地区科研资源布局结构[①] 单位：%

地区	研发机构	高等院校				重点实验室		
		985院校	211院校	其他院校	小计	国家级	省市级	小计
北京	61.27	80.00	85.71	20.85	30.52	65.85	22.18	41.56
天津	22.39	20.00	10.71	23.70	22.09	29.76	41.63	36.36
河北	16.34	0.00	3.57	55.45	47.39	4.39	36.19	22.08

从加工制造环节来看，通过分析一般加工制造和高技术制造业企业的数量和营业收入[②]，可以看出，京津冀地区一般加工制造业在河北省布局较为集中，无论是企业数量还是主营业收入水平，河北的一般加工制造业占比均超过50%。天津次之。而高技术制造业方面，无论是高技术制造业企业数量，还是收入水平和盈利能力，河北均处于劣势地位；北京和天津则凭借良好的人才、技术、交通区位和产业基础优势，占据了制造业价值链的高端。从营销和服务环节来看，营销和服务大体可以分为销售和一般服务业环节，以及知识（技术）密集型的高端服务环节两类。为了统计方便，本部分的销售和一般服务业主要指批发和零售业、住宿和餐饮业；高端服务业主要指信息传输、软件和信息技术服务业，金融业，租赁和商务服务业，科学研究和技术服务业。同时，以从业人员来近似度量京津冀地区营销与服务环节发展情况。京津冀地区营销和服务环节存在明显分工，河北销售和一般服务业从业人数较多，是京津冀一般服务业的提供者。而北

① 重点实验室、研发机构数分别由北京市科学技术委员会、天津市科学技术局和河北省科技厅网站公布数据计算汇总得来，“985院校”是全国范围内获批建设的39所“985工程院校”中坐落于京津冀的院校，“211院校”是指我国面向21世纪、重点建设的高等学校，其中，部分“211院校”也是“985院校”，两者有所交叉。

② 一般加工制造业是制造业中除去装备制造业、其他制造业、医药制造业、废弃资源综合利用业、机械和设备修理业以外的制造业行业。按照《中国科技统计年鉴2015》中的分类，高技术制造业指医药制造业，航空、航天器及设备制造业，电子及通信设备制造业，计算机及办公设备制造业，医疗仪器设备及仪表制造业。

京、天津在金融、信息、科技服务等方面优势明显，控制着产业价值链分配的又一高端。

由此可以看出，京津冀地区制造业产业链垂直分工明显，北京、天津依托优势科研资源与工业基础实现了以高新技术产业为主的产业结构，处于产业链垂直分工的高端环节。河北经济相对落后，产业虽然总量大，但层次较低，主要是资源深加工业，处于产业价值链的末端。京津冀地区产业分工情况如图 3-1 所示。

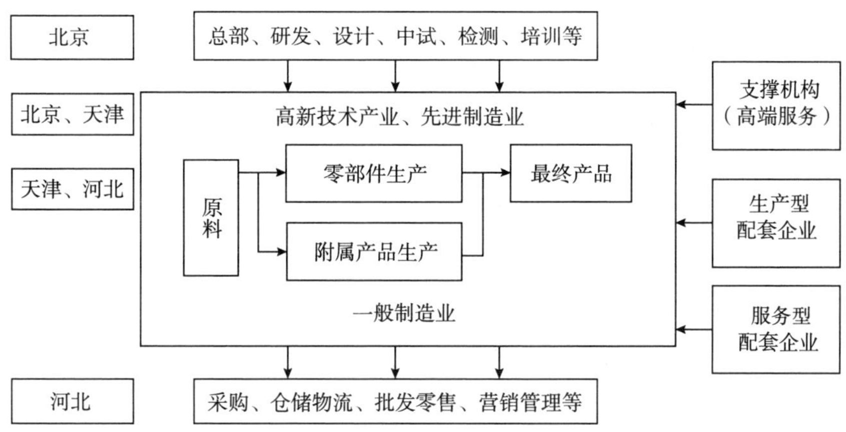

图 3-1　京津冀地区产业分工体系示意

2. 河北与天津制造业产业分工有错位也有交叉

根据《2022 城市商业魅力排行榜》城市排名，天津作为京津冀地区仅次于北京的新一线城市，在产业分工中居于重要地位。天津依托良好的制造业基础和优越的港口航运条件，在制造业特别是先进制造业领域取得了较大发展，而河北由于产业基础和各项设施条件相对薄弱，难以与天津比肩，制造业与天津存在较大落差。与此同时，河北与天津在黑色金属冶炼及压延加工业、化学原料及化学制品制造业和金属制品等行业也存在产业结构雷同和同质化竞争问题，没有形成层次分明的产业分工和有效的区域竞争合力。

3. 京津冀地区尚未形成高效合作的产业链

京津冀协同发展战略实施以来，北京制造业加速向河北转移，三地产业协同发展迈出坚实步伐。但总体来看，在制造业产业链建设方面，三地仍没有达成一致，尚未形成高效合作的产业链。一方面，河北的主导产业主要是钢铁、石化、建材等资源型产业，这些行业本身产业关联效应不大，不容易形成较长的产业链；另一方面，在装备制造、电子信息、生物医药等有可能建立较长产业链条的行业内，河北与京津之间也没有建立起能实现有效对接的产业链。京津冀三地产业各成体系，行业内联系不紧密，分工不明确，零配件支撑供应体系尚未建立，产业配套环境远不及“长三角”“珠三角”，造成很多企业不得不舍近求远，到京津冀区域外寻求合作，如北京的 IT 制造企业更多的是到广东、江苏等地采购零部件或直接代工生产。

第二节　京津冀创新链特征

京津冀地区是我国创新资源最为密集的地区之一，整体创新能力在国内具有明显优势，各类创新资源富集程度、创新产出规模和创新质量、各类创新主体发育水平在全国均居领先地位。近年来，京津冀协同创新共同体建设深入推进，创新链加快形成和发展，京津冀整体创新实力和水平进一步提升。国家统计局发布的数据显示，2021 年京津冀区域创新发展指数为 153.0，较 2020 年提高了 5.5，创新产出和创新效率明显提升①。与此同时，京津冀创新链仍存在内部发育不平衡、不协调的问题，对产业发展的支撑能力有限。本节从创新主体分布、创新要素集聚、研发成果转化和创新协作水平四个环节分析京津冀创新链的特征，全面剖析京津冀创新链发展的基本现状。

一、创新主体布局

1. 区域创新资源丰厚

京津冀地区拥有丰富的创新资源，无论是国家重点实验室、国家技术创新中

---

① 京津冀协同发展统计监测协调领导小组办公室．京津冀协同促发展　区域发展指数持续提升［EB/OL］．国家统计局．［2022-12-28］．http://www.stats.gov.cn/sj/zxfb/202302/t20230203_1901694.html.

心等战略科技创新平台，还是大学、科研院所、创新型企业等科技创新主体都具有明显的比较优势①。截至2022年，京津冀地区共有高校272所，占全国比重的10%，其中“双一流”建设高校40所，占全国“双一流”建设高校比重达到27%②。特别是北京的创新资源优势最为突出，国家战略科技力量十分雄厚，拥有90多所大学和1000多所科研院所，其中包括清华大学、北京大学、中国科学院等大批国内顶尖大学和科研机构③；拥有国家级高新技术企业近3万家，其中培育和认定的“专精特新”企业2115家。布局的国家重点实验室、国家工程技术研究中心和国家级重大创新平台数量均居全国前列。此外，北京还拥有一批世界顶尖的科学家和工程技术专家，两院院士近全国一半④。天津创新优势明显，根据中国科学技术协会发布的《关于支持2023—2025年度创新驱动示范市建设的通知》，滨海新区入选重点支持建设的39个全国创新驱动示范市（区），成为具有全国影响力的区域创新高地。丰富的创新资源为京津冀地区建设优质创新链，打造全国创新策源地奠定了良好基础。

2. 创新主体配置不均

虽然京津冀地区拥有的创新主体数量较多，但在三地之间的布局明显不均。北京作为全国首都和科技创新中心，在创新主体的拥有量上占绝对优势。在区域横向对比中，北京的创新主体密集度最高，是我国的科技创新高地；而津冀两地，特别是河北，在创新主体培育和布局方面，居于弱势地位。从创新型高校建设水平来看，在教育部公布的第二轮“双一流”建设高校名单中，北京以34所位列全国第一，而河北仅有1所，位列全国末位。《全国科技创新百强指数报告（2022）》显示，北京有11所高校入围全国科技创新高校50强，数量居全国第一，而河北未有一所上榜。从科技领军企业数量来看，北京拥有的独角兽企业超过100家，占全球的6.8%⑤，而截至2022年底，河北拥有的独角兽企业仅3家。从创新平台质量来看，北京拥有的国家重点实验室超过120家，占京津冀国家重点实验室比重80%以上，而河北拥有的国家重点实验室仅12家，国家级技术创

① 陈璐，边继云．京津冀协同发展报告［M］．北京：经济科学出版社，2022.

② 根据观研报告网数据（YA）及教育部公布的第二轮“双一流”建设高校及建设学科名单整理。

③ 孙奇茹．创新高地：独角兽领跑产业变革［N］．北京日报，2022-10-21.

④ 《北京全国科技创新中心指数2019》。

⑤ 陈雪柠．北京独角兽企业占全球6.8%，多项创新要素指标全国居首［EB/OL］．金台资讯．［2022-08-10］．https://baijiahao.baidu.com/s? id=1740735862007232097&wfr=spider&for=pc.

新中心仅 5 家，仅占京津冀平台数量的 7.8%和 5.9%①。创新主体布局不均在一定程度上阻碍了京津冀创新链的建设和发展。

3. 创新载体发展迅速

创新型园区是高新技术企业的栖息地，也是海内外科技人才创业、创新、创优的重要载体，可以连接创新链各个环节，有效转移和承接科技创新资源，撬动政策、产业、交通等方面的深度融合配套。自京津冀协同发展战略实施以来，三地科技创新平台载体建设不断提速。京津冀不同省份共同申报的京津冀全面创新改革试验区、中关村海淀园秦皇岛分园、清华大学（固安）中试孵化基地、保定·中关村创新中心等创新平台不断发展。河北打造的石保廊全面创新改革试验区、河北·京南国家科技成果转移转化示范区等重点科技园区的创新支持作用日益显现。

二、创新要素集聚

1. 创新要素投入持续提升

创新要素是创新链的重要组成部分，创新链的建设过程就是创新要素的整合过程。可以说，创新要素对创新链的建设和发展具有重要作用。近年来，京津冀区域创新要素投入整体上呈上升态势。2021 年，京津冀区域共投入研究与试验发展（R&D）经费 3949.1 亿元，同比提高 14.6 个百分点；区域 R&D 投入强度达到 4.1%，同比提高 0.1 个百分点。但从区域 R&D 投入来看，京津冀三地差别较大，北京始终保持在 6%以上，处于全国领先地位。天津和河北的 R&D 投入强度相对较低，分别为 3.7%和 1.9%。特别是河北，R&D 投入强度低于全国 0.65 个百分点。从人员投入来看，京津冀区域每万人 R&D 人员全时当量为 51.6 人年，较 2020 年增长 3.2%②。其中，北京 R&D 人员全时当量为 338297 人年，分别为天津和河北的 3.3 倍和 2.7 倍。

2. 要素流动不断加快

当前，京津冀区域间联系更加紧密，创新要素流动不断加快，创新资源开放

---

① 重点试验室、技术创新中心数据分别由北京市科学技术委员会、天津市科学技术局和河北省科学技术厅网站公布的经认定的重点实验室名单计算汇总而来。

② 京津冀协同发展统计监测协调领导小组办公室．京津冀协同促发展　区域发展指数持续提升[EB/OL]．国家统计局．[2022-12-28]．http：//www.stats.gov.cn/xxgk/sjfb/zxfb2020/202212/t20221230_1891327.html.

共享水平持续提升，在高新技术企业整体搬迁、科技创新券互认互通、大型仪器互联互通等领域取得了突破性进展。2021 年，京津冀三地企业在区域内跨省（市）设立的分支机构数量达到 7453 家，同比增长 14.1%①；京津转入河北单位 5616 个，其中法人单位 3475 个，北京全年向津冀输出技术合同成交额 350.4 亿元。三地共建科技园区加快承接北京企业转移，2021 年天津滨海—中关村科技园新增企业中，1/3 来自北京。廊坊三河市 27 家科创园入驻企业 796 家，其中京企占比达到 65%②。创新要素流动性持续增强为京津冀创新链建设提供了重要保障。

三、研发成果转化

1. “京津研发、河北转化”机制加快完善

研发成果转化是创新链的关键环节之一，也是创新链价值体现的重要方面，京津冀创新链建设的重要环节就是建立完善的跨区域研发成果转化机制。可以说，能否建立起科学、高效、顺畅的“京津研发、河北转化”机制，直接关系到京津冀创新链建设水平和协同创新发展水平的高低。近年来，京津冀三地不断加大研发成果转化支持力度，“京津研发、河北转化”机制不断健全。2020 年 12 月，三地共建的京津冀国家技术创新中心挂牌成立，成为我国首个综合类国家技术创新中心和重点建设的国家战略科技力量。2021 年 7 月，《河北省重大科技成果转化行动实施方案》印发，一系列改革举措启动实施，雄安新区、河北・京南科技成果转移转化示范区等重点区域承接北京优质科技资源转移的政策支持不断加大。河北省内重点高校布局建设京津创新成果输出基地，引入第三方中介服务机构，贯通全省、连通京津的技术转移服务体系加快完善。

2. 成果区域转化率有待提升

京津冀协同发展战略实施以来，三地基于创新链产业链的合作不断加强，北京创新成果和创新机构向津冀外溢明显，截至 2020 年，北京输出到津冀的技术

---

① 京津冀协同发展统计监测协调领导小组办公室．京津冀协同促发展　区域发展指数持续提升［EB/OL］．国家统计局．［2022-12-28］．http：//www.stats.gov.cn/xxgk/sjfb/zxfb2020/202212/t20221230_1891327.html.

② 北京市统计局：2021 年京津转入河北单位 5616 个［EB/OL］．中国新闻网．［2022-03-24］．http：//www.chinanews.com.cn/cj/2022/03-24/9710672.shtml.

合同成交额累计超过 1200 亿元，中关村企业在津冀两地分支机构累计达 8300 多家①。2021 年，中国科学院、天津大学、钢铁研究总院等主体的 13 项京津重大科技成果在河北转化落地，项目数占河北省级重大科技成果转化项目总数的 1/5②。尽管如此，从京津冀区域整体上来看，高创新产出与低区域转化并存的状况仍未根本改变，创新成果区域转化率仍不高，京津特别是北京科技成果的域内辐射还有很大空间。在京津冀区域范围内，北京的科技创新能力最强，但其对天津和河北的科技创新辐射和带动能力相对较低。2021 年，北京流向河北的技术合同成交额仅占北京全部输出总额的 5.5%，流向天津的技术合同成交额仅占北京全部输出总额的 0.7%，均远低于同期长三角区域内上海流入江苏、浙江的技术合同成交额比重（分别为 12.2%、11.5%）③。区域科技创新成果转化率较低，表明京津冀创新链整体发育不足，创新链对区域产业升级的动力支撑作用亟待提升。

第三节　京津冀制造业“双链”融合度分析测定

对京津冀产业链与创新链融合度的分析测定，可以从“双链”发展是否协同的角度开展。由于“双链”可以被看作是一个复合系统，系统内又包含两个相互作用的子系统，在评价模型的选择上，参考刘和东（2016）、鲁洁和秦远建（2017）等的研究，采用孟庆松和韩文秀（2000）提出的复合系统协同度模型。复合系统协同度模型是以协同学为基础，运用数理统计方法，计算一个或多个复合系统的协同程度或融合程度的模型。所谓协同或融合一般是指复合系统中，各子系统之间相互作用形成的有序化状态及演化趋势所表现出的融合、共生、协调属性，而协同度是度量这些属性的最佳指标，协同度的高低反映了各子系统之间

① 天津市科学技术发展战略研究院，河北省科学技术情报研究院．京津冀协同创新指数（2022）［M］．北京：科学技术文献出版社，2023.

② 京津冀协同发展统计监测协调领导小组办公室．京津冀协同促发展　区域发展指数持续提升［EB/OL］．国家统计局．［2022-12-28］．http://www.stats.gov.cn/xxgk/sjfb/zxfb2020/202212/t20221230_1891327.html.

③ 河北省科技厅。

融合匹配程度的高低①。通过复合系统协同度模型分析，可以科学客观地评价京津冀产业链与创新链的融合程度，为提出“双链”深度融合对接的路径和策略奠定基础。

一、指标选择和模型构建

1. 评价指标体系设计

京津冀产业链与创新链融合系统如图 3-2 所示，产业链与创新链的融合水平可以用复合系统协同度来反映。产业链上的核心企业、节点企业通过加强与大学和科研院所的合作，从事产业技术创新，并对创新成果进行中试和商品化、产业化生产。产业链与创新链相互融合、协同发展，其结果主要表现为产业链升级和产业技术创新能力的增强，包括 R&D 经费投入强度提高，企业新产品销售收入增加，科技企业孵化器数量增多，发明专利授权数量增多等。

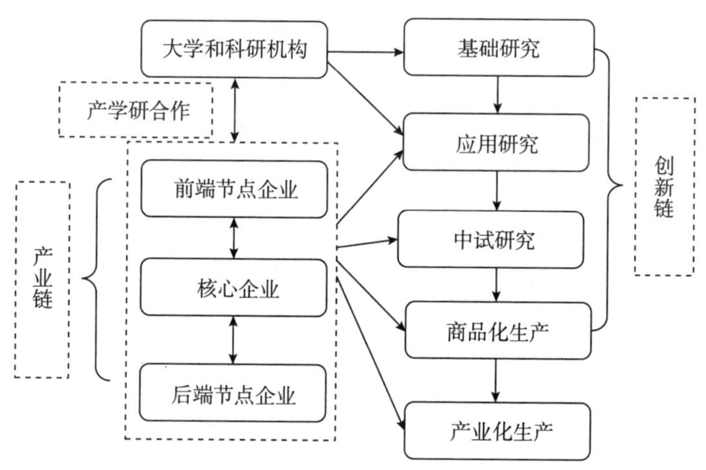

图 3-2　产业链与创新链融合系统

运用复合系统协同度模型进行分析评价时，首先要选择和设计评价指标体系。对京津冀产业链与创新链融合程度进行测定时，要从实际情况出发，选择能够反映产业链升级方向、水平，区域综合创新能力，企业创新实力，以及创新成

① 孟庆松，韩文秀. 复合系统协调度模型研究[J]. 天津大学学报，2000（4）：31-33.

果产出的指标。其次数据指标要符合科学性、权威性和可得性要求。综合考虑上述因素，本书选择确定了两类共 14 项指标，对产业链与创新链融合程度进行了测度。每个指标可以看作复合系统的一个序参量，如表 3-2 所示。京津冀产业链与创新链融合系统包括产业链、创新链两个子系统，每个子系统又包含若干序参量。其中，产业链子系统的序参量主要衡量产业链高级化水平，创新链子系统的序参量主要衡量制造业创新能力。

表 3-2　京津冀产业链与创新链系统融合度评价指标体系

总系统	子系统	序号	序参量	符号	出处
京津冀产业链与创新链融合系统	产业链	1	第二产业、第三产业增加值/GDP	e_{11}	《中国统计年鉴》
		2	第二产业、第三产业就业人员数/全部就业人员数	e_{12}	《中国统计年鉴》
		3	高新技术企业数/企业单位数	e_{13}	《中国火炬统计年鉴》《中国统计年鉴》
		4	高新技术产业营业收入/规模以上工业企业营业收入	e_{14}	《中国统计年鉴》《中国科技统计年鉴》
		5	第三产业增加值/第二产业增加值	e_{15}	《中国统计年鉴》
	创新链	6	R&D 经费投入强度	e_{21}	《中国科技统计年鉴》
		7	R&D 人员全时当量	e_{22}	《中国科技统计年鉴》
		8	规模以上工业企业 R&D 经费/规模以上工业增加值	e_{23}	《中国统计年鉴》、各省统计年鉴或提要
		9	规模以上工业企业新产品销售收入/规模以上工业企业营业收入	e_{24}	《中国统计年鉴》
		10	高新技术制造业研发机构数	e_{25}	《中国科技统计年鉴》
		11	每万人发明专利申请量	e_{26}	《中国统计年鉴》
		13	每万人发明专利授权数	e_{27}	《中国统计年鉴》
		14	技术市场交易额	e_{28}	《中国统计年鉴》

2. 复合系统协同度模型构建

本节中的“协同”是指系统之间或系统内部各要素之间在发展变化过程中，彼此协调一致、不存在相互矛盾的情况。协同度是指通过各种机制调节的作用，系统之间或系统内部各要素之间达到的协同程度。复合系统可以用 S 表示，则复

合系统模型为：

$$S=\{S_1, S_2, \cdots, S_k\} \tag{3-1}$$

其中，S_1 是复合系统 S 的第一个子系统，S_2 是复合系统 S 的第二个子系统，S_k 是复合系统 S 的第 k 个子系统。在京津冀产业链与创新链复合系统中，$S=\{S_1, S_2\}$，S_1 是产业链子系统，S_2 是创新链子系统，复合系统 S 的复合机制是由 S_1 和 S_2 相互影响产生的，公式为：

$$S=f(S_1, S_2) \tag{3-2}$$

其中，f 为复合因子，表示产业链子系统与创新链子系统的作用关系和协调机制。

复合系统协同作用的实质是通过一种外部作用 F，在 F 的作用下，按照某一规则或评价方法，使复合系统 E（S）的效能大于各子系统的效能之和。假设 e 为子系统的序参量，则

$$e_k=(e_{k1}, e_{k2}, \cdots, e_{kj}), \tag{3-3}$$

其中，$j\geqslant1$，$a_{ki}\leqslant e_{ki}\leqslant b_{ki}$，$i\in[1, j]$，$a_{ki}$ 为子系统中序参量 e_{ki} 的最小值，b_{ki} 为子系统中序参量 e_{ki} 的最大值。假设序参量的取值与系统的有序度呈正相关关系，即 e_{ki} 取值越大，系统的有序度越高，e_{ki} 取值越小，系统的有序度越低；相反，假设序参量 e_{ki} 的取值与系统的有序度呈负相关关系，则 e_{ki} 取值越大，系统的有序度越低，e_{ki} 取值越小，系统的有序度越高。因此，可以用式(3-4)表示子系统 S_k 的有序度：

$$u_k(e_{ki})=\begin{cases}\dfrac{e_{ki}-a_{ki}}{b_{ki}-a_{ki}}, & i\in(1, l_i)\\[2ex] \dfrac{b_{ki}-e_{ki}}{b_{ki}-a_{ki}}, & i\in(l_i+1, j)\end{cases} \tag{3-4}$$

其中，$u_k(e_{ki})\in[0, 1]$，其数值的大小直接与子系统的有序度相关。$u_k(e_{ki})$值越大，说明对子系统有序度的影响越大，反之越小。通常情况下，可以通过调整 e_{ki} 取值区间的大小来满足式(3-4)的合理性。序参量 e_{ki} 对子系统的有序度取决于各个序参量之间的集成方式。通常 $u_k(e_{ki})$的集成方式有两种，即线性加权求和法和几何加权求和法，为简明起见，本部分采用线性加权求和法来计算：

$$u_k(e_i) = \sum_{i=1}^{n} \omega_i \cdot u_k(e_{ki}) \tag{3-5}$$

其中，$\omega_i \geqslant 0$ 且 $\sum_{i=1}^{n}\omega_i = 1$，$\omega_i$ 为权重系数。

$u_k(e_i)$ 则为子系统 S_K 的有序度，$u_k(e_i) \in [0, 1]$，其值越大，对子系统 S_K 有序度的影响越大；其值越小，对子系统 S_k 有序度的影响越小。权重系数 ω_i 反映相应的序参量 e_i 在产业链与创新链复合系统运行过程中所起的作用。

假设各子区域产业链与创新链复合系统从 t_0 时刻变化到 t_1 时刻，这期间各区域的系统有序度为 u_k^0（e_k）、u_k^1（e_k），其中，k=1，2，3 则该时间段内系统整体融合度（Coordination Degree of Composite System，CDCS）为：

$$CDCS = \theta \sum_{k=1}^{3} \phi_k [\,|u_k^1(e_k) - u_k^0(e_k)|\,] \tag{3-6}$$

其中，$\theta = \frac{\min[u_k^1(e_k) - u_k^0(e_k) \neq 0]}{|\min[u_k^1(e_k) - u_k^0(e_k) \neq 0]|}$，$\phi_k \geqslant 0$，$\sum_{k=1}^{2}\phi_k = 1$，k=1，2。

CDCS 越大，说明该系统的融合度越高，反之融合度越差。参数 θ 的作用在于，当且仅当 $u_k^1(e_k) - u_k^0(e_k) > 0$ 时，产业链创新链复合系统在 $t_0 \sim t_1$ 这一时间段中，处于融合发展的状态。

二、“双链”融合度测算与评价

1. 指标权重确定

在表 3-2 的评价指标体系中，不同的序参量对整个复合系统所起到的作用各不相同。因此，在评价复合系统融合度时，应该对每个指标赋予不同权重。通过比选分析，本部分采用熵值法确定指标权重，熵值法的计算方法如下：

首先，建立评价指标数据矩阵。采用极差法对评价指标进行标准化，可得到式（3-7）。γ'_{ij} 表示在第 i 年第 j 个指标的标准值，其中 i=1，2，…，m；j=1，2，…，n。

$$\gamma' = \begin{bmatrix} \gamma'_{11} & \gamma'_{12} & \cdots & \gamma'_{1n} \\ \gamma'_{21} & \gamma'_{22} & \cdots & \gamma'_{2n} \\ \cdots & \cdots & \ddots & \cdots \\ \gamma'_{m1} & \gamma'_{m2} & \cdots & \gamma'_{mn} \end{bmatrix} \tag{3-7}$$

其次，计算各个序参量的熵值。假设第 j 个序参量的熵值为 k_j，则

$$k_j = -c\sum_{i=1}^{m} f_{ij}\ln f_{ij},\ j = 1,\ 2,\ 3,\ \cdots,\ n \tag{3-8}$$

其中，$c=(\ln m)^{-1}$，$f_{ij}=\frac{\gamma_{ij}}{\sum_{i=1}^{m}\gamma_{ij}}$，当 $f_{ij}=0$ 时，定义 $\ln f_{ij}=0$。

最后，计算各指标的熵权重。

$$\omega_j = \frac{1-k_j}{\sum_{j=1}^{n} 1-k_j},\ 0 \leqslant \omega_j \leqslant 1,\ \sum_{j=1}^{n}\omega_j = 1 \tag{3-9}$$

各序参量指标权重的测定方法如式（3-8）、式（3-9）所示，将各项指标带入计算，可以得出北京、天津、河北及京津冀总体的指标权重，如表 3-3 所示。

表 3-3　熵权法确定指标权重结果

符号分类		北京	天津	河北	京津冀
产业链子系统	e_{11}	0.0846	0.0371	0.0958	0.1120
	e_{12}	0.0356	0.0313	0.0539	0.0600
	e_{13}	0.1042	0.1866	0.1335	0.1270
	e_{14}	0.1319	0.0270	0.0316	0.0444
	e_{15}	0.0694	0.0882	0.0730	0.0759
创新链子系统	e_{21}	0.0694	0.0986	0.0735	0.0701
	e_{22}	0.0626	0.0387	0.0245	0.0334
	e_{23}	0.0438	0.0681	0.0284	0.0354
	e_{24}	0.1468	0.1095	0.1126	0.1259
	e_{25}	0.0734	0.1212	0.1056	0.1361
	e_{26}	0.0469	0.0259	0.0508	0.0401
	e_{27}	0.0789	0.0850	0.0561	0.0781
	e_{28}	0.0525	0.0828	0.1607	0.0616

按照熵值法的内涵，熵权越大，该指标越重要，对评价结果的影响也越大；熵权越小，该指标的重要性越小，对评价结果的影响也越小。从表 3-3 可知，北京产业链子系统中，高新技术企业数/企业单位数（e_{13}）、高新技术产业营业收

入/规模以上工业企业营业收入（e_{14}）两项指标较为突出；创新链子系统中，规模以上工业新产品销售收入/规模以上工业企业营业收入（e_{24}）、每万人发明专利授权数（e_{27}）和高新技术制造业研发机构数（e_{25}）三项指标较为突出。天津产业链子系统中，高新技术企业数/企业单位数（e_{13}）、第三产业增加值/第二产业增加值（e_{15}）两项指标重要性更大；创新链子系统中，规模以上工业新产品销售收入/规模以上工业企业营业收入（e_{24}）、高新技术制造业研发机构数（e_{25}）两项指标重要性更大。河北产业链子系统中，高新技术企业数/企业单位数（e_{13}）、第二产业、第三产业增加值/GDP（e_{11}）两项指标更为突出，创新链子系统中，技术市场交易额（e_{28}）、规模以上工业新产品销售收入/规模以上工业企业营业收入（e_{24}）、高新技术制造业研发机构数（e_{25}）三项指标更为突出。从京津冀整体来看，产业链和创新链子系统中，第二产业、第三产业增加值/GDP（e_{11}）、高新技术企业数/企业单位数（e_{13}）、规模以上工业新产品销售收入/规模以上工业企业营业收入（e_{24}）和高新技术制造业研发机构数（e_{25}）等指标的重要性更强，对复合系统协同度的影响更大。

2. 京津冀各区域“双链”子系统有序度测算

根据式（3-4）、式（3-5），计算京津冀及北京、天津、河北三地各自的产业链与创新链子系统的有序度如表 3-4、图 3-3 所示。从京津冀整体来看，2011~2020 年，产业链与创新链子系统的有序度总体呈波动上升态势。2011~2015 年的波动较为明显，2016~2019 年，产业链子系统有序度持续上升，2020 年受疫情等多方面因素影响，有序度止升转降。创新链子系统有序度始终波动性较强，2019~2020 年提高幅度较大。

表 3-4　京津冀产业链与创新链子系统有序度

年份	北京		天津		河北		京津冀	
	产业链子系统	创新链子系统	产业链子系统	创新链子系统	产业链子系统	创新链子系统	产业链子系统	创新链子系统
2011	0. 0516	0. 2126	0. 0359	0. 1216	0. 1612	0. 0013	0. 1271	0. 0002
2012	0. 0743	0. 2026	0. 0351	0. 2334	0. 0429	0. 1447	0. 0789	0. 2154

续表

年份	北京		天津		河北		京津冀	
	产业链子系统	创新链子系统	产业链子系统	创新链子系统	产业链子系统	创新链子系统	产业链子系统	创新链子系统
2013	0.0696	0.3807	0.0695	0.2426	0.1181	0.2159	0.0461	0.1743
2014	0.0452	0.2771	0.0933	0.3067	0.0878	0.2498	0.1459	0.4587
2015	0.1347	0.2153	0.0729	0.3544	0.1422	0.2254	0.0736	0.2201
2016	0.1148	0.2530	0.0491	0.3782	0.1340	0.2249	0.1177	0.3047
2017	0.2565	0.2574	0.1111	0.3526	0.1717	0.2444	0.1887	0.2434
2018	0.3098	0.2404	0.2604	0.3145	0.1905	0.2491	0.2981	0.2879
2019	0.3560	0.4285	0.3353	0.2465	0.2446	0.3251	0.3486	0.2826
2020	0.3685	0.4843	0.3417	0.2441	0.2856	0.6079	0.2077	0.5792

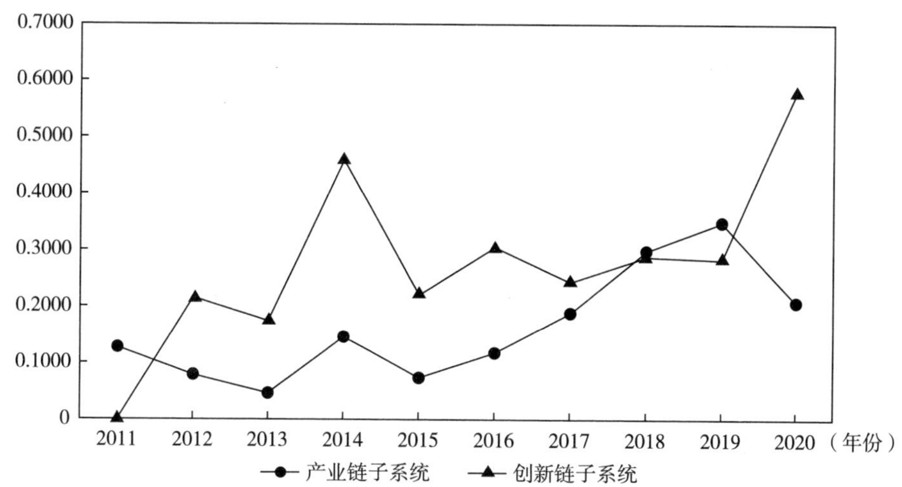

图 3-3 2011~2020 年京津冀产业链与创新链子系统有序度变化

分地区来看，北京创新链子系统有序度总体高于产业链子系统，“双链”子系统有序度总体呈波动上升态势。其中，产业链子系统有序度提升幅度较大，创新链子系统有序度在一段时间内相对平稳，但在 2013 年、2019 年等个别年份存在大起大落，如图 3-4 所示。

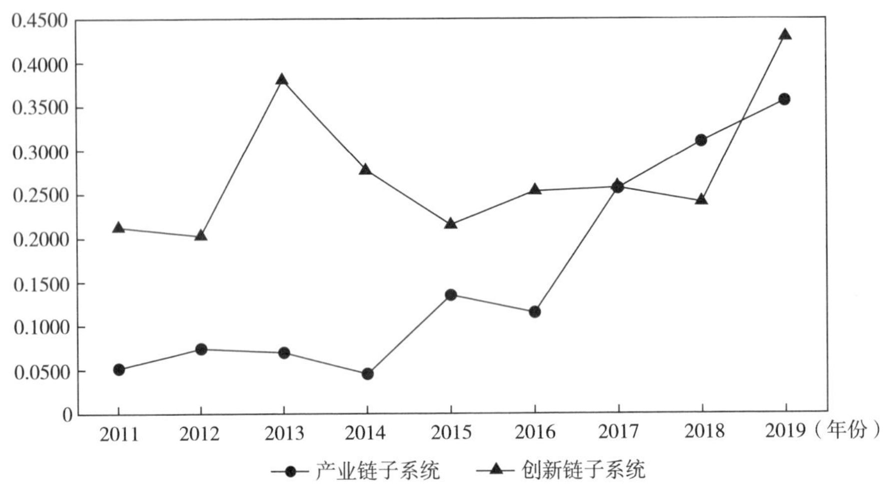

图 3-4　2011~2019 年北京产业链与创新链子系统有序度变化

天津创新链子系统有序度先升后降，在 2016 年时最高，而产业链子系统有序度在 2011~2016 年变化相对平稳，2017~2020 年有了较大幅度提升，如图 3-5 所示。河北产业链与创新链子系统有序度变化趋势大体一致，且波动较小，总体呈缓慢上升态势，如图 3-6 所示。总的来看，京津冀区域产业链子系统与创新链子系统有序度总体呈上升态势，但波动程度有所不同，说明京津冀区域产业链和创新链总体呈有序发展态势，但发展的稳定性、协调性和持续性尚待提升。

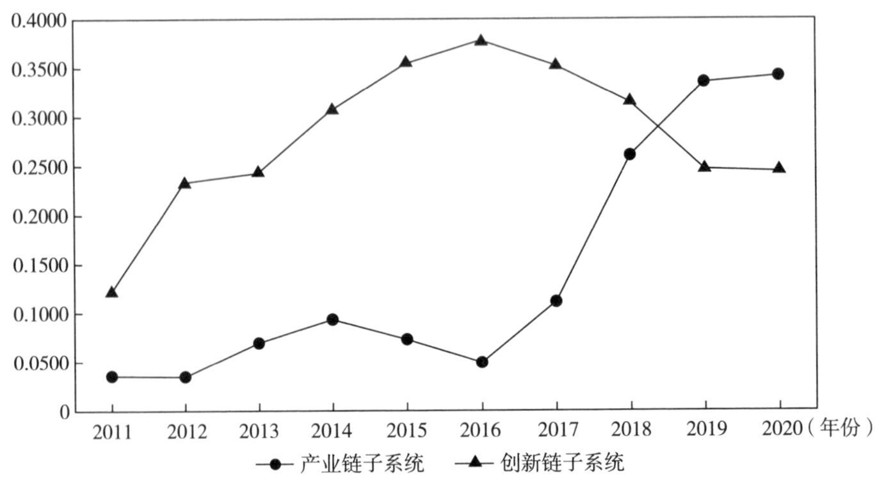

图 3-5　2011~2020 年天津产业链与创新链子系统有序度变化

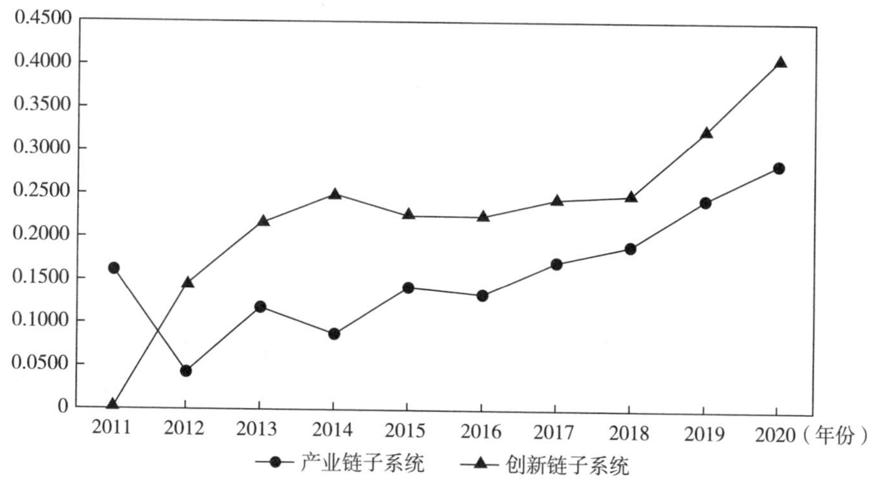

图 3-6　2011~2020 年河北产业链与创新链子系统有序度变化

分子系统来看，京津冀产业链子系统有序度整体呈上升态势，如图 3-7 所示。其中，北京的产业链子系统有序度上升最快，其次是天津，河北产业链子系统有序度变化相对平稳。与 2011 年相比，2020 年北京、天津、河北三地之间产业链子系统有序度差距有所缩小，但河北的有序度与京津相比仍有较大差距。

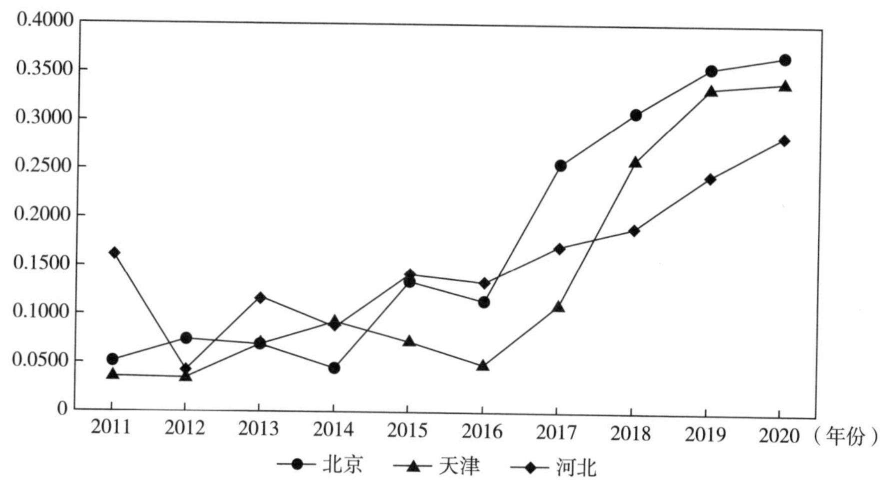

图 3-7　2011~2020 年京津冀区域产业链子系统有序度变化

京津冀创新链子系统有序度变化，如图 3-8 所示，2011~2020 年，河北的创新链子系统有序度提升幅度最大，特别是 2020 年，河北创新链子系统有序度超过天津，与北京差距进一步缩小，说明在京津冀协同创新的深入推动下，河北的创新能力和水平得到了明显提升。

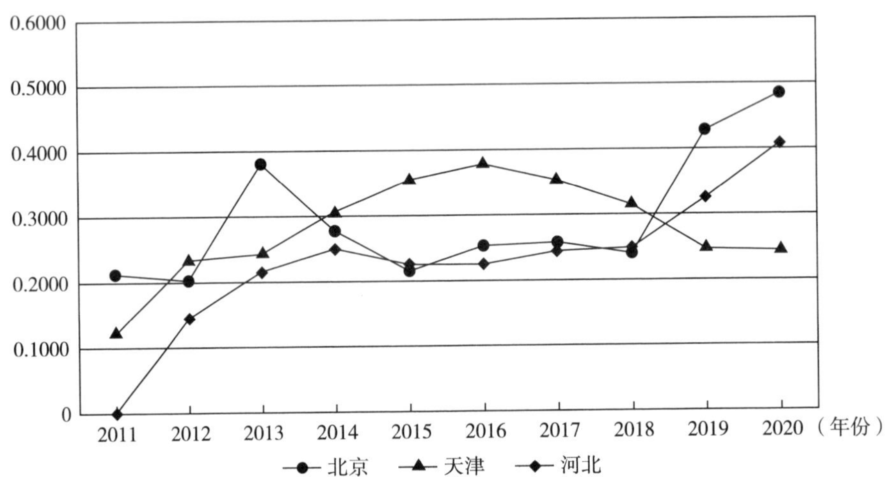

图 3-8　2011~2020 年京津冀区域创新链子系统有序度变化

3. 京津冀区域“双链”系统整体融合度测算

根据式（3-6）计算京津冀区域“双链”系统整体融合度，以 2011 年为基期，指标权重由北京、天津、河北各地的地区生产总值占京津冀全域地区生产总值比重近似替代，计算结果如图 3-9 所示。京津冀区域产业链与创新链的系统融合度在曲折中上升。其中，2011~2016 年“双链”系统融合度先升后降，2013~2016 年“双链”系统融合度持续下降，2016 年降至最低值。这表明自 2014 年 2 月京津冀协同发展战略提出以来，国家和京津冀三地陆续推出了一系列政策，促进产业和创新协同发展，但由于政策存在一定时滞，“双链”融合效果在当时尚未显现。2016~2020 年，“双链”系统融合度波动上升，说明京津冀“双链”融合发展取得了积极进展，但融合深度和稳定性仍不佳。总体而言，京津冀“双链”融合发展水平较低，加快推动京津冀制造业产业链与创新链双向深度融合十分必要和紧迫。

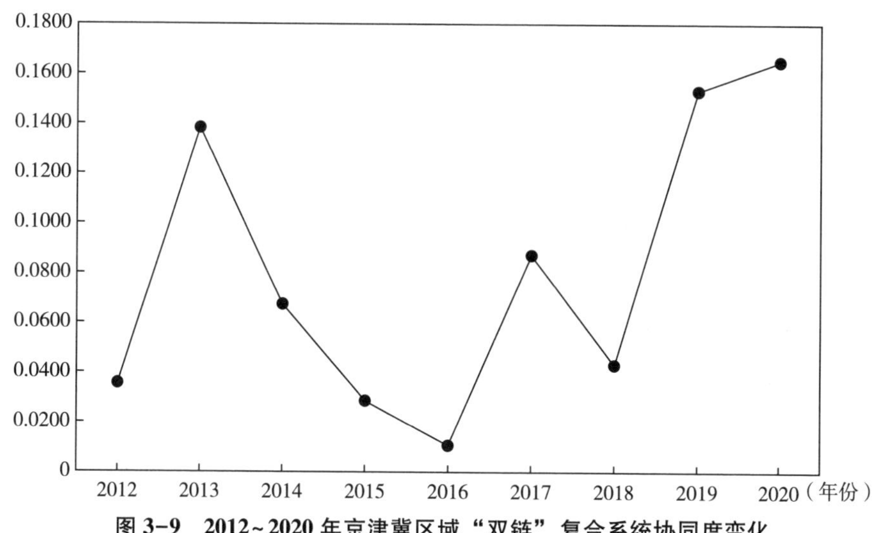

图 3-9　2012~2020 年京津冀区域“双链”复合系统协同度变化

第四节　京津冀制造业“双链”融合存在的问题及障碍

一、存在的问题

1. 制造产业链与创新链行业领域耦合度不高

制造业产业链与创新链的行业领域耦合度是判断“双链”融合水平高低的直观依据。从产业链来看，京津冀制造业种类多样、结构多元，但是能够发育较为完善的制造业产业链比较有限，主要集中在以钢铁产业链为代表的部分资源型产业领域和以新能源、生物医药和电子信息等产业链为代表的部分新兴产业领域。从创新链来看，京津冀整体创新能力较强，特别是北京在数理、医学等基础研究方面具有突出优势，但在河北、天津产业升级需求较为强烈的领域，如高端装备、人工智能等领域的创新能力仍有较大的提升空间。总体而言，京津冀制造业产业链与创新链的行业领域匹配度和耦合度仍较低。

2. 制造产业链创新链发展层次落差较大

无论是制造业产业链还是创新链，北京、天津和河北三地的发展落差均较大。从制造业层次水平来看，虽然北京在制造业总体规模上不及天津、河北，但是制造业的结构明显优于天津、河北。北京制造业以高技术制造业为主，而天津和河北一般制造业比重较大，特别是河北，钢铁、建材、化工等资源型重化工业比重仍占规模以上制造业的50%以上。而北京2020年高技术制造业占规模以上工业比重达到27.56%，分别比天津和河北高12个和23个百分点。从区域创新水平来看，河北与京津尤其是北京相比，存在着巨大落差，主要表现为"三大差距"：一是创新资源赋存差距大，河北中央属科研机构数量仅为北京的2.6%；二是创新投入差距大，河北R&D经费支出占GDP比重低于北京4.7个百分点①；三是创新能力差距大，北京综合创新能力在全球都名列前茅②，而河北综合创新能力在国内排名长期处于中下游③。

3. 北京的创新资源要素周边流动转化率较低

北京高端要素资源密集，会聚了全国1/2的两院院士、1/3的国家级重点实验室、1/3的国家专利和1/5的"双一流"高校，是我国战略科技力量最集中的地区④。但是天津、河北两地，特别是河北由于创新基础差、产业不配套、对接不深入、合作不紧密，导致对创新源北京的人才、技术、资本等先进要素吸引和利用能力较差。据智联招聘大数据统计，2021年北京流入河北的人才数量只占流出人才总量的5%左右⑤。由于较大的创新能力落差，导致京津冀区域内同一层次的科研合作难度较大，许多京津高水平技术成果难以在河北落地转化，其直接表现就是京津大量的科技成果"蛙跳"过河北转移到南方。

二、深度融合面临的障碍

1. 产业规划发展和创新网络体系割裂

当前，京津冀协同发展顶层设计日臻完善，京津冀产业发展基本实现了规划

---

① 数据均由北京、天津、河北三地2021年统计年鉴数据计算汇总而来。

② 引自清华大学产业发展与环境治理研究中心联合自然科研（Nature Research）在2021年中关村论坛全体大会上发布的国际科技创新中心指数（Global Innovation Hubs Index，GIHI）。

③ 中国科技发展战略研究小组，中国科学院大学中国创新创业管理研究中心．中国区域创新能力评价报告2021[M]．北京：科学技术文献出版社，2022.

④ 北京科研成果外溢　河北承接能力增强[EB/OL].[2016-09-29].https://www.sohu.com/a/115310507_125211.

⑤ 任泽平.2022中国城市人才吸引力排名：超六成人才流向五大城市群　四线城市持续流出[EB/OL].[2022-06-07].https://baijiahao.baidu.com/s?id=1734955430092880429&wfr=spider&for=pc.

一体，协同创新共同体建设也取得了显著成效。尽管如此，京津冀三地之间在产业和创新发展规划方面，仍存在自成体系、各自为政的现象。例如，河北的产业发展规划，更多地侧重本地区未来产业发展的方向、重点和任务，而对京津创新资源网络的分析、对接和利用不够；而北京的创新网络建设和发展更多服务于自身需求和全国科技创新中心建设需要，对津冀的辐射带动作用尚未充分发挥。产业规划发展和创新网络体系割裂，对京津冀区域制造业产业链与创新链的融合对接具有严重的负面影响。

2. 创新链与产业链对接机制不畅

推进产业链与创新链深度融合，首先要保证“双链”之间建立起顺畅的衔接机制，而这正是京津冀区域所欠缺的方面。一方面，京津冀区域产业主体与创新主体之间沟通机制不完善，主要表现在部分产业主体由于商业机密等原因，不愿将技术需求公之于众，大量的创新需求难以释放，而技术研发机构的研究方向往往不能与产业主体的需求完全契合。因此，需要在两者之间建立一种稳定、可靠的沟通衔接机制。另一方面，跨区域的产业链与创新链合作机制尚未建立。京津冀三地之间关于产业链与创新链的跨区域合作缺乏统一规划和部署，跨区域政策协同、利益分享、标准统一、市场一体化等方面仍存在诸多显性壁垒或隐性壁垒，导致京津冀整个区域产业链和创新链对接不到位、不准确、不可持续。

3. 承接地创新成果扩散条件不优

北京的创新成果更多地流向京津冀以外区域而非津冀，主要原因是津冀，特别是河北创新成果承载条件不优。长此以往，京津冀产业链与创新链深度融合将面临巨大挑战。一是创新能力落差大。如前所述，津冀与北京在创新能力和水平上存在较大差距，导致许多北京的高水平技术成果难以在津冀实现落地转化。二是津冀公共服务水平与北京存在全方位的层级性断层。如津冀在教育、医疗、文化、体育等方面的服务保障能力明显不及北京，如北京百万人口拥有三甲医院数量是河北的 3 倍多①。巨大的公共服务落差，导致京津冀之间形成较大的要素“引力差”，直接表现为津冀，特别是河北的人才、资金等先进要素单向流

① 数据根据北京市卫生健康委员会、河北省卫生健康委员会公布的 2021 年三级医院数量，以及两地 2021 年《国民经济和社会发展统计公报》公布的常住人口数计算而来。

入北京。

4.“双链”融合政策体系有待进一步完善

健全和完善的政策体系是推进“双链”融合的有效保障。当前，推动京津冀制造业产业链与创新链对接融合的政策体系尚不完善，特别是新一代电子信息、生物医药、高端装备等领域的政策体系建设仍处于探索阶段，相关政策制度和配套服务不健全，长效机制缺失。例如，目前京津冀各地都推出了“链长制”的政策扶持机制，但这一机制主要是针对单一区域、单一产业链的规划和部署，缺乏对跨区域制造业全产业链体系的统筹考量。未来加快推动京津冀制造业“双链”深度融合亟须进一步完善政策支持体系。

第四章　以“双链”深度融合助推区域产业升级的国内外经验借鉴

面对全球产业链、创新链、供应链格局的大冲突、大调整、大变革，以及本国制造业逆势发展的迫切需要，美国、日本等发达国家纷纷出台了政策措施，促进本国重点区域产业链和创新链融合发展，以促进地区经济快速恢复和增长。国内重点区域，如长三角地区、长株潭城市群等也在助推产业链与创新链深度融合方面进行了有益探索和尝试。本章将深入分析上述国外地区，以及我国重点区域的实践做法，为推动京津冀地区“双链”融合，促进制造业升级提出科学路径和有效举措，提供有益的经验供借鉴。

第一节　国外经验

一、日本东京湾区经济带案例

1. 基本情况

东京湾区经济带以东京为中心，以关东平原为腹地，包括东京、横滨、川崎、千叶和横须贺等城市，产业主要涉及钢铁、石油冶炼、石油化工、精密机械、商业服务等。东京湾区不断依靠科技创新推动产业优化升级，其中京滨、京叶两大工业区的经济总量占全日本的26%①，成为以汽车、精密机床、电子产

① 王苇航．东京湾区的专业分工发展之路［EB/OL］．［2018-07-30］．https://www.sohu.com/a/244207870_115035.

品、钢铁、石油化工等产业为主的制造业聚集区，是日本经济创新最活跃，制造业最发达的区域。

2. 主要做法

（1）深化产学研合作。一是构建以大学为核心的产学研体系，2003 年日本的《国立大学法人法》颁布后，大学能以法人身份自主参与科研合作，扫除了此前的身份障碍。以大学为中心的产学研与科技转移体系正式构建，大学纷纷设置了专门用于产学研合作的技术转移机构（TLO 机构），开放先进科学装置，共享研发基础设施。日本文部科学省近年修改了大型先进科研设备“研究交流促进法”，将全国大学等科研设施中的近 300 台（套）价值在 3 亿日元以上的大型先进科研设备，包括正在试运行的高强度质子加速器等，列入对民间开放的清单。二是构建产业集群，促进产学研资源共享。2001 年日本经济产业省和文部科学省实施了“产业集群计划”，其重点在于通过行业协作，促进产学研合作和科技成果转化。日本 TLO 机构的运作体系如图 4-1 所示。

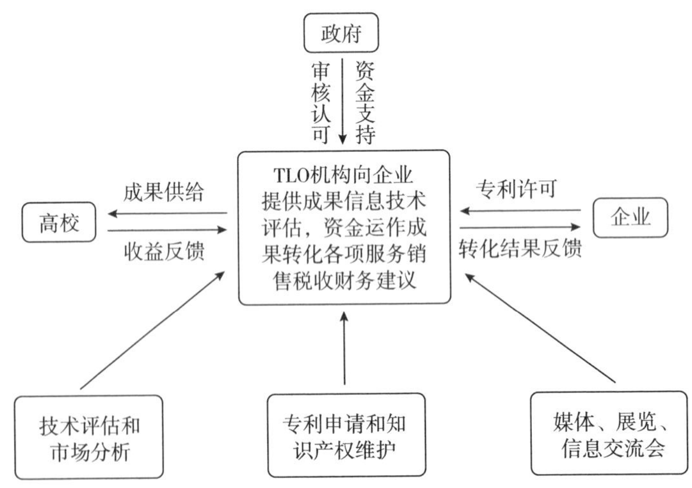

图 4-1 日本 TLO 机构的运作体系①

① 华高莱斯．一次读懂｜东京湾区的百年沉浮（下篇）[EB/OL].[2022-08-29]. https://m.thepaper.cn/baijiahao_19658991.

（2）打造筑波科学城，引导创新要素在湾区扩散。筑波市位于东京东北方向约60千米的筑波山南麓，面积约280平方千米，人口约20万，拥有2所大学和数十家科研单位，集中了大量精密的科研设施设备，拥有科研人员2万人以上，拥有全国30%的科研机构、40%的科研人员、50%的政府科研投入，如此富集的创新资源使筑波市成为目前日本乃至全球知名的科创中心之一和推动科技创新和湾区产业升级的标志性平台。日本政府于20世纪60年代启动筑波科学城建设，其目的在于提高日本的科技创新能力，通过创新资源在此集聚缓解东京“大城市病”。筑波市建设受日本政府直接领导，在首相办公室下设“科学城推进本部”，直接负责该市规划建设。日本政府和立法部门对房地产租赁、设备折旧、税收、信贷、外资引进等采取多种优惠政策措施，有力强化筑波市建设和科技创新活动的要素保障。筑波科学城科创活动聚焦高能物理、生命科学、材料科学等领域，以及化工、机械、电子、气象和环境等日本优势和前沿领域，确保创新活动与湾区和国家的产业需求紧密对接。

（3）推动产业迁移和跨区域分工协作。东京城市功能的变化使其在经济领域偏重金融、科技创新、高端生产服务等领域，其制造业不断向东京湾区其他地区迁移扩散。东京自20世纪60年代开始实施“工业分散战略”，该战略既帮助东京缓解了规模臃肿的大城市病，同时也极大促进了整个东京湾区制造业的发展与繁荣。石化、钢铁、机械电器等产业向横滨、川崎等地迁移，逐步形成京（东京）滨（横滨）、京（东京）叶（千叶）两大工业带，金融、外贸、高成长服务业等成为东京制造业迁出后发展的重点领域，制造业在湾区布局更加均衡。日本东京湾区京滨、京叶工业带分工布局情况如图4-2所示。

（4）强化基础设施互联互通。东京湾区最大的特征之一便是域内港口众多，横滨、东京、千叶、川崎、木更津和横须贺六大港口在湾区呈马蹄形分布，布局均衡，分工明确，有力支持湾区产业由东京向周边扩散，形成京滨、京叶两大制造业聚集带。因此，港口是东京湾区物流和临港经济的关键设施。与此同时，湾区陆地交通基础设施已实现深度互联互通，已形成由公共汽车、地铁、轻轨，以及机场等设施构成的湾区“一小时交通圈”，尤其是六条新干线线路与羽田、成田两大机场和六大港口连通，构成东京湾区与国内其他地区和世界主要经济带之间的海陆空综合立体交通网络，成为东京湾区协同创新和产业协作的重要支撑。

图 4-2　日本东京湾区京滨、京叶工业带①

二、美国旧金山湾区案例

1. 基本情况

旧金山湾区位于美国太平洋沿岸的加利福尼亚州，通常认为其地理空间包括旧金山、北湾、东湾和南湾等区域。大量世界知名的高科技企业位于南湾，即全球顶级科技创新中心硅谷所在区域。硅谷在不断集聚创新要素的同时，其创新人才、创新成果和产业加速向湾区其他区域扩散，形成旧金山、奥克兰和圣何塞等区域创新城市和产业骨干城市，带动整个旧金山湾区发展成为全球最重要的高新技术研发中心之一，对世界科技创新和产业升级具有广泛而深远的示范带动作用。

2. 主要做法

（1）成立跨区域规划协调机构，完善顶层设计。旧金山湾区各地在 20 世纪

① 华高莱斯．东京湾区主题系列（三）——产业格局的重塑［EB/OL］．［2020-01-19］．https://m.thepaper.cn/baijiahao_19658991.

中叶前围绕科技创新、产业发展、金融投资和基础设施等曾展开恶性竞争。为避免破坏整个湾区的长远利益，旧金山湾区委员会等湾区内跨区域协调机构相继成立。其中，旧金山湾区政府协会的作用最为突出。该机构成立于 1961 年，其性质是具备一定官方背景的区域性综合规划机构，成员由湾区内各地区政府负责人组成，是沟通湾区各城市政府的桥梁，围绕对区域发展和营商环境而言最为重要的土地要素、居民住房、交通设施、环境保护及减灾等区域问题建立了协调机制，制定了湾区发展规划，致力于打造良好的创新环境和产业发展环境。该机构的组织架构如图 4-3 所示。

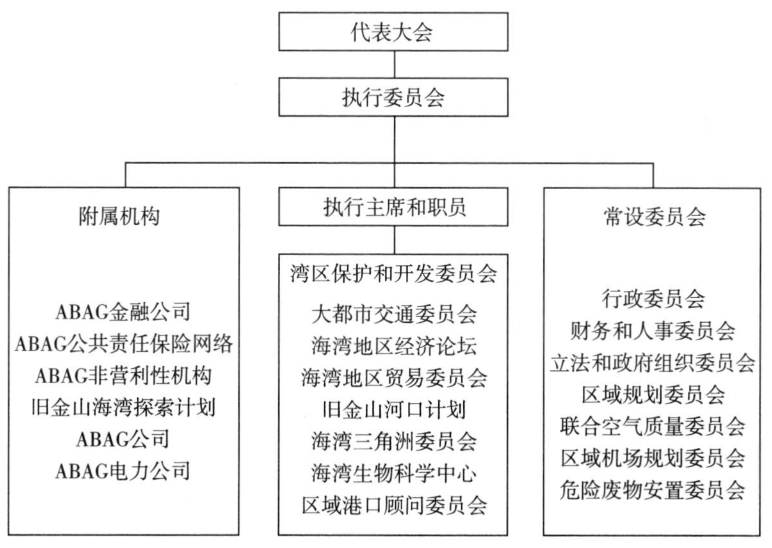

图 4-3　旧金山湾区政府协会组织架构①

（2）聚焦宏观领域，大力优化提升创新活动和产业发展大环境。旧金山湾区的创新体系虽为市场主导自发形成，政府较少直接参与微观层面的经济活动，更多地采取完善法律法规，保护知识产权，消除贸易壁垒，建立服务平台等举措，从税收政策和政府采购等方面推动企业创新活动的开展。这种“小政府，大社会”的管理模式为旧金山湾区创新经济的发展提供了自由开放的成长氛围，为

① 李奇霖．我们能从旧金山湾区借鉴到什么？［EB/OL］．［2019-08-29］．https://www.163.com/dy/article/ENP9GN030519IGF7.html.

整个湾区科技创新和产业体系优化提供了基础性的制度保障和宽松环境。旧金山湾区科技创新活跃，大量创新研发人才和转化环节的人才来自世界各地，不同文化背景的人聚集于此形成了多元文化，政府、科研机构和创新中介组织对创新失败的宽容度较高，整个湾区形成了包容多元、鼓励创新的文化氛围。

（3）大力发展各类创新中介，加速创新成果转化。旧金山湾区因硅谷的存在和发展，形成了一大批围绕创新活动开展服务的中介机构，主要涉及法务服务、会计服务、创业服务、技术咨询、孵化器建设和融资支持等。具体来看，法务服务主要为缺少法律专业知识和相关业务经验的初创企业及其创始人提供咨询及服务，会计服务协助创新型企业建立公司财务制度和内部会计准则，创业服务为创新创业人员就企业架构、经营模式、市场定位提供咨询服务，孵化器建设为创新平台建设提供支持，融资支持为初创项目和初创企业提供资金。专业的中介服务机构为旧金山湾区的高新技术产业创新体系提供了强有力的支持和保障，在创新体系中成为不可或缺的角色。

第二节　国内实践

一、长三角地区案例

1. 基本情况

长三角地区创新体系和产业体系区域一体化进程起步较早，在《沪苏浙共同推进长三角创新体系建设协议书》《长三角科技创新共同体建设发展规划》《长三角 G60 科创走廊建设方案》等一系列重要规划文件的指引下，三省一市围绕区域创新能力提升、产业分工协作进行了大量机制探索、项目合作和跨区域帮扶，将强化区域创新链与产业链融合，建设全国原始创新高地和高精尖产业承载区作为推进区域一体化发展的核心任务，其政策措施具有一定的参考价值。

2. 主要做法

（1）建立多层面协同推进机制。上海、江苏、浙江和安徽将完善顶层设计

作为强化区域创新链产业链融合，建设全国原始创新高地和高精尖产业承载区的首要任务。一是建立并完善政府协作机制。早在 2004 年，沪苏浙三地在科学技术部指导下就签署了《沪苏浙共同推进长三角创新体系建设协议书》，建立了“长三角区域创新体系建设联席会议制度”。2008 年，安徽省加入了长三角区域创新体系，三省一市轮流主持的四方协调机制不断完善，其职责是商定年度三省一市区域协同创新工作任务，并就工作推进中的各种问题进行协商。2018 年，长三角区域合作办公室正式成立，并形成了“三级运作”的新机制，成为协调推进长三角区域科技创新一体化发展的重要平台。二是制定区域协同创新规划。三省一市联合制定了《长三角科技创新共同体建设发展规划》，就区域协同创新目标任务，构建开放式创新生态，推进协同创新具体措施进行了联合规划。在长期规划的指引下，共同制定了《三省一市共建长三角科技创新共同体行动方案（2022—2025 年）》，并制订了中短期工作计划，将规划内容分解落实。

（2）加速人才要素流动，构建区域统一大市场。在国家“构建统一大市场”政策的指引下，三省一市贯彻国家发展和改革委员会制定的《长三角国际一流营商环境建设三年行动方案》（以下简称《行动方案》），目标是到 2025 年，长三角区域资源要素有序自由流动，行政壁垒逐步消除，统一开放的市场体系基本建立。《行动方案》提出，长三角应打造具有国际竞争力的人才高地，加大国际人才招引政策支持力度，健全人才培养、选拔评价、激励保障机制。推动国际人才认定、服务监管部门信息互换互认，在风险可控领域探索建立国际职业资格证书认可清单制度，加强执业行为监管，加大对国际化高端技能人才的培养力度和使用力度。推进人才社区建设，提高国际人才综合服务水平，打破户籍、身份、学历、人事关系等制约，加强人才国际交流合作，促进人才跨地区、跨行业、跨领域顺畅流动。

（3）打造长三角 G60 科创走廊，强化创新资源均衡分布。该走廊由 G60 高速公路和沪苏湖、商合杭高速铁路沿线的上海市松江区，江苏省苏州市，浙江省杭州市、湖州市、嘉兴市、金华市，安徽省合肥市、芜湖市、宣城市 9 个市（区）共同投资建成。长三角 G60 科创走廊以“科创+产业”为锚，以提升创新能力，推动先进制造业加速发展为目标，聚焦区域协同创新，将培育壮大创新主体、共同建设重大研发平台、建立关键技术联合攻关机制、促进科技资源开放共享和科技成果转移转化作为重点任务，围绕长三角创新体系建设进行先行先试，致力于打造世界级科技创新策源地、全国产业科技创新引领区和产业链创新链融合发展标志区。长三角 G60 科创走廊强化了区域联动发展，着力以科技创新提升产业层次。区域内各地联合编制先进制造业发展规划，围绕人工智能、集成电路、生物医药、高端装备、新能源、新材料、新能源汽车等重点领域，强化科技创新和成果转化，并按照“突出优势、分工协作、错位发展”的原则，合力推动区域产业升级，联合打造世界领先的制造业集群和具有全球竞争力的国家级战略性新兴产业基地，实现产业链与创新链深度融合发展。

（4）加强龙头企业在“双链”融合中的引领带动作用。长三角地区将引导龙头企业参与区域“双链”融合作为重要任务，在科学技术部与三省一市政府联合发布的《长三角科技创新共同体联合攻关合作机制》中提出，梳理和确定长三角区域“链主”企业或骨干单位，以市场化的方式跨区域组建创新联合体，进一步明确和加强骨干企业在区域创新体系中的地位。市（区）政府联合实施《关于支持长三角 G60 科创走廊以头部企业为引领推动产业链跨区域协同合作的实施意见》。在长三角 G60 科创走廊建设专责小组（以下简称专责小组）的指导下，9 市（区）在集成电路、生物医药、人工智能、高端装备、新能源、新材料、新能源汽车等重点产业领域培育认定了一批龙头企业、骨干企业，依托长三角 G60 科创走廊建设产业联盟和产业合作示范园区，推动龙头企业、骨干企业资格互认。9 市（区）政府在土地供应、财税支持和政务服务领域对龙头企业给予了帮扶，支持龙头企业项目纳入国家或所在省重点项目，鼓励龙头企业、骨干企业跨区域采购配套。

（5）欠发达地区主动融入发达地区创新链和产业链。区域创新体系建设不断加速的同时，创新活跃、产业水平先进的地区通过对口合作加速创新要素和产业要素向欠发达地区转移，不断深化区域创新链和产业链融合重构。2023 年初，上海市与安徽省联合印发了《上海市与六安市对口合作实施方案（2023—2025 年）》，聚焦新能源整车、化工新材料、新一代信息技术等高成长性制造业，将上海市相关领域创新成果和生产制造环节向安徽省六安市转移转化，引导上海的创新成果在安徽转化应用，鼓励上述领域沪企在六安建设生产制造基地。六安市通过承接上海市创新要素和生产环节，进一步融入上海创新链和产业链体系，加速推进“双链”融合。安徽省科学技术厅印发的《关于加快推动合芜蚌国家科

技成果转移转化示范区建设的实施方案（2022—2025 年）》大力吸引沪苏浙先进成果在皖转化。

（6）紧抓创新中介这一“双链”耦合点，大力推进创新中介互认。地处长三角的苏州和嘉兴等地积极破除行政壁垒，推动长三角区域创新中介互认，推动中介社会信用、奖惩信息机制和信息互联互通，进一步提高了创新中介机构跨区域经营的效率和效益，为跨区域“双链”融合提供了强大动力。

二、长株潭城市群案例

1. 基本情况

自 2014 年长株潭国家自主创新示范区成立以来，长株潭城市群区域协同创新不断加强，产业协作进入快车道，域内国家级和湖南省级工程技术研究中心、重点实验室和企业技术中心的协同创新能力不断提升，培育提升高新技术企业 600 余家[①]，创新链深度支持产业转型升级，利用区域内科研优势及产业优势，培育提升工程机械、先进轨道交通装备、航空动力三大世界级产业集群，成为支撑全省、辐射全国、具备国际竞争力的区域。

2. 主要做法

（1）完善顶层设计，形成政策合力。建立“省统筹、市建设、区域协同、部门协作”的工作推进机制，湖南省人民政府成立了省直部门和以长株潭三市主要负责人为成员的自主创新示范区建设工作领导小组，长株潭三市分别成立了工作专班，印发实施了两个“三年行动计划”，开展常态化工作调度，力图在长株潭全域形成政策合力。坚持高点定位，贯彻落实科学技术部印发的《长株潭国家自主创新示范区发展规划纲要（2015—2025 年）》，将深化科技体制改革，开展激励创新政策机制的先行先试，优化创新创业生态环境，激发各类创新主体活力，最大限度释放创新创造潜力，以及打造长株潭人才发展改革试验区作为长株潭国家自主创新示范区建设的重点任务，全力提升区域产业技术创新能力，最大限度地促进创新成果产业化，打造创新型产业集群，促进产业链与创新链深度融合。

（2）突出优势特色，强化目标导向。长株潭城市群瞄准对区域高质量发展

---

① 苏晓洲，刘芳洲，谢樱．敢为天下新——长株潭自主创新新现象观察[EB/OL].[2022-04-02].海外网，https://baijiahao.baidu.com/s?id=1729012341231208788&wfr=spider&for=p.

具有重要战略支撑作用的领域，集中力量开展技术攻关。围绕装备制造，新材料，深海、深地、深空，新一代信息技术等特色优势领域，集中力量实现一批关键技术突破，争取国家“两机”（航空发动机及燃气轮机）重大专项，实施省科技创新重大项目，取得了百余项重大原创成果和前沿技术成果，为国家解决“卡脖子”问题提供助力。聚焦军民融合特色，推动高端成果转化应用，加强域内科研机构、企业和政府机构与军工旗舰中国人民解放军国防科技大学协同创新，建设协同创新研究院、军民融合科技创新产业园①，打通了高端军工成果转化渠道，以北斗卫星导航系统为代表的一批成果加速转化。

（3）加强机制创新，打造适应协同创新需求的良好环境。长株潭城市群创新科技成果转化机制，建立科技成果转移转化的市场定价机制，完善科技成果转移转化服务体系。深化科研院所转制改革，推进科研院所转企改制，创新科研机构市场化建设机制，鼓励科技人员创业。探索军民深度融合发展路径，积极对接军工集团军民融合项目，合作共建军民融合产业基地，创新“军转民”“民参军”的融合机制。创新人才引进培养机制，积极引进海内外高层次人才和团队，大力培养省内领军人才，推进柔性引才。完善创新激励机制，发布科研项目资金管理“二十条”，突出“放管服”导向，为科研人员松绑赋能，探索专利权出资注册公司等成果转化模式在科技计划管理、研发奖补、专家服务团队组建等方面先行先试，形成了一批可复制、可推广的经验模式。

第三节　经验与启示

一、完善的顶层设计是跨区域“双链”融合的核心保障

产业链与创新链跨区域融合涉及创新活动、产业升级、产业迁移和基础设施共建共享等多领域、多环节，需要各个部分协调一致、共同发力、相互配合。因

---

① 湖南省科技厅．长株潭国家自主创新示范区简介［EB/OL］.［2023-03-23］. http://kjt.hunan.gov.cn/kjt/ztzl/zzcx/sfgk/202112/t20211229_21326164.html.

此，完善的顶层设计和规划部署是必不可少的。综合案例经验，加强规划引领、健全推进机制和坚持目标导向，对加速推进跨区域“双链”融合具有重要意义。一是实施统一规划是推进跨区域“双链”融合的基石。长三角地区在推进区域内“双链”融合过程中，三省一市积极参与《长江三角洲区域一体化发展规划纲要》《长三角科技创新共同体建设发展规划》等规划文件编制，并以此为指导，充分发挥高等级一体化规划对跨区域“双链”融合的引领作用。二是统一规划绝非一劳永逸。明确中短期工作方案、加强沟通协调，是完善顶层设计，切实推进跨区域“双链”融合的关键。长三角地区在推进“双链”融合的过程中，建立了多种阶段性工作机制，有力地加强了规划的引领和指导功能。《三省一市共建长三角科技创新共同体行动方案（2022—2025 年）》《长三角科技创新共同体联合攻关计划实施办法（试行）》等中短期阶段性工作方案和规范性文件不断推出，长三角区域创新体系建设联席工作制度成功建立，三省一市在产业链与创新链融合对接过程中的沟通协调不断加强，为各项工作的顺利推进提供了重要保障。三是坚持目标导向是推进“双链”融合的关键。明确制造业升级关键领域、明确本区域创新链和产业链耦合点。长株潭地区通过建设国家自主创新示范区推进“双链”融合过程中聚焦国家战略需求和“卡脖子”环节，围绕装备制造，新材料，深海、深地、深空，新一代信息技术等特色优势领域，将提升制造业基础能力作为核心任务，“双链”融合推进效率事半功倍。

二、统一畅通的要素市场是跨区域“双链”融合的重要前提

打破区域行政壁垒，构建统一要素和资源市场，畅通跨区域要素流动，通过市场需求引导创新资源有效配置，促进创新要素有序流动和合理配置，在区域大市场环境下，发挥应用场景更多和创新收益更大的优势，支持科技创新和新兴产业发展，是跨区域“双链”优化重构的题中应有之义。从本章案例中可以看出，先进地区在推进“双链”融合的过程中，重点在以下方面加速构建先进要素统一市场：一是打破行政壁垒是构建区域统一的先进要素市场的首要任务。打破行政藩篱，促进公共资源、创新设施、配套产业和供应链体系跨区域整合优化，是建构统一要素市场，加速“双链”融合的主要任务。长三角地区三省一市积极贯彻《长三角国际一流营商环境建设三年行动方案》，破除行政区域阻隔，促进创新要素跨区域流动，为构建区域统一要素和资源大市场奠定良好基础。二是

“连点成线、以线带面、突出重点”是将先进要素统一大市场做深做实的重要方式。长三角三省一市全面参与区域协调创新和产业分工协作，有重点地选取若干城市和领域开展先行先试，再将成功地区的经验推广应用至全域范围内。长三角地区在沪昆高速沿线选取了9个市（区）建设长三角G60科创走廊，开展科技创新和产业升级协作，通过重点城市先行先试积累要素和经验，逐步实现整个长三角地区的创新链与产业链融合。三是基础设施互联互通是建设区域统一要素大市场的关键支持。加快信息通信、金融、轨道交通、公路、机场、跨河大桥等基础设施互联互通，是创新链和产业链跨区域深度融合的基础和必备条件。东京湾区依托新干线、地铁、六大港口和机场形成了“一小时交通圈”，有效实现了湾区人流、物流、商流和信息流畅通，对湾区“双链”融合具有重要作用。

三、骨干企业引领是跨区域“双链”融合的主要途径

企业作为创新成果的需求方，对创新要素和创新活动具有重要的导向作用。而大型企业，特别是行业领军企业对整个行业的创新方向和产业升级具有强大的影响力。综合案例经验可以发现，优化经营布局，主导创新共同体建设，牵头区域产业链整合，是骨干企业参与和主导“双链”融合的重要方式和表现。一是引导大型企业在城市群非核心区域布局成为推进跨区域“双链”融合的重要捷径。以日本东京湾区为例，日产汽车、富士通、川崎重工等大型企业将总部或研发部门设立在神奈川县，有效提升了神奈川等湾区非核心区域对创新要素、人才、创新基础设施的集聚能力，对整个湾区创新链和产业链具有重要的优化和平衡功能。二是从创新端来看，骨干企业主导创新共同体建设，是跨区域畅通创新链的重要途径。龙头企业主导跨区域产学研合作，通过自身升级引导创新资源聚合，加速创新成果紧密对接产业端升级需求。《长三角科技创新共同体联合攻关合作机制》梳理和确定了长三角区域“链主”企业或骨干单位，以市场化的方式跨区域组建创新联合体，进一步明确和加强骨干企业在区域创新体系中的地位。三是从产业端来看，骨干企业引领组建区域产业联盟，是更好地将产业升级需求向创新端传导的有效途径。政府通过出台政策措施，引导龙头企业、骨干企业加入长三角G60科创走廊产业联盟，并支持产业联盟依托行业组织、科研机构实施产业链深度合作。通过对产业联盟给予指导和帮扶，龙头企业的深入对“双链”融合的引领带动作用得到了挖掘和放大。

四、创新资源嫁接是跨区域"双链"融合的有效手段

对相对落后的地区而言，大力引入毗邻的发达地区的创新资源、主动融入区域分工协作，对提升自身在"双链"中的地位具有重要促进作用。第一，创新资源的引入意味着落后地区主动融入发达地区主导的创新体系。发达地区在创新机构、创新人才、创新试验设施、创新服务和成果产出等领域具有明显优势，而创新链与产业链"挂钩"的关键就在于产业协作。因此，相对落后的地区应主动作为，寻求与其他地区的产业协作。从案例可以看出，上海与六安市的合作充分体现了制造业相对落后的地区主动引入发达地区的创新资源和产业资源，聚焦新能源汽车、新材料和新一代信息技术等前沿领域，争取吸引上海先进制造业领域创新链，联结本地产业链和创新链，加速推进跨区域"双链"融合。第二，建设新兴创新型城市是加速创新要素外溢，平衡创新要素分布格局的有效手段。日本于20世纪60年代末新建的筑波科学城聚集了数十个高级研究机构和两所大学，拥有众多先进设备及创新基础设施，从东京吸引了大量高端人才在此开展创新研发，为创新要素从相对富集的首都东京向东京湾区周边地区扩散发挥了重要作用，是推动东京湾区创新链发展和"双链"融合的引领性平台。第三，提高产业平台创新要素承接能力是加速创新要素引入的关键。安徽作为长三角地区创新和产业的欠发达一方，出台了《推进落实沪苏浙城市结对合作帮扶皖北城市工作方案》，将沪苏浙先进要素引入安徽北部现有产业园区，通过"园区+平台公司"等市场化模式实现省际产业平台共建，将省外创新要素有效导入本地园区，使皖北及安徽整体加速融入长三角创新体系和产业链条，成为推动区域"双链"融合对接的重要途径。

五、良好的转化环境是跨区域"双链"融合的基本保证

成果转化是创新链与产业链真正挂钩的耦合点，良好的转化环境是实现跨区域双链融合的关键。通过综合案例经验发现，优良的创新成果转化扩散环境涉及产学研协作、保护创新的法律环境和宽容失败的文化氛围等诸多方面。一是强化产学研协作。长株潭地区依托国家自主创新示范区建设，深入推进产学研融合，共同组建跨区域的技术转移中心和产业技术创新战略联盟，开展重大关键共性技术联合攻关，有力支持创新成果产业化应用。二是健全科技创新和知识产权保护

法律体系。旧金山湾区高度重视创新成果培育环境，遵循美国《国家科技政策、组织和重点法》《史蒂文森·威德勒技术创新法》《拜杜法案》和《美国发明法案》等法律法规，良好的法务环境对激发湾区创新成果转化知识产权保护起到了促进作用。三是营造鼓励创新、宽容失败的文化氛围。激励竞争、宽容失败是旧金山湾区创新文化的重要内容，鼓励创新、容许试错、包容个性、激励草根的文化氛围对整个旧金山湾区乃至全球的创新人才具有强大的吸引力，是加快推动创新成果转化的优越的软环境。

六、机制创新是跨区域“双链”融合的关键支撑

“双链”融合涉及创新链和产业链各环节、全过程，机制创新是实现跨区域“双链”融合的根本保证。综合上述案例可以发现，先进地区在推进跨区域“双链”融合过程中，将营商环境、人才激励机制和利益分享作为机制创新的重点领域。首先，优化营商“大环境”是机制创新的重中之重。长株潭自主创新示范区各地大力推动“放管服”改革，持续优化营商环境，为优化三地“双链”融合提供了有力支撑。旧金山湾区各市县打破区域藩篱，在基础设施、环境保护、法律法规等营商环境重点领域开展了跨区域合作。其次，“以人为本”是机制创新的圭臬。人才是最重要的创新资源，强化人才激励机制创新是“双链”融合的“题眼”。长三角地区在推进长三角 G60 科创走廊建设中开展了大量人才激励机制创新，在科技计划管理、研发奖补、人才评价、专家服务团队组建等方面进行了大量先行先试。最后，利益分享机制创新是推动跨区域“双链”融合的重要内容。长三角地区在打造创新共同体的过程中，将打破地方利益“小算盘”，构建风险共担、利益共享的机制作为推进区域“双链”融合的重点任务，构建科创利益协调、技术创新风险等领域跨区域协作新机制，有效平衡“双链”融合过程中的利益和风险关系。

七、高效的创新中介是跨区域“双链”融合的必要纽带

创新中介一般不被视作创新活动的一个环节，但其活动范围却广泛渗透于创新活动的全过程。因此，创新中介既是创新活动和创新成果的“保育员”，也是反映传统产业升级需求的“传感器”，引导创新嵌入产业需求的“导航员”，在跨区域协同创新和产业协作中发挥着独特的媒介作用。从前述案例可以看出，高

度市场化运作的创新中介对跨区域“双链”融合具有重要意义。一是壮大创新中介规模是架起连接产业链与创新链桥梁的重要途径。美国旧金山湾区集聚了大量的风险投资机构和创新中介，围绕科技创新的风险投资机构超过 1000 家，为创新创业者服务的创新中介超过 2000 家，是美国创新中介组织最为集中的区域之一。大量的创新中介为初创企业提供了全方位、多层次、宽领域的创业服务、技术咨询、孵化保障、法务协助和融资支持等，推动大量创新成果从以硅谷为核心的圣克拉拉县向整个旧金山湾区扩散，带动整个湾区在电子信息制造业等领域处于世界先进水平。二是加速创新中介区域间流动是推动“双链”跨区域融合的有效方法。苏州市积极推动长三角区域创新中介互认，推动创新中介社会信用和奖惩信息互联互通机制，进一步提高了创新中介机构跨区域经营的效率和效益，为跨区域“双链”融合提供了强大动力。

第五章　京津冀制造业发展基础和升级方向

全面掌握京津冀地区制造业发展现状和特征，明确制造业转型升级的目标导向，是进一步加快推动京津冀区域制造业升级的重要前提。本章将对京津冀整体及北京、天津、河北三地的制造业发展情况进行分析，明确其规模结构、质量效益、载体平台等现状，并在此基础上深刻剖析在百年未有之大变局背景下，京津冀地区推进产业基础高级化和产业链现代化的深刻内涵，从建设京津冀世界级城市群、打造深度协同的京津冀制造业分工体系、提升国家产业安全保障能力等角度，深入分析京津冀地区制造业升级的目标和方向。

第一节　京津冀制造业发展基础①

一、京津冀整体制造业发展现状

1. 总量规模相对稳定

京津冀地区是我国北方重要的制造基地，2021 年京津冀地区规模以上制造业实现营业收入 88239. 7 亿元，较 2017 年增加了约 21146. 8 亿元，营收规模总

① 除特别注明外，本节图表数据均来源于《中国统计年鉴》《北京统计年鉴》《天津统计年鉴》《河北统计年鉴》。

体保持扩张态势；拥有规模以上制造业企业 22978 家，较 2017 年增加了 1886 家，制造业企业市场主体数量持续壮大；规模以上制造业企业资产总计约为 92159.5 亿元，比 2017 年增加约 17865.4 亿元，区域制造业企业资产规模不断扩大。京津冀地区制造业在全国占有重要地位，2021 年京津冀地区规模以上制造业企业总量、资产总计、营业收入分别占全国的 5.6%、8.4%和 7.6%。分区域来看，河北省制造业规模相对较大，在企业数量、资产总额和营业收入三大指标上均占有绝对优势，分别约占京津冀地区的 63.8%、49.8%和 53.5%，是该区域制造业活动最为集中的区域。但从制造业企业利润来看，北京优势明显，制造业企业的利润水平较高，河北次之，天津最差，具体指标如表 5-1 所示。可见，在京津冀三地中，河北在制造业规模体量方面一枝独秀，北京则在总体发展水平上占据优势地位。

表 5-1　2021 年京津冀地区规模以上制造业企业主要经济指标及占比

省市	企业数量		资产总额		营业收入		利润总额	
	绝对值（个）	占京津冀比重（%）	绝对值（亿元）	占京津冀比重（%）	绝对值（亿元）	占京津冀比重（%）	绝对值（亿元）	占京津冀比重（%）
北京	2904.0	12.6	28726.2	31.2	21097.7	23.9	3374.7	51.5
天津	5403.0	23.5	17569.1	19.1	19935.3	22.6	953.4	14.5
河北	14671.0	63.8	45864.2	49.8	47206.8	53.5	2226.7	34.0

2. 制造业结构总体偏重

从制造业结构来看，京津冀地区重化制造特征明显。2021 年，京津冀地区黑色金属冶炼和压延加工业，汽车制造业，计算机、通信和其他电子设备制造业，医药制造业，金属制品业等行业营收规模位居前五，分别达到 21483.7 亿元、9308.4 亿元、8232.8 亿元、5447.1 亿元和 5050.0 亿元，前五大行业营收规模合计约占整个区域的 56.1%，行业集中度相对较高。从具体行业来看，京津冀地区黑色金属冶炼和压延加工业，金属制品业，石油、煤炭及其他燃料加工业，化学原料和化学制品制造业，非金属矿物制品业，有色金属冶炼和压延加工业，橡胶和塑料制品业等资源型行业营业收入合计达 41510.6 亿元，约占当年规模以上工业营业收入的 47.0%。京津冀地区制造业呈现较为明显的资源依赖特征。2021 年京津冀地区分行业规模以上制造业企业营业收入情况如图 5-1 所示。

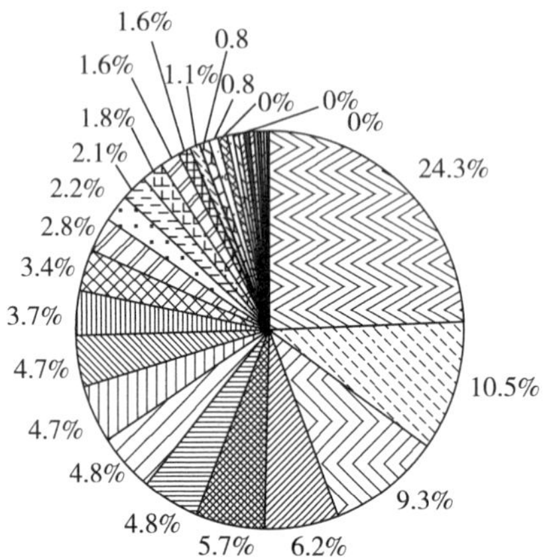

图 5-1　2021 年京津冀地区规模以上制造业细分行业营业收入占比①

3. 质量效益水平有所提升

近年来，京津冀地区制造业质量效益总体上有所提升。2021 年京津冀地区规模以上制造业企业每百元资产实现营业收入 95.7 元，比 2017 年提高了 6.0%；实现利润总额 6554.7 亿元，比 2017 年提高了 50.0%；实现营业收入利润率

① 图中数据由笔者根据《中国统计年鉴》《北京统计年鉴》《天津统计年鉴》《河北统计年鉴》计算汇总而来。除特别注明外，本节图表数据均来源于此。

7.4%，较 2017 年提高了 0.9 个百分点。分行业来看，烟草制造业，石油、煤炭及其他燃料加工业，皮革、皮毛、羽毛及其制品和制鞋业，废弃资源综合利用业，农副食品加工业等行业每百元资产实现营业收入较高，分别达到 181.0 元、163.2 元、148.7 元、145.0 元和 139.7 元，排在制造业各细分行业前列；医药制造业，仪器仪表制造业，酒、饮料和精制茶制造业，化学原料和化学品制造业，专用设备制造业等行业的营收利润率较高，分别为 44.5%、12.7%、10.6%、9.1%和 8.8%，是京津冀区域制造业盈利能力前五强的行业。2021 年京津冀制造业分行业质量效益情况如图 5-2、图 5-3 所示。值得注意的是，烟草制品业虽然每百元资产实现营业收入排在制造业各细分行业之首，但是行业利润率却位于制造业各细分行业末位，这主要是和烟草行业的特殊属性有关，即烟草行业营业盈利能力和净利润较高，但上缴税额和企业营业成本也较高。

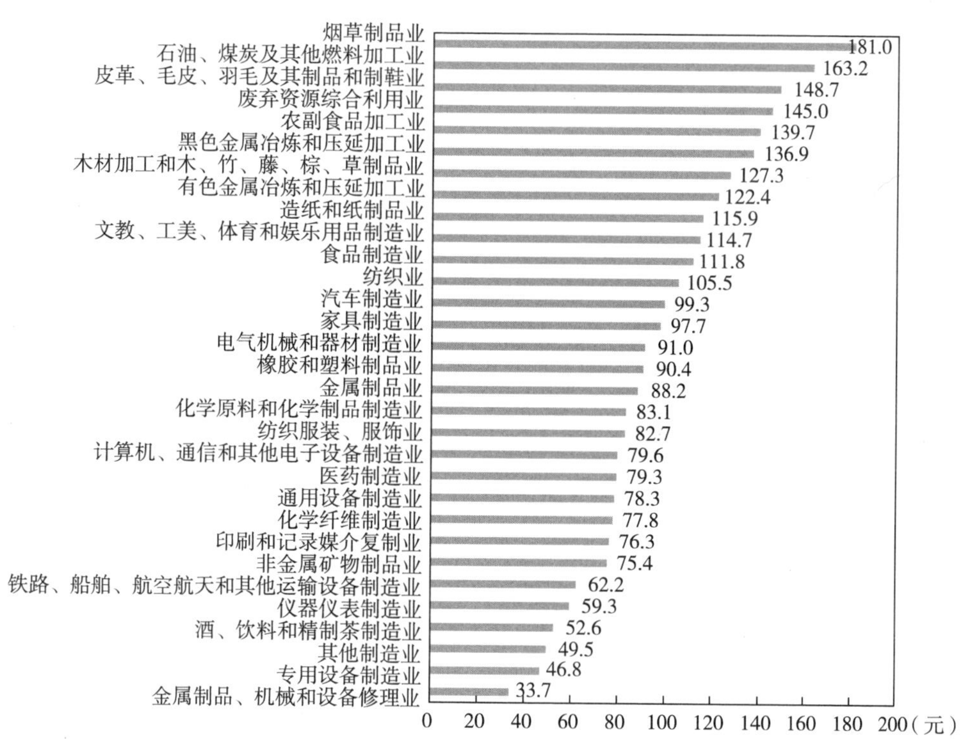

图 5-2　2021 年京津冀地区规模以上制造业每百元营业收入

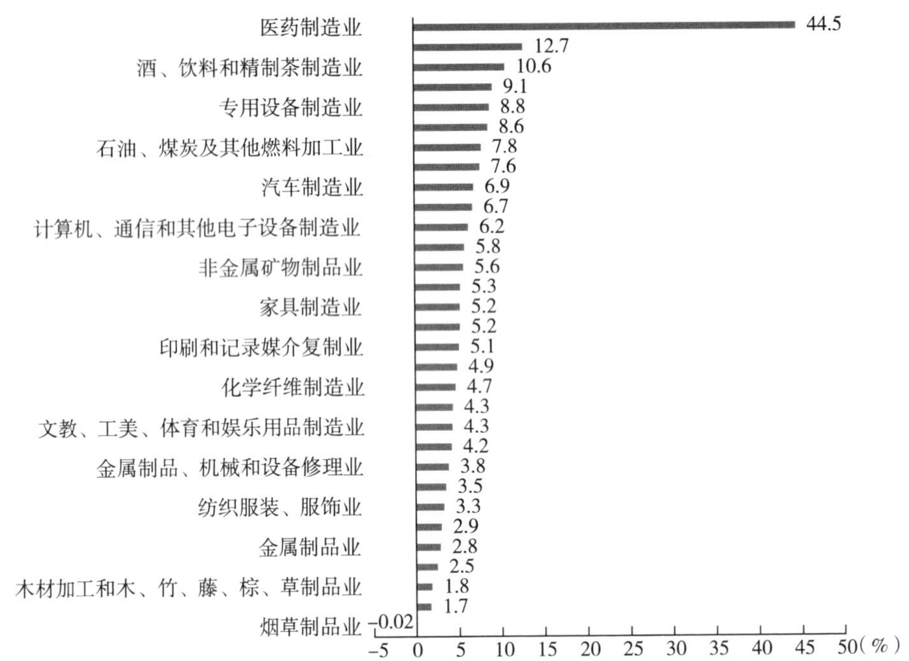

图 5-3　2021 年京津冀地区规模以上制造业营业利润率

二、北京制造业发展现状和基础

1. 产业规模持续扩张

2021 年，北京市规模以上制造业企业实现营业收入 21097.62 亿元，较 2016 年增长约 6022 亿元，期间实现年均复合增长 6.95%，产业规模保持扩张态势。企业资产规模持续扩大，2021 年北京市规模以上制造业企业资产总计 28726.23 亿元，较 2016 年提高了 8715.30 亿元，年均增长 7.49%。值得注意的是，北京市规模以上制造业企业由 2017 年的 3175 家降至 2021 年的 2904 家，同期平均用工人数由 899310 人减少至 687973 人，呈现同营收和资产总量规模相左的变动趋势。

2. 产业结构高端化特征明显

北京市高新技术制造业占比较大，产业结构和层次呈现高端化特征。从制造业细分行业来看，2021 年北京市计算机、通信和其他电子设备，汽车，医药，专用设备，电气机械和器材等行业营业收入位居全市规模以上制造业前列，分别为 5500.2 亿元、3803.5 亿元、3696.8 亿元、1033.4 亿元、855.7 亿元，分别占

当年全市规模以上工业企业营收的 26.1%、18.0%、17.5%、4.9%、4.2%，其中计算机、通信和其他电子设备制造业，汽车制造业，医药制造业三大领域营收规模超过全市六成，呈现产业层次高、高端产业相对集中的结构特征。从高新技术制造业领域来看，2021 年北京市规模以上高新技术制造业实现营业收入 10311.2 亿元，约占全市规模以上制造业营收的 48.9%，是京津冀地区高端制造业最为集中的区域，其中电子及通信设备制造业占高新技术制造业营业收入近五成，是北京市具有代表性的高新技术制造业。2021 年北京市规模以上制造业及高新技术制造业营业收入情况如图 5-4、图 5-5 所示。

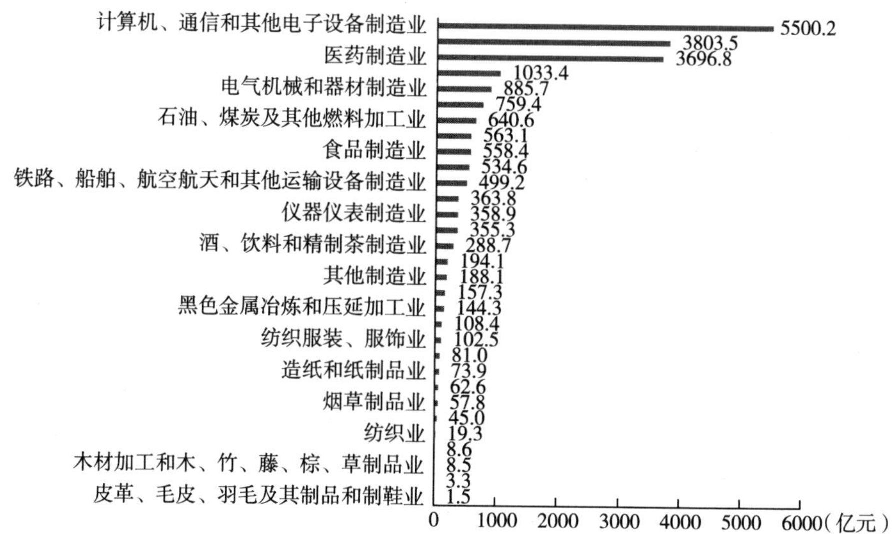

图 5-4　2021 年北京市规模以上制造业细分行业营业收入

3. 质量效益水平总体上升

从资产实现营收的水平来看，2021 年北京市规模以上制造业企业每百元资产实现营业收入 73.4 元，较 2016 年减少了近 2 元，资产对营收规模扩张的拉动作用稍有下降。从细分行业来看，有色金属冶炼和压延加工业，黑色金属冶炼和压延加工业，木材加工和木、竹、藤、棕、草制品业，造纸和纸制品业，烟草制品业等行业的资产对营收的贡献位居前五，每百元资产分别实现营业收入 225.7 元、197.6 元、139.7 元、136.9 元和 115.3 元，远高于全市规模以上制造业当年

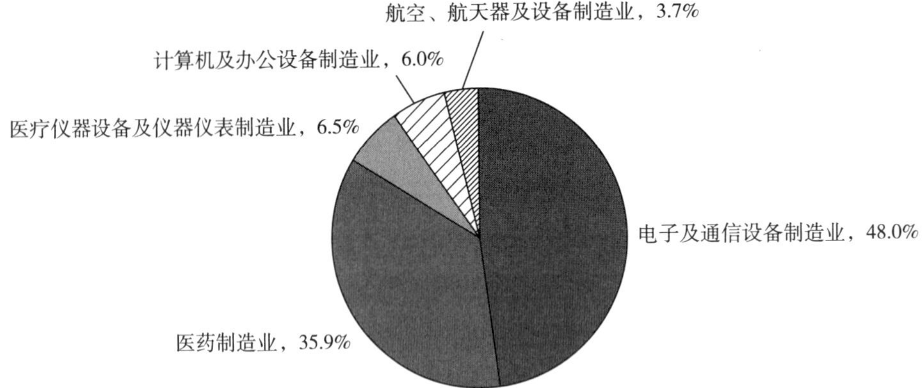

图 5-5　2021 年北京市规模以上高技术制造业营业收入占比

整体水平。从整体盈利规模来看，2021 年北京市规模以上制造业企业实现利润总额 3374.7 亿元，是 2016 年的 3 倍以上。从盈利水平来看，2021 年北京市规模以上制造业企业营收利润率达 16.0%，约为 2016 年水平的 2.3 倍，呈现明显上升势头。从细分行业盈利能力来看，2021 年医药制造业，化学原料和化学制品制造业，化学纤维制造业等细分行业营收利润率位居前三，分别为 57.1%、18.1%、17.8%，高于全市细分行业整体水平。北京市规模以上制造业企业利润效益水平如图 5-6、图 5-7、图 5-8 所示。

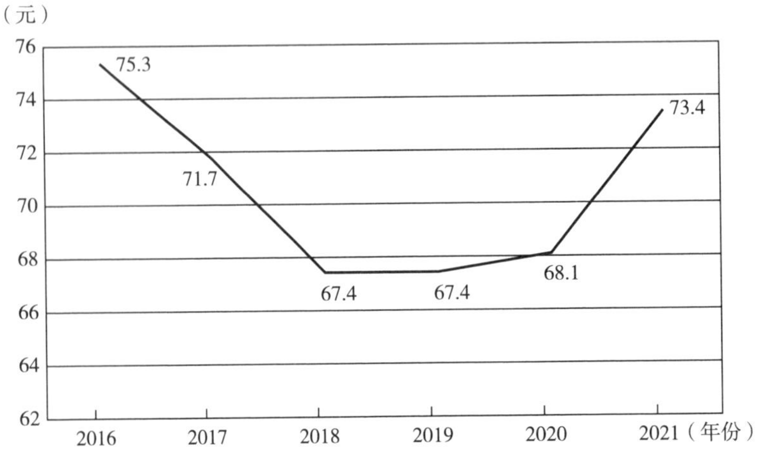

图 5-6　2016~2021 年北京市规模以上制造业企业每百元资产实现营业收入

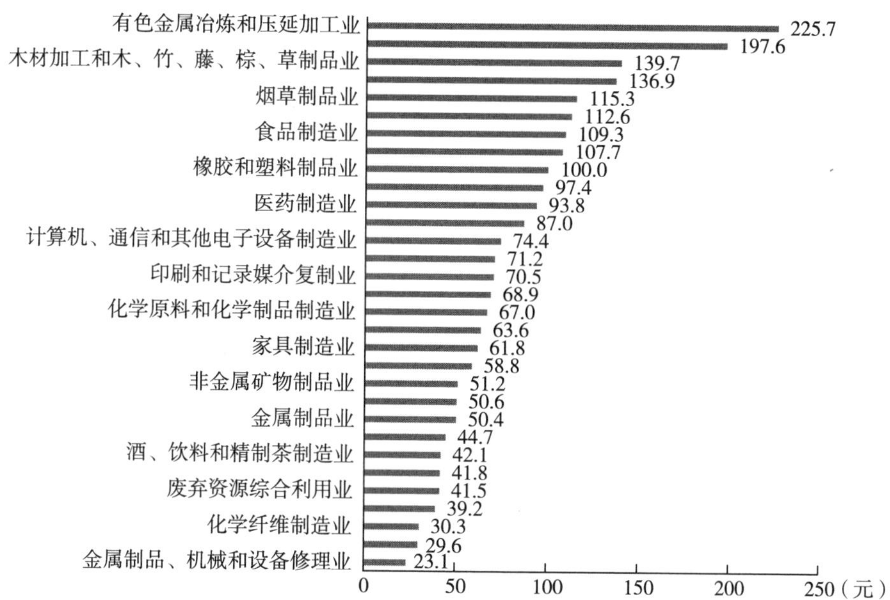

图 5-7　2021 年北京市分行业规模以上制造业企业每百元资产实现的营业收入

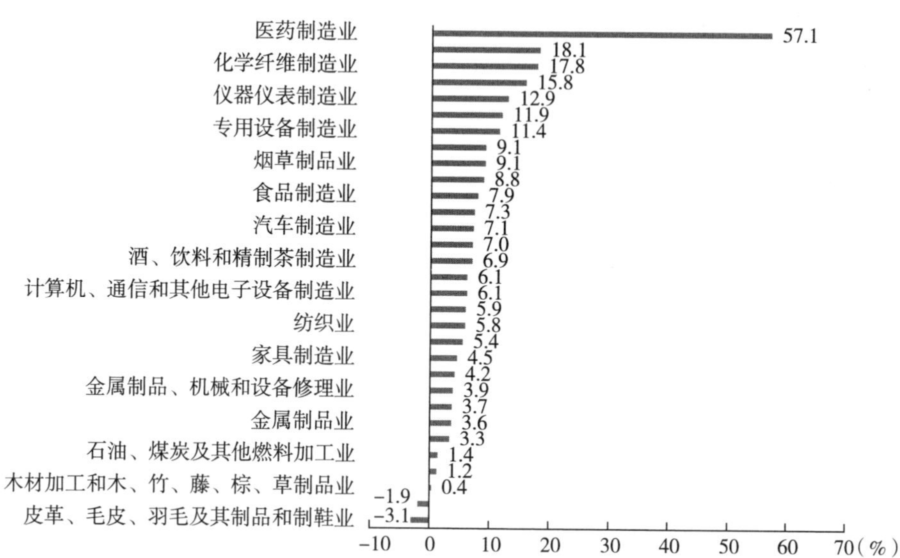

图 5-8　2021 年北京市规模以上制造业企业细分行业营收利润率

4. 平台载体层次水平较高

截至 2022 年，北京市拥有制造业园区 22 个，含国家经济技术开发区 2 个，国家高新技术产业开发区 1 个，市级（省级）园区 16 个。从高新技术制造业载体来看，2020 年北京市高新区入统企业 27487 家，拥有高新技术企业近 1.7 万家，2020 年底保有资产合计约 15.65 万亿元，债务合计 8.74 万亿元，净利润 5648.3 亿元，工业总产值合计 12461 亿元，出口 2667.8 亿元，主要指标较 2016 年总体呈上升态势，其中中关村科技园区是北京市最具代表性的高新技术产业开发区，也是全国先进制造业的领军载体。

三、天津制造业发展现状和基础

1. 总量规模保持扩张态势

从近年发展情况来看，天津市制造业规模总体保持稳定增长态势。从企业数量来看，2021 年天津市规模以上制造业企业达到 5403 家，较 2017 年增加了 1200 余家，企业数量规模持续扩大；全市规模以上制造业企业营业收入近 2 万亿元，较 2017 年增长了 42.17%，期间实现年均增长 7.29%；规模以上制造业企业资产总计达 17569.12 亿元，较 2017 年增加了 1000 多亿元，资产规模近年来总体保持上升态势。天津市规模以上制造业企业发展总体情况如图 5-9 所示。

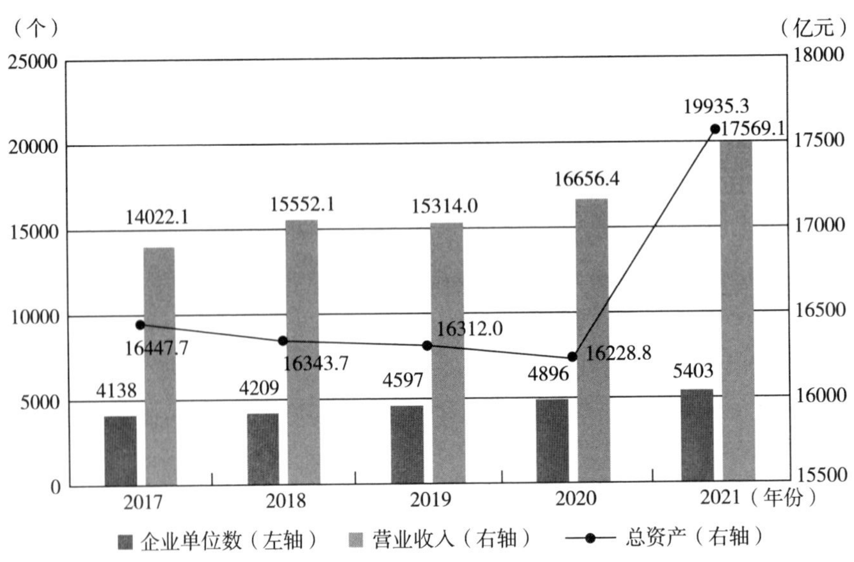

图 5-9　2017~2021 年天津市规模以上制造业企业数量、收入和资产情况

2. 重化工业地位突出

天津市先进制造业产业门类分布广泛，主要包括装备制造业、冶金业、石油

化工业、食品加工业、纺织服装服饰业等。2021 年天津市规模以上装备制造业主营业务收入达到 9351. 4 亿元，占规模以上工业的 46. 9%，是天津市产业规模最大的制造业门类。其次是冶金业和石油化工业等资源型工业，2021 年营业收入分别达到 4418. 8 亿元和 2831. 1 亿元，占规模以上工业的比重分别为 22. 2%和 14. 2%。食品加工业和纺织服装服饰业规模也相对较高，营业收入规模分别为 1117. 2 亿元和 119. 1 亿元，占规模以上工业的比重分别为 5. 6%和 0. 6%，如图 5-10 所示。

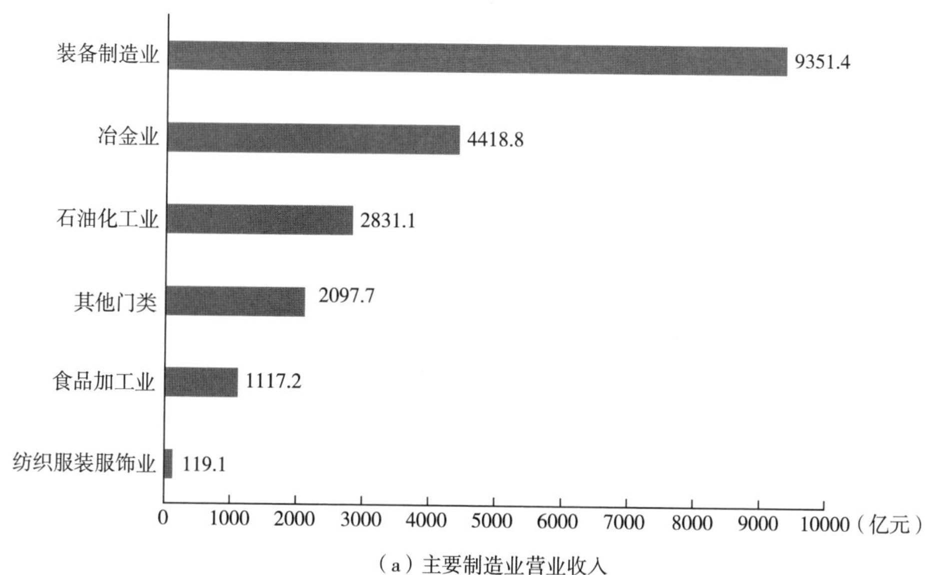

（a）主要制造业营业收入

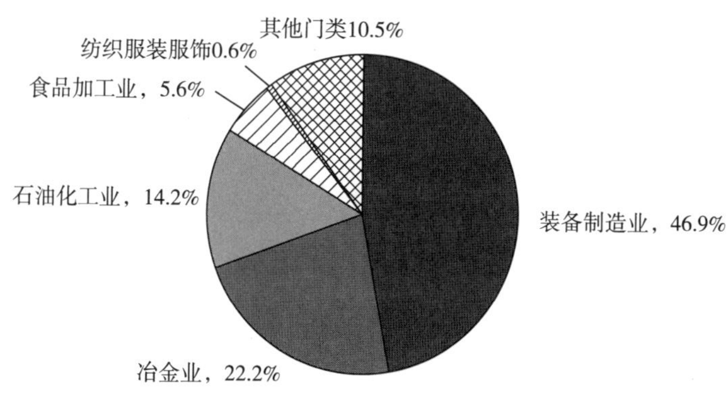

（b）主要制造业营业收入占比

图 5-10　2021 年天津市主要制造业门类收入情况

从细分行业来看，2021 年天津市黑色金属冶炼及压延加工业，汽车制造业，计算机、通信和其他电子设备制造业，电气机械和器材制造业，化学原料和化学制品制造业等细分行业营收规模位居天津市制造业前列，其中黑色金属冶炼和压延加工业规模最大，营业收入达到 3485.2 亿元，占全市规模以上制造业营业收入的 17.5%；其次是汽车制造业，营业收入达到 2273.9 亿元，占全市规模以上制造业营业收入的 11.4%。天津市营业收入规模排名前十位的制造业行业中，资源加工业和重工业就占据了 5 席，可见天津市制造业重化特征突出。2021 年天津市主要制造业门类营业收入规模和占比如图 5-11 所示。从高新技术领域来看，2021 年天津市规模以上高新技术制造业增加值占规模以上工业增加值的 15.5%，其中电子及通信设备制造业、医药制造业规模相对较大，占全市规模以上工业比重分别为 7.4%和 5.6%，是天津高新技术制造业的优势领域。

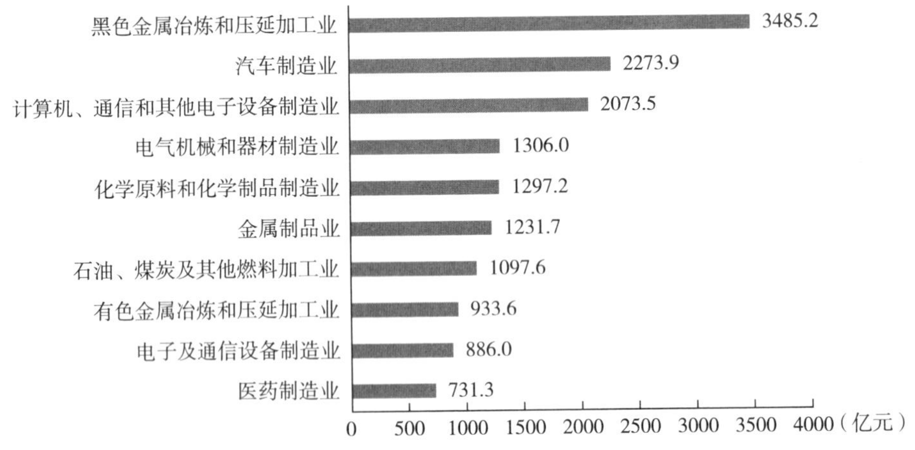

图 5-11　2021 年天津市排名前十位的规模以上制造业行业收入情况

3. 质量效益持续提升

天津市制造业企业资产对营业收入的贡献水平总体保持上升态势。2021 年天津市规模以上制造业每百元资产实现营业收入 113.46 元，较 2017 年增幅达 33.09%。2021 年天津市黑色金属冶炼和压延加工业，农副食品加工业，石油、煤炭及其他燃料加工业，废弃资源综合利用业，金属制品业等行业每百元资产分别实现营业收入 229.4 元、196.6 元、182.3 元、172.2 元、149.2 元，远高于如

图 5-12 所示的天津市规模以上制造业整体水平。

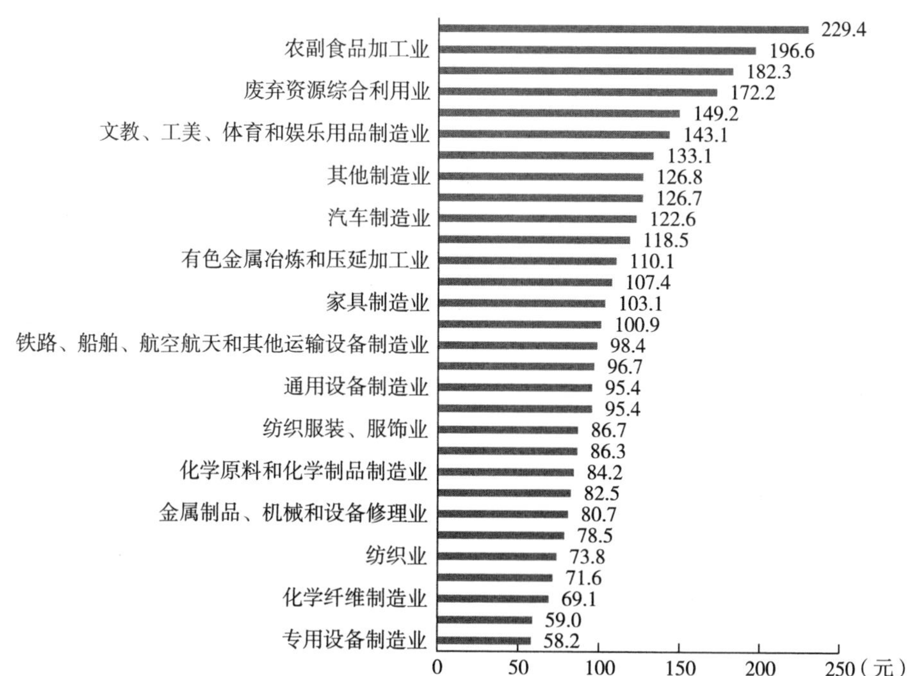

图 5-12　2021 年天津市规模以上制造业企业分行业每百元资产实现的营业收入

近年来，天津市制造业企业利润持续攀升，2021 年全市规模以上制造业企业实现利润总额 953.4 亿元，较 2017 年增加了约 287 亿元，增幅高达 43.24%。规模以上制造业企业整体盈利水平相对稳定，2021 年营收利润率达 4.8%，较 2017 年微幅上升约 0.04 个百分点。从细分行业盈利能力来看，食品制造业、汽车制造业、仪器仪表制造业、化学纤维制造业、医药制造业等行业营收利润率分别为 14.57%、13.65%、10.17%、7.92%和 7.78%，均大幅高于天津市规模以上制造业企业整体水平，如图 5-13、图 5-14 所示。

4. 平台载体发展实力较强

截至 2021 年，天津市拥有制造业园区 36 个，其中含国家经济技术开发区 6 个、国家高新技术产业开发区 1 个、国家自主创新示范区 1 个、市级以上制造业园区 21 个，另有海关特殊监管区域 5 个。天津滨海高新技术产业开发区是天津

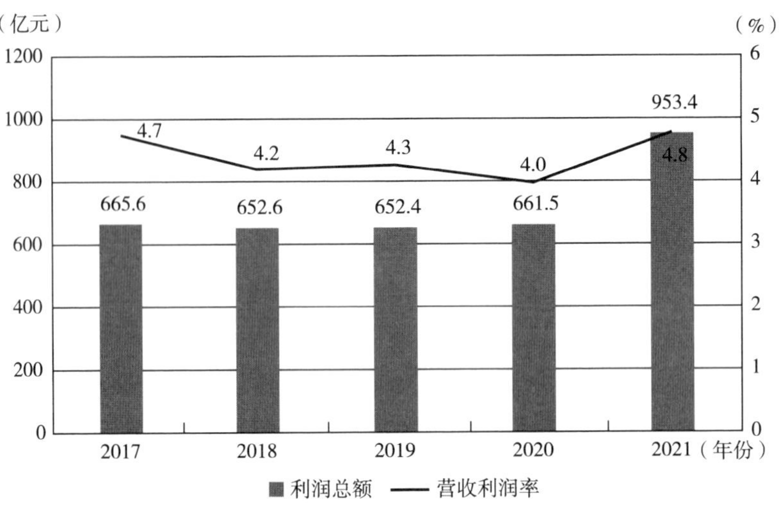

图 5-13　2017~2021 年天津市规模以上制造业企业利润总额和营收利润率

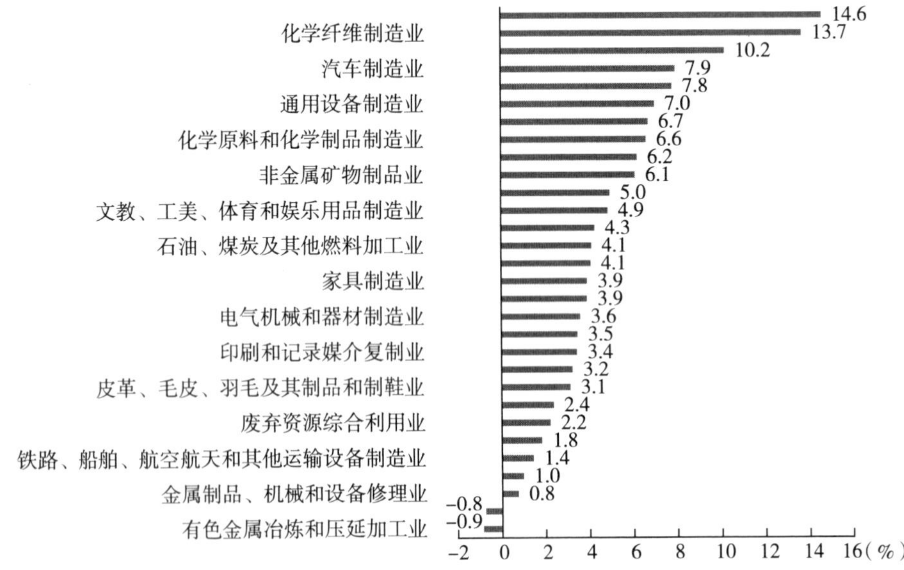

图 5-14　2021 年天津市规模以上制造业企业分行业营收利润率

市域内经国务院批准的首批国家级高新技术产业开发区，也是天津市唯一一家国家级高新技术产业开发区。天津滨海高新技术产业开发区总规划面积 97.96 平方千米，是京津石高新技术产业带的重要组成部分，也是天津市高新技术产业发展

的重要平台载体。2020 年天津市滨海高新技术产业开发区入驻企业共 4240 家，其中高新技术企业 2048 个，实现营业收入 4764.4 亿元，占全市规模以上制造业收入的 23.9%；实现净利润 266.4 亿元，创造工业总产值 1947.4 亿元，完成出口总额 317 亿元①。天津市滨海高新技术产业开发区入统企业数、营业收入和净利润状况如图 5-15、图 5-16 所示。

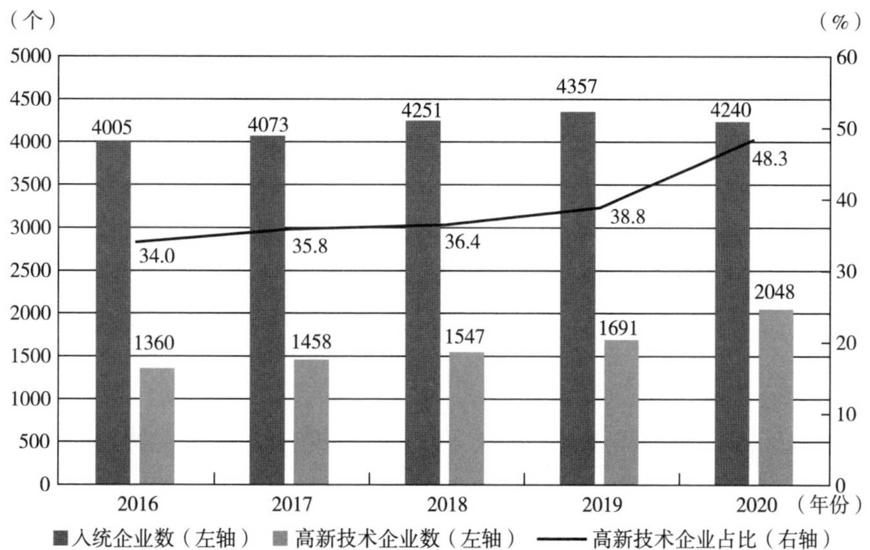

图 5-15　2016~2020 年天津市高新区入统企业和高新技术企业数量对比②

四、河北制造业发展现状和基础

1. 总量规模领跑京津冀

河北是制造大省，也是京津冀地区制造业主要布局区域，制造业总量规模远超京津两地。2021 年河北省规模以上制造业营业收入达 47206.8 亿元，占京津冀地区的 53.50%，较 2016 年增加了 5508.5 亿元，期间年均复合增长 2.51%，营业收入呈现先降低再上升的趋势（见图 5-17）。从规模以上企业数

①② 华经产业研究院 .2021 年天津市开发区、经开区及高新区数量统计分析[EB/OL].[2022-07-28].https://www.huaon.com/channel/distdata/823176.html.

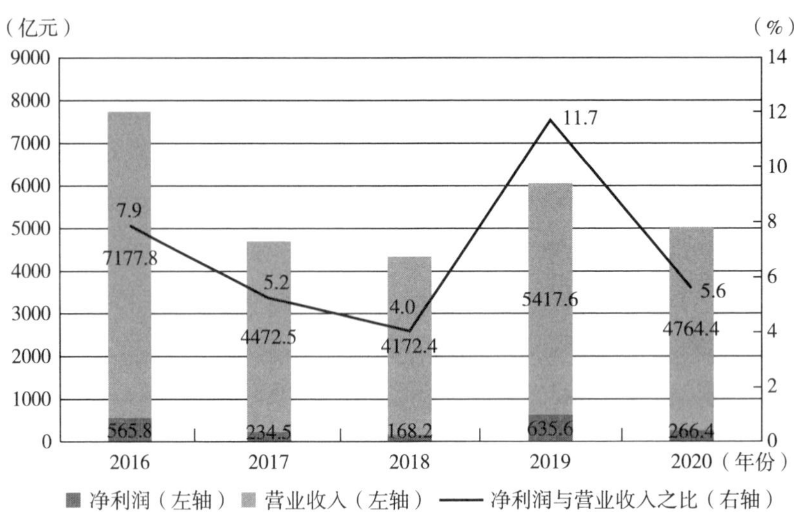

图 5-16　2016~2020 年天津市高新区营业收入和净利润[①]

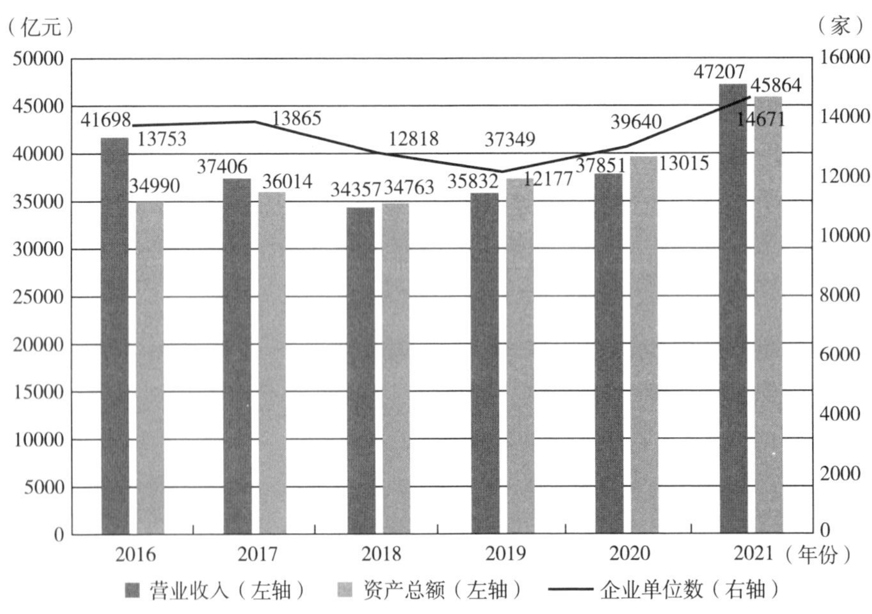

图 5-17　2016~2021 年河北省规模以上制造业企业数量、营业收入和资产情况

① 华经产业研究院 . 2021 年天津市开发区、经开区及高新区数量统计分析[EB/OL]. [2022-07-28]. https：//www. huaon. com/channel/distdata/823176. html.

量来看，2021 年河北省拥有规模以上制造业企业 14671 家，占京津冀地区的 63.85%，较 2016 年增加了 918 家。规模以上制造业企业资产由 2016 年的 34990.45 亿元增至 2021 年的 45864.18 亿元，约占 2021 年京津冀地区整体的 49.77%，较 2016 年增长了约 31.08%。河北省制造业总量规模持续扩大，在京津冀地区的领先地位日益巩固。

2. 产业结构资源型特征明显

河北是资源型产业大省，重化工业在全省制造业发展中地位突出。2021 年，河北制造业细分行业中营业收入排名前十位的行业分别是黑色金属冶炼和压延加工业，金属制品业，汽车制造业，石油、煤炭及其他燃料加工业，化学原料和化学制品制造业，农副食品加工业，非金属矿物制品业，电气机械器材制造业，专用设备制造业，食品制造业，这十大行业占全省规模以上制造业总收入的 81.4%，排名前十位制造业营业收入规模和占比情况如图 5-18 所示。其中，2021 年黑色金属冶炼和压延加工业营业收入 17854.20 亿元，约占河北省规模以上制造业营业收入的 37.82%，是全省第一大制造业；与金属制品业，石油、煤炭及其他燃料加工业，非金属矿物制品业，化学原料和化学制品制造业，橡胶和塑料制品业，有色金属冶炼和压延加工业等资源型产业合计营业收入达 30213.31 亿元，占全省规模以上制造业营业收入的 64%，资源型产业在全省制造业中占据主导地位。

3. 质量效益水平略有下降

近年来，河北省制造业企业发展质量效益有所下降。从单位资产实现的营业收入来看，2021 年全省规模以上制造业企业每百元资产实现营业收入 102.93 元，较 2016 年减少了 16.24 元，降幅达 13.63%。从利润总额来看，2021 年全省规模以上制造业企业实现利润总额 2226.66 亿元，较 2016 年减少了 159.21 亿元。从盈利水平来看，2021 年全省规模以上制造业营收利润率为 4.72%，较 2016 年降低了约 1 个百分点。全省规模以上制造业营收利润率总体呈现下行态势。2016~2021 年河北省规模以上制造业企业每百元资产实现营业收入变动情况、利润总额和营收利润率变化情况分别如图 5-19、图 5-20 所示。造成 2021 年河北省制造业企业质量效益下降的原因是多方面的，既有经济发展内生动力不足、经济动能转换“青黄不接”的主观原因，也有疫情叠加、外部经济环境较差的客观原因。

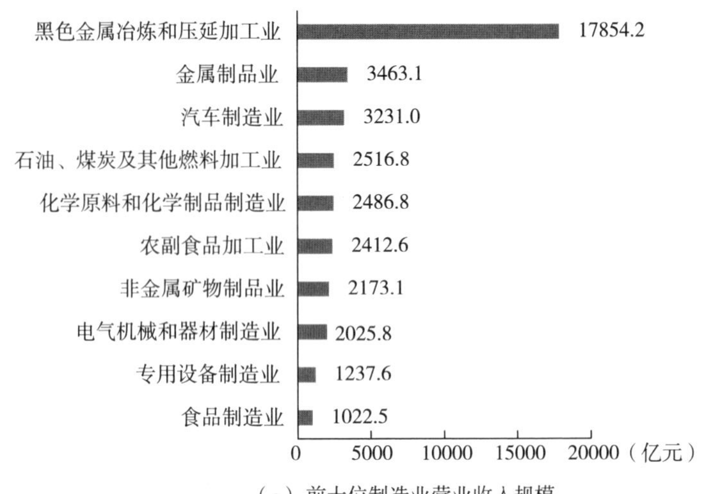

（a）前十位制造业营业收入规模

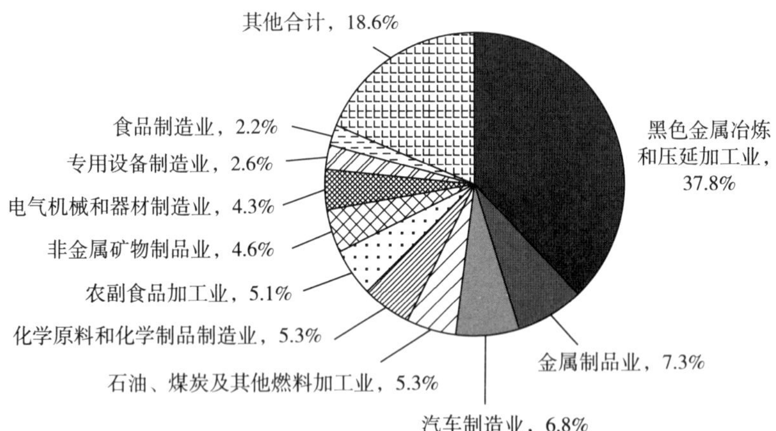

（b）前十位制造业营业收入占比

图 5-18　2021 年河北省排名前十位制造业营业收入情况

分行业来看，河北省每百元资产营业收入方面，烟草制造业，石油、煤炭及其他燃料加工业，皮革、毛皮、羽毛及其制品和制鞋业，废弃资源综合利用业和农副食品加工业每百元资产实现的营业收入贡献位居前五，分别达到 201.4 元、175.3 元、150.1 元、144.9 元和 136.8 元，远高于全省规模以上制造业总体水平。在盈利能力方面，医药制造业，酒、饮料和精制茶制造业，仪器仪表制造业，橡胶和塑料制品业，化学原料和化学制品制造业盈利水平较高，2021 年实

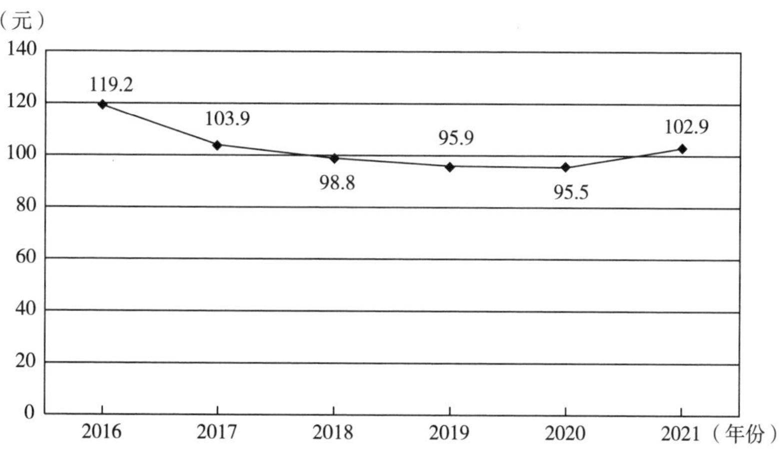

图 5-19　2016~2021 年河北省规模以上制造业企业每百元资产实现营业收入变动情况

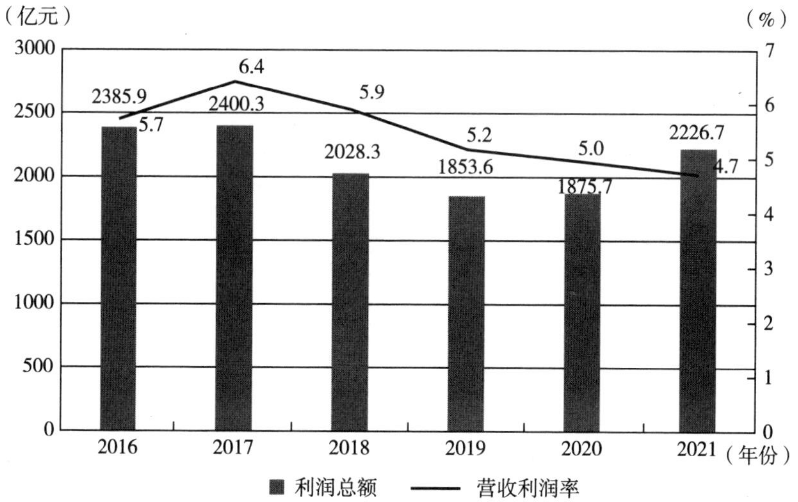

图 5-20　2016~2021 年河北省规模以上制造业企业利润总额和营收利润率变化情况

现营收利润率分别为 17.2%、14.0%、12.3%、8.7%和 7.8%，分别高于全省规模以上制造业企业营收利润率约 12.5 个、9.3 个、7.6 个、4.0 个和 3.1 个百分点，如图 5-21、图 5-22 所示。

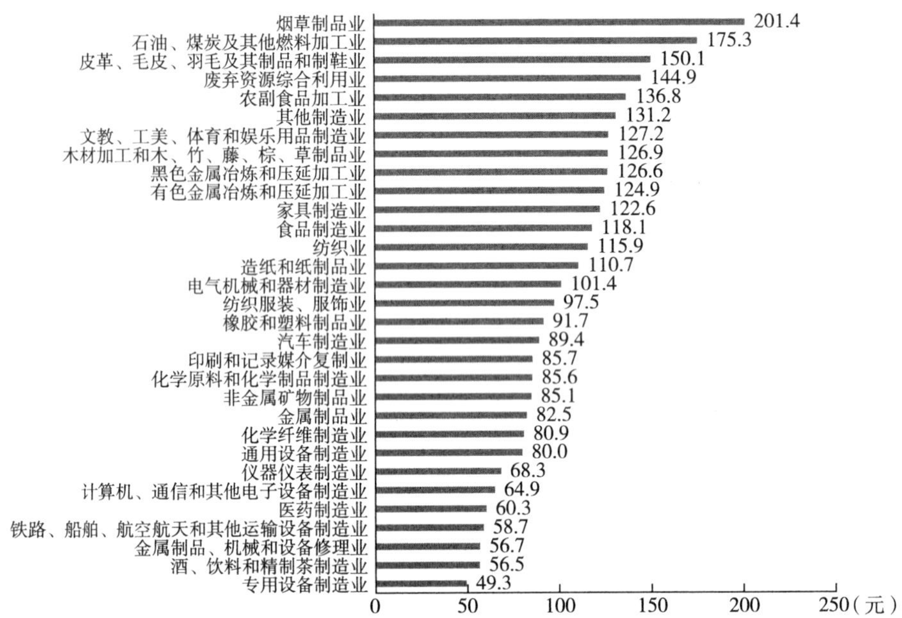

图 5-21　2021 年河北省分行业规模以上制造业企业每百元资产营业收入

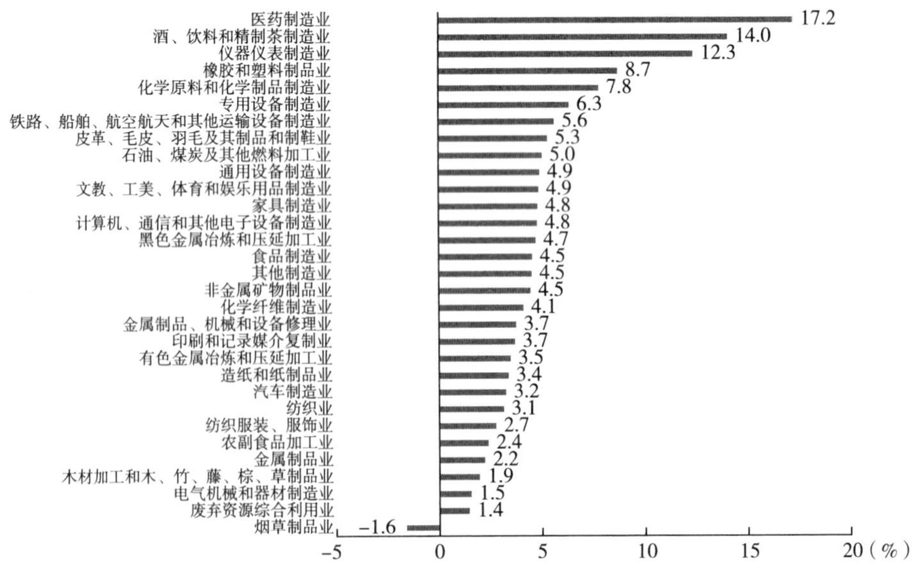

图 5-22　2021 年河北省分行业规模以上制造业企业营收利润率

4. 平台载体数量最多

河北省制造业平台数量位居京津冀地区之首，截至 2021 年全省共拥有各类制造业园区 155 个，其中包含国家经济技术开发区 7 个、国家高新技术产业开发区 5 个、国家自由贸易试验区 1 个、海关特殊监管区域 4 个，另有省级产业园区 137 个，制造业园区数量领跑京津冀。从先进制造业较为集中的高新技术产业开发区来看，2020 年河北省高新技术产业开发区入统企业合计达到 3315 个，比 2016 年数量翻了一番，其中高新技术企业达到 1845 个，比 2016 年数量翻了两番；高新区全部企业营业收入 5272.2 亿元，实现净利润 315.4 亿元，分别比 2016 年提高了 31.0%和 15.9%；贡献工业总产值 3219.2 亿元，实现出口总额 194.8 亿元①。2016~2020 年河北省高新技术产业开发区主要经济指标变化情况如图 5-23、图 5-24 所示。制造业平台对河北省制造业，特别是高新技术制造业发展的承载力不断提升。

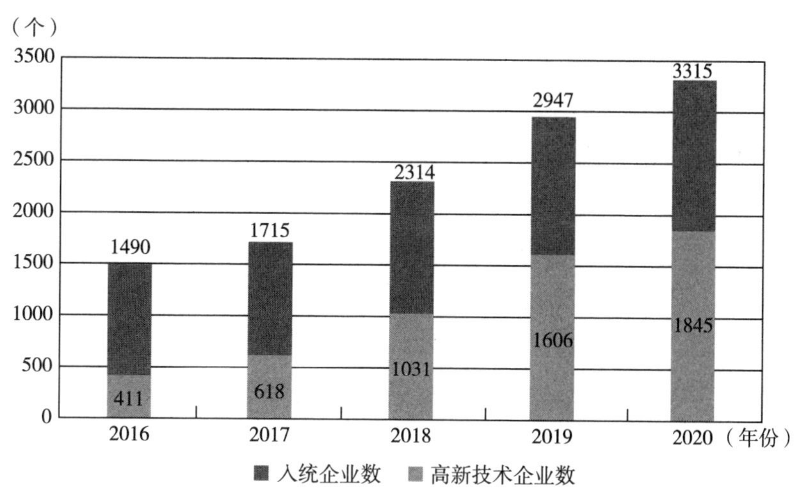

图 5-23 2016~2021 年河北省高新技术产业开发区入统企业和高新技术企业数量

① 华经产业研究院 . 2021 年河北省开发区、经开区及高新区数量统计分析[EB/OL]. [2022-07-28]. https://www.huaon.com/channel/distdata/823177.html.

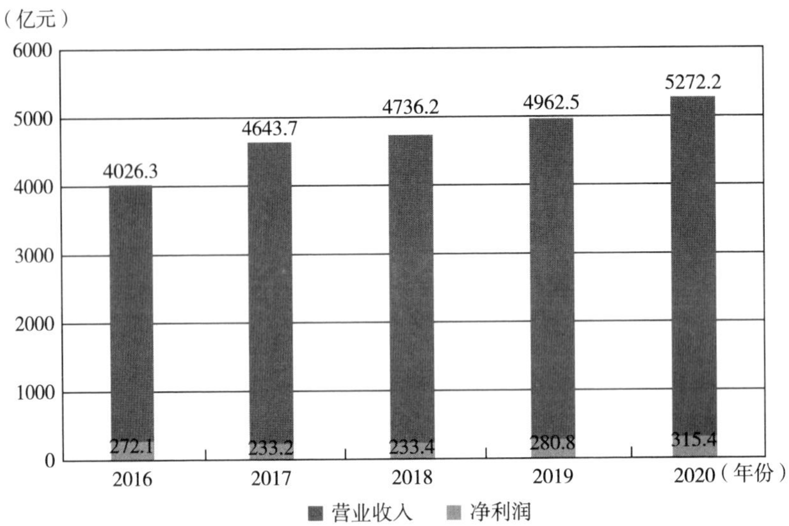

图 5-24　2016~2020 年河北省高新技术产业开发区全部企业营业收入和净利润

第二节　京津冀制造业升级目标导向

一、基于产业基础高级化、产业链现代化的升级要求

习近平总书记指出，打好产业基础高级化、产业链现代化的攻坚战，提升产业链、供应链稳定性和竞争力，加快构建现代化产业体系。党的二十大报告提出，坚持把发展经济的着力点放在实体经济上，推进新型工业化，加快建设制造强国、质量强国、航天强国、交通强国、网络强国、数字中国。京津冀制造业升级必须基于产业基础高级化和产业链现代化的目标导向。

产业基础高级化是指基础零部件、基础材料、基础工艺、基础技术、基础动力和基础软件等产业发展的支撑条件符合高质量发展需求。产业链现代化是指依托科技创新、现代管理及组织方式，使传统产业链向高端化发力，实现产业链自主可控，全面提升产业综合竞争力。打好产业基础高级化和产业链现代化的攻坚战，是长期坚持实施创新驱动发展战略、做大做强实体经济、持续增强经济内生

发展动力的客观要求和必然选择，是全国制造业转型升级必须坚持的方向。从区域产业发展需求来看，北京聚焦全国科技中心的功能定位，提出智能制造、高端制造、绿色制造的升级方向，加快打造面向未来的高精尖制造业体系；天津市提出了“制造业立市”，以智能制造为主攻方向，坚定不移走创新驱动之路，大力发展战略性新兴产业，加速制造业高端化、智能化、绿色化发展，打好产业基础高级化和产业链现代化的攻坚战，全面提升产业链、供应链竞争力；河北省提出，坚持制造强省战略，推进制造业产业基础高级化和产业链现代化，加快传统优势产业提档升级，大力发展战略性新兴产业，培育发展高潜未来产业，加速制造业高端化、智能化、绿色化发展，着力构建现代化制造业体系。京津冀三地均把产业基础高级化和产业链现代化作为未来产业发展的主要目标。产业基础高级化、产业链现代化是当前我国经济高质量发展背景下产业基础能力、产业基础结构和产业高质量发展的要求，也是进一步增强产业链韧性、产业链协同和实现产业链网络化的必要途径，对加速京津冀区域制造业动能转换，实现高质量发展具有重要的指导意义，是京津冀三地应共同遵循的制造业升级方向。

二、基于支撑建设世界级城市群的升级方向

制造业是创造社会物质财富和实现社会物质财富积累的引领性经济部门，是塑造区域城市功能和城镇体系的重要因素，是区域经济社会健康发展的关键支撑，对区域总量贡献、人口集聚、消费市场形成具有重要的促进作用。建设以首都为核心的世界级城市群，打造我国高质量发展的新增长极是党中央赋予京津冀地区的光荣使命，也是京津冀协同发展的重要任务。当前，京津冀城市群与全球公认的美国东北部大西洋沿岸城市群、北美五大湖城市群、日本太平洋沿岸城市群、英伦城市群、欧洲西北部城市群、长江三角洲城市群六大世界级城市群在城市建设、经济发展、综合影响力等方面仍存在一定差距。实体经济是城市建设和发展的基础，而制造业则是实体经济的基础，是城市发展的命脉所在。京津冀城市群的崛起离不开制造业的腾飞。未来京津冀地区亟须扩大制造业规模，提升制造业能级，围绕北京非首都功能疏解优化区域产业布局，巩固壮大实体经济根基，强化京津冀城市群发展支撑。从京津冀三地来看，北京市重在疏解非首都功能，以减量倒逼集约高效发展，大力发展高端制造业、高新制造业，深化与津冀产业协作，建设成首都都市圈的核心中枢；天津市需抓住北京非首都功能疏解的

机遇，加强重点平台载体建设，争取符合天津功能定位和需求的产业项目落户，打造成首都都市圈的关键支撑；河北应围绕自身发展短板，加快推进制造业提质扩量、转型升级，夯实首都都市圈的重要底座。未来京津冀地区必须加快推动创新链、产业链、供应链“三链”协同和上下游整合创新，全面提高制造业发展水平，加快打造我国高质量发展的新增长极和具有较强竞争优势的世界级城市群。

三、基于京津冀产业链分工协同的升级目标

经验表明，一个地区在区域产业分工中的角色定位决定着该地区产业发展的目标方向，进而深刻影响该地区产业升级的政策和行动，对该地区促进产业升级的效果具有决定性的影响①。确立京津冀制造业升级目标，必须确立京津冀三地在区域整体制造业分工中的角色定位，从而为京津冀确立更为合理有效的产业升级方向和路径提供依据。

从京津冀产业分工的历史演进趋势来看，京津冀地区产业分工经历了由低水平产业同构向低水平垂直分工转变的过程。经过自 20 世纪 90 年代以来的互动调整，京津冀目前基本形成了“北京知识创新和高端制造—天津研发设计和先进制造—河北一般加工制造”的低水平纵向垂直分工格局。虽然这种分工模式相对之前的低水平产业同构有所进步，在短期内使各地的比较优势得到了一定的发挥，实现了区域资源优势互补；但从产业价值链分工规律的视角观察，尚停留在较为原始的部门垂直分工状态，是典型的发达地区与欠发达地区的分工方式，仍是区域产业分工的初级形态。若欠发达地区的产业长期处于产业链低端，极易形成产业低端化锁定倾向，不利于整个区域产业的升级。

近年来，随着经济社会不断发展，区域间分工协作越来越表现为产业内分工和产业链分工的新特征。这是一种更为细致和发达的产业分工形态，如近年来美国城市的部门专业化在不断弱化，但其功能专业化则在逐步提高，城市间产业分工进一步深化，大城市的经营管理职能不断加强，而中小城市的生产制造功能逐步强化（Duranton 和 Puga，2002）。又如中国长江三角洲地区，很多跨国公司和江浙企业把公司总部、区域总部和研发机构建在上海市核心区，而把生产制造基

① 亚洲开发银行技术援助项目 9042 咨询专家组．京津冀协同发展研究［M］．北京：中国财政经济出版社，2018.

地建在上海郊区和江浙地区，由此形成了一个按产业链不同环节和阶段进行分工的格局。再如中国浙江省的绍兴、宁波、杭州、温州、湖州等城市都在发展服装工业，但其产品差异较大，部门内产品的专业化分工明确，宁波侧重男装，温州侧重休闲服，杭州侧重女装，湖州侧重童装，嵊州侧重领带，面料则在绍兴统一生产，区域分工的深化使浙江成为全球最重要的服装生产销售基地之一①。发达国家和先进地区的经验表明，要提高区域产业竞争力，必须实现基于产业链分工的高度协同。未来京津冀要打造世界级产业集群和环渤海地区创新发展的新引擎，辐射和带动全国发展，就必须推动现有的以部门垂直分工为主的区域产业分工向更加精细的水平分工和产业链协同分工转变。因此，京津冀地区产业升级的方向必须遵循产业链分工协作的目标。

四、基于统筹发展与安全大局的升级思路

当今世界正经历百年未有之大变局，围绕产业链和供应链的新一轮产业竞争日益激烈，“脱钩”“断链”和贸易保护甚嚣尘上，我国制造业的产业安全风险与日俱增，统筹制造业发展与安全成为全国制造业转型升级的重要考量。从外部环境来看，我国产业发展面临的风险挑战主要有三方面：一是国际政治经济环境受到冲击。霸权主义、强权政治愈演愈烈，美国为维护其世界霸权，裹挟其他西方国家对我国施行联合打压，从经济、政治、科技、军事等多个领域遏制我国发展。二是经济逆全球化态势明显，贸易保护主义日渐抬头，区域间经济壁垒死灰复燃，世界经济持续低迷、复苏乏力，发达国家制造业回流不断加剧。未来一个时期，国际经贸规则主导权之争将更趋激烈，国际经济环境将更加严峻。三是世界进入动荡变革期，伴随着大国关系的深度调整和国际力量的对比变化，传统安全威胁明显上升，同时，极端主义、恐怖主义、气候变化、重大传染性疾病、网络安全等非传统安全威胁持续蔓延，两者相互交织并存，造成我国发展面临的外部环境更趋复杂②。从国内环境来看，我国产业发展仍面临着一系列矛盾问题和风险挑战，如创新能力不足，关键技术领域受制于人；战略性矿产资源、能源资

① 魏后凯．大都市区新型产业分工与冲突管理——基于产业链分工的视角［J］．中国工业经济，2007（2）：30-36.

② 王晓广．准确把握我国面临的战略机遇和风险挑战［EB/OL］．人民智库．［2023-05-18］．https：//baijiahao. baidu. com/s？ id＝1766226697040908354&wfr＝spider&for＝pc.

源保障能力亟待加强；金融领域潜在风险隐患仍不容忽视等。

京津冀地区作为我国重要的经济增长极，承担着打造中国式现代化建设先行区和示范区、保障我国未来经济发展安全的重要使命任务。加速推动制造业升级，必须统筹好发展与安全的大局，准确把握发展面临的战略机遇和风险挑战，坚持科技自立自强，着力打好关键核心技术攻坚战，体系化提升制造业自主创新能力，把提升产业链、供应链的稳定性和竞争力放在突出重要位置，实施制造业强链、补链行动和产业基础再造工程，着力增强产业链、供应链自主可控能力。从区域制造业发展的要求来看，北京作为京津冀城市群核心城市，需要建设更高水平、更具韧性的产业链和供应链，实现关键环节自主可控，提升风险应对能力，把握发展主动权。天津市要围绕构建现代化产业体系，优选重点产业链，实施串链补链强链工程，提升产业链韧性和竞争力。河北亟须破解关键核心技术对外依存度高，产业基础能力薄弱，产业链不强不稳、不安全等问题，全面提升产业技术创新能力。总体而言，京津冀地区是我国新发展格局的重要支柱，未来产业发展必须将安全放在重要位置，打造相对完整的产业体系，构建均衡合理的产业布局，建立安全自主可控的供应链体系，将提升区域产业链韧性作为区域制造业升级的重要目标。

第六章　京津冀制造业“双链”深度融合的战略设计

推进京津冀制造业产业链与创新链融合是一项系统性的复杂工程，需要科学设计推进思路、目标和策略。本章在分析京津冀制造业产业链与创新链深度融合的趋势、背景、目标要求的基础上，提出“双链”融合的基本思路，并运用耦合关联度分析法，选择确定京津冀制造业“双链”融合的重点领域，进而提出推进京津冀制造业“双链”融合的五大模式。

第一节　融合思路

推进京津冀制造业产业链与创新链深度融合，必须深入探讨当前和未来一段时间，产业链与创新链融合发展的趋势和特征，明确京津冀制造业“双链”融合的目标要求，科学提出推动“双链”融合发展的主要思路，为进一步提出推进京津冀整体制造业升级的路径提供基本遵循。

一、制造业“双链”融合发展趋势

1. “双链”融合政策频出，进程不断加快

自从习近平总书记提出“围绕产业链部署创新链、围绕创新链布局产业链”“促进创新链和产业链精准对接”“提高产业链创新链协同水平”“促进产业链创新链深度融合”等重要论述以来，全国各地都加紧按照总书记决策部署，陆续出

台政策措施，加快推进区域产业链与创新链融合对接。广州出台了《广州市促进创新链产业链融合发展行动计划（2022—2025年）》，提出围绕新兴支柱产业、新兴优势产业和未来产业发展，大力实施“六大重点行动”，推动实现创新链与产业链深度融合，支撑经济社会高质量发展。陕西省以城市新区为主要抓手，从产业、平台、项目、人才、要素等方面着力构建区域创新驱动产业体系，聚合创新资源，促进“双链”融合。浙江省出台了《关于推动创新链产业链融合发展的若干意见》，从解决企业创新实际困难和满足企业强烈需求出发，提出了强化企业重大科技项目攻关主体作用、激励企业加大研发投入，支持企业引进和培育高层次科技人才，提升战略科技力量及企业服务水平，整合集聚创新资源为企业服务等九方面举措。在各地政府的大力推动下，区域协同创新不断加快，科研成果加速从实验室走向市场，产业链与创新链融合互动日益频繁，区域全产业链升级实现大幅提速。

2.“双链”生态式融合发展趋势日益明显

当前，随着产业链与创新链融合速度不断加快，融合程度不断加深，产业链与创新链之间的联系也越来越紧密。主要表现在：一是产业发展与技术创新的关系日益紧密。产业发展从技术创新到新产品生产，再到新产品上市推广的全过程，都与创新保持着密切联系，技术创新已成为产业发展的根本动力源泉。二是在创新的作用下，产业分工更加细化。随着科技进步的不断加速，产品结构和生产过程逐渐发生分化，产品零部件生产的要求越来越精细化，生产环节和生产过程的技术性更强，生产外包、全球化组装等形式层出不穷。三是在数字化的影响下，技术创新的密度不断提升。当前，数字化及其技术集成越来越普遍，对制造业的影响作用越来越突出，制造业生产逐步向高端化、智能化方向发展。通过上述分析可以看出，产业发展与技术创新日渐形成了一个复杂的系统，产业链与创新链融合的生态化特征日益凸显。产业链与创新链融合往往由核心技术及核心产业更新开始，进而带动产业链上下游行业共同形成终端制造业发展。在这一过程中，技术创新与产业发展之间相互促进，核心技术与上下游产业之间的关系也相得益彰，产业与创新、部分与整体、内部与外部、各部分之间、各环节之间均存在相互作用、相互影响、相互促进的生态式发展关系。这种生态式发展，既要维持整体平衡，又要维持各部分之间的动态稳定，还要维持内部与外部之间的交流

和互动[①]。随着越来越多的区域加快推动“双链”融合，“双链”生态系统日益发展，为区域整体优质产业生态的营造创造了良好条件。

3. “双链”融合数字化赋能趋势不断加强

随着新一轮技术革命的加速演进，以大数据、云计算等为核心的数字技术不断取得新进展、新突破。数字技术与制造业的融合趋势愈加明显，数字化对产业链、创新链的赋能作用不断增强，在推进制造业“双链”融合的过程中发挥着越来越重要的作用。一是赋能产业链创新发展，推动传统产业链加快改造提升。数字技术和智能制造技术在传统产业中的应用日益广泛，逐步融入产品设计研发、生产制造、营销推广的全过程。通过推动生产设备和生产线数字化柔性化改造，运用“机器人+”“互联网+”生产模式打造全新的智能工厂，实现传统制造业加快由大批量标准化生产转变为以互联网为支撑的智能化、个性化、定制化生产，大幅提升传统制造业发展能级和空间。二是助力培育新兴产业和新兴业态，开辟发展新领域、新赛道。当前，数字技术在培育发展新兴产业方面的作用越来越突出。至少一半以上新兴产业和几乎全部新兴业态的诞生与发展都与数字技术有关。以数字化、智能化技术的研发应用为导向布局战略性新兴产业和未来产业，已经成为越来越多先进国家和地区的重要选择。三是赋能产业链与创新链精准对接。当前，数字技术已经进入创新突破期，创新活动逐渐渗透于产业发展的方方面面，在聚合上下游产业链要素资源，搭建产业链创新链对接服务平台，助力产业、技术、标准有机衔接，推动新产品、新技术加速落地应用等方面都发挥着连接器、黏合剂的重要作用。

4. “双链”融合系统性特征逐渐显现

从产业链、创新链理论的最初提出，到习近平总书记“围绕产业链部署创新链、围绕创新链布局产业链”要求的实践部署，“双链”及其融合理论日渐发展成熟，并加快付诸实施。随着“双链”融合进程的不断加快，其系统性特征日益明显。推进产业链与创新链的深度融合发展，不是单一的、某一方面的任务，而是需要政府、企业、高校、科研院所、中介组织、金融机构和科研人员广泛参与的一项复杂性系统工程。一方面，在政府的组织推动下，由龙头企业牵引，产业链和创新链上的相关企业、高校、科研院所等创新主体共同参与完成；另一方

① 邓线平．以生态式发展促进产业链创新链双向融合[N]．广州日报，2021-08-30.

面，由具有创新技术优势的高校、科研院所牵头，相关企业共同参与建设。在这个过程中，创新链、产业链、金融链、政策链相互交织、互为支撑，共同形成了“扭抱缠绕”的合作局面。

二、制造业“双链”融合目标要求

1. 充分发挥创新链对产业链的驱动作用，带动京津冀制造业量质齐升

2022 年，我国人均 GDP 达到 1.23 亿美元①，已经进入准发达国家行列，工业发展也已步入后工业化阶段，要求工业在规模保持合理增长的基础上，实现质量和效益的有效提升。对京津冀地区而言，作为全国重点建设的世界级城市群和重要经济增长极，其制造业发展规模和水平需要在全国保持优势地位。但是，从近年的发展情况看，京津冀制造业整体发展远未达预期，规模地位呈现持续走弱之势。

近年来，京津冀地区制造业比重持续下降，从反映制造业规模地位的主要指标——工业增加值占地区生产总值比重来看，京津冀地区明显较弱，2021 年京津冀地区工业增加值占地区生产总值比重由 2014 年的 36.3%下降至 2021 年的 26.0%，累计下降了近 10 个百分点。与长三角地区相比，2021 年京津冀地区工业增加值占比低于长三角地区 8.6 个百分点。京津冀地区制造业规模与长三角地区差距明显，造成这种差距的主要原因是京津冀区域内部制造业发展的规模弱化。从京津冀内部结构来看，北京的制造业空心化问题突出，由于长期的去工业化政策导向，北京制造业比重逐年降低，2021 年北京工业增加值占 GDP 比重仅为 14.1%，远低于同期上海 25%的水平②。虽然，北京定位是全国政治中心、文化中心，制造业发展并非其主导方向；但是，作为京津冀世界级城市群的核心，制造业规模仍应保持在一定范围内，这样才能保证整个京津冀城市群的产业安全及在全国乃至全球的实力地位。河北的制造业问题更为严重，在工业化发展仍处于中后期，制造业规模和实力均亟待提升的情况下，制造业比重仍持续走低，拉低了京津冀制造业整体档次。天津制造业同样面临规模优势不明显、整体发展活力不足的问题。

---

① 笔者根据《2022 年国民经济和社会发展统计公报》相关数据计算。

② 笔者根据《2021 年北京市国民经济和社会发展统计公报》《2021 年上海市国民经济和社会发展统计公报》相关数据计算。

由此，京津冀制造业面临巨大的扩量升级需求，亟须在提升发展质量的同时，保持一定的发展规模。在这种情况下，京津冀制造业产业链与创新链有效对接、深度融合显得极为重要。未来必须充分发挥创新链对产业链的赋能支撑作用，重点支持北京做大高端制造业规模，推动河北制造业产业链全面提升，助力天津激活制造业高质量发展动力活力，全面提振京津冀地区制造业发展，提升京津冀制造业整体实力地位。

2. 形成以新动能为主导的增长方式，强化科技创新支撑和引领制造业高端化、智能化、绿色化发展

当前，我国经济已经进入创新驱动发展阶段。习近平总书记指出“创新是引领世界发展的重要动力”“必须坚持科技是第一生产力、人才是第一资源、创新是第一动力，深入实施科教兴国战略、人才强国战略、创新驱动发展战略”。作为全国重要的经济增长极，京津冀地区理应走在全国前列，着力提升产业技术创新能力，加快推进经济发展动力转换。然而，京津冀制造业目前的发展动力模式不尽如人意，主要的动力引擎仍主要来自资源型行业。2021 年，京津冀地区资源型行业①主营业务收入达到 41510.6 亿元，占规模以上工业近 50%，而高新技术制造业主营业务收入占规模以上工业仅为 15.02%。与此同时，京津冀制造业在科技水平、绿色制造、产业标准、设备工艺等方面与国内外发达地区相比仍有较大差距，与国家技术创新中心的优势地位不相匹配。

京津冀城市群制造业发展已经到了转变结构模式的关键时期，亟须改变当前以传统制造业为主要贡献来源的状况，加快推动科技创新赋能产业发展。京津冀城市群必须充分发挥区域内创新资源高度聚集的优势，加快推进北京科技创新成果区域内转移转化，将区域整体科技资源优势充分转化为产业发展优势，优化制造业发展结构，实现制造业发展向高端化、智能化、绿色化方向迈进。

3. 缩小京津冀制造业发展水平落差，全面提升一体化程度和整体竞争实力

京津冀制造业发展水平低，主要原因在于内部发展不均衡，特别是河北工业落差大，制造业实力弱。2021 年，京津冀三地人均工业增加值分别为 26012 元、38055 元和 18929 元，分别排在全国第 12 位、第 5 位和第 20 位。河北人均工业

① 如第五章第一节中所述，京津冀地区的资源型行业主要包括黑色金属冶炼和压延加工业，金属制品业，石油、煤炭及其他燃料加工业，化学原料和化学制品制造业，非金属矿物制品业，有色金属冶炼和压延加工业，橡胶和塑料制品业等。

增加值分别仅为天津、北京的50%、72%，在全国排在倒数第12位[①]。因此，提升京津冀产业一体化的关键在于着力缩小三地产业落差，大幅提升河北制造业发展水平。

河北是传统工业大省，但制造业大而不强的问题长期未能破局。究其原因，河北推动制造业升级的瓶颈尚未被根本打破。首先，制造业发展缺乏高水平载体平台。经验表明，城市和开发区是支持和引领一个地区制造业高水平发展的重要载体。从产业发展基础条件视角观察，河北中心城市发展不足，人口规模超100万的大城市虽然达到7个，但仅有一个Ⅰ型大城市——石家庄，唐山、邯郸、保定、秦皇岛都是Ⅱ型大城市，邢台、张家口更是刚刚达到大城市标准。在开发区建设方面，河北各地普遍缺少有支撑性、带动力的大项目、好项目，开发区综合实力整体偏低。在商务部公布的2021年国家级经济技术开发区发展水平综合排名前30的榜单中，河北未有一个开发区上榜。其次，缺乏高层次人才资源支持。河北一直是人才洼地，根据河北省第七次全国人口普查结果，全省常住人口中，拥有大学（指大专及以上）文化程度的人口为926.5万，占12.4%，低于全国15.5%的平均水平[②]。再次，河北制造业发展面临技术创新动力不足的问题。目前，河北的科技创新实力不高，在全国处于落后地位。2021年河北研发投入强度为1.85，低于2.44的全国平均水平[③]；在国家重大科技基础设施、国家重点实验室、国家工程技术研究中心等创新平台建设上明显滞后，竞争实力较弱。最后，河北在高新技术产品方面高度依赖国外进口，前沿高技术产品基础薄弱。

因此，推进京津冀制造业“双链”融合，目标是缩小京津冀制造业发展水平落差，要求在做大制造业发展载体，提高人才支持能力，提升产业技术创新能力和高新技术产品供给能力等方面重点发力。全面提升河北制造业发展能级，增强京津冀制造业一体化发展能力和综合竞争实力。

---

① 笔者根据《2022年中国统计年鉴》中分地区分行业增加值、分地区年末人口数指标计算。

② 根据《第七次全国人口普查公报（第六号）》《河北省第七次全国人口普查公报》相关数据计算比较而来。

③ 黄群慧．背靠京津，河北的科技创新为什么不行？［EB/OL］．［2021-08-23］．https://c.m.163.com/news/a/GI3BNF0J0519MU3H.html.

三、"双链"融合条件分析

1. 京津冀三地在创新发展需求上互补

京津冀三地地缘相接、人缘相亲，地域一体、文化一脉，创新功能定位互补，产业发展需求互异，具有较好的合作创新条件。在国内外创新发展速度不断加快和竞合关系日益复杂的趋势下，北京建设国际科技创新中心的要求更加强烈，亟须在更深层次、更广领域整合配置创新资源；在创新驱动发展战略的引领下，京外形成了巨大的技术需求市场，客观上推动了北京创新资源加快向外扩散拓展；与此同时，北京自身产业升级、城市功能调整、发展空间的限制和协同政策导向等都使北京创新资源对外合作转移的需求日益强烈①。天津的创新发展水平介于北京和河北之间，在当前产业转型发展的关键时期，迫切需要借助外部创新资源，转变发展模式和发展动力。京津冀协同发展的深入推进，要求河北必须尽快提升产业创新发展能力，缩小与京津的创新差距，转变发展方式和动力模式。但是，河北由于自身创新基础薄弱，创新资源不足，亟须借助外力提升创新发展能力。由此可见，北京的创新发展需要向外"开疆拓土"，津冀特别是河北的创新发展需要向内广聚资源，京津冀三地在创新发展需求上是互补的，具有创新链合作的可能性。

2. 京津冀三地在创新和产业发展供需领域上契合

从创新和产业发展的供需上来看，河北是创新资源需求方，迫切需要提升产业创新发展的能力，建设骨干创新载体，推动全产业链现代化提升；北京是创新资源供给方，在创新成果输出上与河北对接互动。首先，在提升产业创新能力方面，河北需要为新一代信息技术、高端装备、生物医药、新能源、新材料等战略性新兴产业发展壮大提供科技支撑，为钢铁、化工、建材、食品、纺织等传统产业转型升级提供动力支持。而北京无论是在战略性新兴产业领域，还是在传统产业领域，都具有较强的科技创新实力，与河北创新资源的需求领域契合。其次，北京创新资源的外溢和转移需要承接载体，而河北、天津着眼于提升自身创新能力，也在加快建设骨干创新载体，因此成为北京转出创新资源的重要承接平台。

① 亚洲开发银行技术援助项目 9042 咨询专家组．京津冀协同发展研究［M］．北京：中国财政经济出版社，2018.

最后，在政策驱动、成本升高等因素的影响下，北京科技型中小企业和创新人才加速向京外转移。与此同时，河北和天津基于自身需要，大力吸引创新资源，因此，北京和津冀在创新资源流动方向上能够实现对接匹配。

3. 京津冀三地在创新链上衔接

北京创新资源和创新优势主要集中在创新链的前端，即基础研究和应用研究环节，在产业孵化和成果转化应用环节相对较弱。受城市功能、产业结构、制造业分工环节和发展空间限制，北京创新成果孵化、中试、转化和应用推广等环节更多地需要在京外进行。反观天津、河北，在创新发展水平上不及北京，创新资源优势也不突出，基础研究能力较弱，但在创新链的后端相对优势明显。天津、河北的制造业规模较大，特别是河北，制造业门类齐全，规模优势突出，是中国北方的制造业大省，拥有较好的制造业规模基础，特别是在钢铁、建材、食品等传统制造业的技术应用研究领域和成果转化上具有良好的基础条件，在推动传统产业转型升级、战略性新兴产业发展上具有较强意愿和动力，对产业应用技术具有较强的孵化需求与转化需求。因此，北京和津冀在创新链上是衔接的，完全有条件合作构建完整的创新链，并推动创新链与产业链融合发展。

4. 京津冀“双链”融合具有良好的政策条件

京津冀协同发展战略实施以来，三地之间的合作领域不断拓展，合作深度不断加深，协同发展体制机制加快构建，政策体系日益健全，为产业链与创新链深度融合提供了良好的政策基础。首先，京津冀协同发展顶层设计日臻完善，《京津冀协同发展规划纲要》加快实施，在北京市通州区与廊坊北三县等部分重点区域实现了规划一体化，从源头上避免了各自为政的状况。其次，京津冀三地沟通合作机制不断健全，三地积极成立了推进协同发展的领导机构，旨在打破区域行政界限和管理机制条块分割，协调处理在产业链与创新链对接过程中的各种问题。再次，京津冀三地促进产业创新发展的政策体系不断完善。三地共同制定出台了京津冀高新技术企业互认备案、科技成果处置收益统一化、创新券制度等相关政策，并推动中关村国家自主创新示范区政策在京津冀相关地区落地。最后，三地制定了促进创新人才跨区域流动的政策措施，推动京津冀地区科技信息资源、成果资源、人才资源、联盟资源实现整合共享。三地日益完善的协同发展体制机制和政策体系，为京津冀共同推进产业链与创新链深度融合奠定了基础，提供了保障。

四、“双链”融合基本思路

加快推进京津冀制造业产业链与创新链深度融合，要以服务京津冀制造业转型升级，构建创新型产业链，推动区域制造业高端化、智能化、绿色化发展为基本目标，牢固树立系统思维、改革思维、链式思维，遵循传统制造业改造升级和战略性新兴产业发展的基本规律和特点，协调处理好补短板与锻长板，谋整体与利局部，有效市场与有为政府的关系，着力构建完善的跨区域产业创新网络，打造强有力的“双链”对接载体，建设优质的“双链”对接服务体系，建立基于全产业链发展的协同创新体制，强化人才支撑、金融支撑和制度保障支撑，全面推动京津冀制造业量质齐升，增强京津冀产业协同发展能力和综合竞争力。

1. 树立“三种思维”

推进京津冀制造业产业链与创新链深度融合，必须在深刻认识“双链”的本质属性和作用机理的基础上，准确把握发展趋势变化，牢固树立整体思维、系统思维、改革思维和链式推进思维。

（1）坚持系统思维。随着产业发展进步，“双链”融合系统性特征日益显现。加快推进京津冀“双链”融合，一方面，要以系统性思维统领全局，打破“一亩三分地”的思维定式和各自为政的发展局面，树立京津冀区域一体的整体观念，联合起来，协调行动。另一方面，要协同推进产业发展和技术创新，加强相关领域战略合作，如政府部门加强制度设计和政策扶持，金融系统强化信贷和金融支持，企业承担开发和推进主体任务。充分协调好各方关系，建立信息沟通、产业协作、利益共享机制，力争实现“双链”融合“1+1>2”的效果。

（2）坚持改革思维。推进“双链”融合，必须坚持改革先行。加快破除制约产业技术创新、资源要素跨区域流动、创新成果转化等方面的体制机制障碍，加快开展区域市场一体化建设，在重点领域先行先试，保证“双链”融合各项政策措施落地落实。

（3）坚持链式思维。京津冀制造业“双链”融合的过程，不仅包含产业链与创新链，还涉及供应链和价值链。需要用链式思维牵引“双链”融合发展新路径，建立链式联动机制，推进产业链、创新链、供应链、价值链“四链并举”，强化固链、强链、补链和塑链，打造创新驱动平台和京津冀制造业产业网链，全面激活“双链”融合新动能。

2. 抓住“四个重点”

推进京津冀制造业“双链”融合，必须着眼于联通网络，做强载体，畅通渠道、破除障碍等关键环节，把握好以下四个重点：

（1）构建完善的跨区域产业创新网络。完善的跨区域产业创新网络是推进京津冀制造业“双链”融合的重要前提。京津冀地区围绕战略性新兴产业发展和未来产业培育，加快区域创新体系建设，加强量子科技、基因技术、纳米技术等前沿领域的关键技术创新、集成及应用；围绕传统产业转型升级，加强绿色低碳、智能制造等技术研发和成果转化；围绕产业链短板和创新链痛点重新布局，在基础材料、核心装备、关键零部件、先进仪器设备等重大领域，创新体制机制，推动跨区域协作研究和成果转化，不断提高创新要素的市场化配置能力。充分发挥数据要素作用，建设完善京津冀工业互联网平台，推动数字技术赋能制造业产业链。充分调动创新链与产业链主体——企业的主观能动性，鼓励企业开展技术研发和成果应用，打造产业创新网络的强节点。

（2）打造强有力的“双链”对接载体。城市和开发区是“双链”融合的重要载体。从城市载体建设来看，京津冀未来要以优化产业空间布局为重点，规划建设现代化都市圈，打造一批产业链和创新链融合的关键节点城市，做强一批制造业强市，培育新的经济增长极。高标准推进雄安新区建设，打造河北境内北京的“反磁力中心”；一体化规划建设北京副中心，强化疏解北京非首都功能和带动河北加快发展的使命任务；打造保定、唐山、沧州等多个区域中心城市，提升城市基础设施建设水平和科技创新服务能力；做强正定新区、曹妃甸新区、渤海新区等城市新区，提升新区能级，争取设立国家级新区，打造京津冀区域经济新增长极。从开发区建设来看，京津冀要强化开发区引领制造业高质量发展的“排头兵”作用，对京津冀制造业开发区进行全面梳理，分类别、有重点地推进京津冀开发区扩规升级。做大开发区规模，以唐山、沧州、石家庄等国家高新技术产业开发区为重点，打造形成若干个万亿级制造业集群。全面提升开发区能级，推动沧州、衡水两地高新技术产业开发区晋升国家级，将开发区建设成为京津冀优势产业聚集区、创新驱动发展的策源地和经济发展的主战场。

（3）建设优质的“双链”对接服务体系。构建完善的服务体系，营造良好的对接环境是推进京津冀制造业“双链”融合的重要保证。一是加快转变政府职能，提升政府的服务功能，优化营商环境。当前，区域间经济发展竞争已经从

土地、设施等硬件条件的比拼转为优质营商环境的角逐，良好的营商环境是吸引高端产业和创新要素集聚的关键因素。京津冀各地政府要加快转变职能，不断优化市场化、法治化、国际化营商环境，构建亲清政商关系，加快产业政策和创新政策向普惠化、功能性转型，在引导和支持产业主体和创新主体对接互动、推动创新成果转移转化等方面发挥重要作用。二是充分发挥科技中介、行业协会的桥梁纽带作用，优化提升科技中介、行业协会等社会群体对高校、科研院所和企业的服务功能。建设和发展京津冀科技市场，搭建具有一定水平和密度的创新资源要素集聚平台。服务体系建设助力京津冀企业跨越“死亡峡谷”，在充满不确定性的百年未有之大变局中，为创新链和产业链精准对接提供确定性。

（4）建立基于全产业链的协同创新促进体制。所谓全产业链协同创新，是指以制造业全产业链为框架，以产业链核心企业为依托，各方着眼于完善、拓展和提升整个产业链条，协同开展的个性化、有针对性的创新活动。为保障全产业链协同创新的顺利开展，需要建立与之相适应的体制机制。一是京津冀产业链上下游联动机制，打通产业链上下游各环节的堵点，明确产业创新重点领域、产业转移与承接的目标区域和操作路径。二是协同创新共同体建设机制，推进京津冀创新资源共享，打造“京津研发、河北转化、河北制造”的创新合作模式。三是京津冀常态化协作机制，推动三地共享项目信息，共建跨区域科技创新园区和产业园区。四是京津冀自由贸易区协同发展机制，推动三地自由贸易区政策协同，打造制造产业链高地。

3. 把握“三大关系”

（1）补短板与锻长板。推进产业链与创新链融合，必须塑造更多依靠创新驱动的引领型发展。一方面，京津冀地区要做强创新链，筑牢制造业产业链长板。以北京为重点，加强基础研究和应用基础研究，提升产业基础创新实力，改造提升传统优势制造链条。保持和发展完整的产业链体系，打造新兴产业链和未来产业链，培育一批先进制造业集群。推动数字技术创新赋能产业链，推进绿色制造、智能制造，发展服务型制造，增强产业链综合竞争力。另一方面，京津冀地区要做优创新链，补齐制造业产业链短板。以河北为重点，加强承接京津创新资源，推动创新成果转移转化，全面增强京津冀制造业短板领域。强化关键“卡脖子”技术攻关，打破创新链和产业链对接的堵点、难点，加强基础性创新、关键性创新和重要产品工程化创新。在重点制造业领域布局建设国家制造业创新中心，强化先进技术供给和成果快速转化应用，提高制造业产业链发展质量。

（2）谋整体与利局部。京津冀是一个统一整体，推进京津冀制造业产业链与创新链融合，必须树立全局观念，立足整体，统筹全局，协调推进三地制造业产业链一体化发展、全方位提升。同时，应根据三地不同发展阶段、现状特征、存在的问题和定位方向。京津科技力量雄厚，创新资源丰富，是京津冀优质创新链的提供者；河北制造业门类齐全，规模较大，基础较好，是京津冀制造业产业链发展的主体部分。三地应充分发挥各自的比较优势，取长补短，协同升级。

（3）有效市场与有为政府。正确处理好市场和政府的关系是推进区域经济发展的重要前提，推进京津冀制造业产业链与创新链对接同样如此。推进产业链与创新链对接，从产业经济学的角度来看，在很大程度上取决于产业链对创新链的接纳程度。实际上，很多情况下产业链并不接纳创新链，比如当企业对技术的投入成本超出了产出效益时，企业就可能会对新技术的投入和使用有所抵触。此时，单靠市场很难发挥作用，还需要政府通过顶层设计、制定政策、完善标准、设立基金等手段促进制造业产业链与创新链精准对接、深度融合。在此过程中，只有政府与市场“两只手”同使劲、共发力，才能提高创新链嫁接产业链、产业链引导创新链的针对性和高效性。

4. 强化“三项支持”

（1）人才支持。人才是支持京津冀制造业产业链与创新链融合的核心要素，包括企业家、科学家和产业技术人才等。其中，企业家是产业链与创新链对接的重要组织者和引领者，具有将企业打造为强大的创新主体的重要作用。科学家和产业技术人才是推动产业技术创新的关键力量。要充分发挥各类人才的作用，鼓励和引导有条件的企业家开展前沿性技术创新，支持企业家与科学家合作，加快推动创新成果从实验室向实际应用转化。加强制造业生产、组织、管理等专业化人才培养，实施技术更新工程，建设一批有助于“双链”对接的知识型人才、创新型人才、技术型人才队伍。鼓励科研人员围绕企业需求痛点、产业链空白点进行研究，重点解决产业链与创新链对接中的底层技术难题，培养造就一批具有国际水平的创新团队。优化人才招引体制机制，建立柔性化人才管理制度，推动京津人才跨区域转移流动。加强对科技创新活动、创业活动的支持奖励，推动高校、科研院所科创成果研发与跨区域转移转化，为“双链”对接注入持久的动力与活力。

（2）金融支持。产业链与创新链的融合始于创新，成于金融。金融支持对

京津冀制造业产业链与创新链深度融合具有十分重要的作用。很多省份推出了“链长制”改革举措引导“双链”融合，但是同样的做法成败不一，效果不同。有的省份，如浙江、安徽的“链长制”在完善产业链，引入创新链方面成效显著；而有的省份的“链长制”，作用却不大，效果不明显。究其原因，成功的省份在明确了链长、链主企业之外，还组建了平台公司，引入了金融支持；而失败的省份往往只停留在指定链长和链主企业阶段，后续的金融支持和平台运作环节缺失，导致产业链与创新链对接失去了“血液”。因此，推进京津冀制造业“双链”融合，必须立足“双链”各环节、全过程，合理引入金融机构，完善资金链条，建立多元化、多层次的风险投资体系，设立“双链”对接专项基金，以金融赋能“双链”精准对接、深度融合。

（3）制度支持。当前，制度障碍已经成为跨区域产业和创新协作的核心困境，必须激发京津冀产业一体化发展的内在动力，通过制度创新协调平衡各方利益，破解跨区域要素流动及配置阻碍。一是创新京津冀一体化导向的多维度考核机制，实行内部多维度经济绩效考核①；二是构建跨越属地边界的利益共享机制，创新跨行政区划的财税核算方式，按照平等协商、权责一致的原则建立相应的利益分配机制和利益联结机制；三是强化优质产业要素和创新资源的空间协调统筹，通过产业园区共建、创新资源共享等方式高效配置资源；四是开展“双链”对接试点示范。改革需要试验田。选择重点区域、重点园区和重点行业开展跨区域产业链和创新链对接示范，加快推动成熟的制度和政策落地推广应用。

第二节　制造业“双链”融合的重点领域

推进京津冀制造业产业链与创新链融合，关键是要明确“双链”融合的重点领域。本节对京津冀创新资源行业分布、制造业升级重点行业领域进行分析，

① 刘长辉，周君，王雪娇．经济区与行政区适度分离视角下跨区域要素流动与产业协作治理路径研究——以成渝地区阆中市、苍溪县、南部县三县（市）为例［J］．规划师，2022（6）：51-56.

并运用耦合分析法选出京津冀创新链优势突出、产业链创新发展需求强烈的重点领域，确定推动京津冀“双链”融合的主要对象。

一、重点领域选择依据

对京津冀制造业“双链”融合重点领域的分析采用耦合分析法。所谓“耦合”，是指两个或两个以上的系统或运动方式之间，通过各种相互作用而彼此影响的一种现象。在本部分中，“耦合”用来描述产业链与创新链对接融合过程中的现象和关系，即通过对耦合原理的研究分析，分别找到创新资源优势突出的重点领域和创新需求强烈的产业领域，并对两者的重叠部分进行分析确定，从而找到“双链”融合的重点产业领域，为进一步提出有关京津冀制造业“双链”融合的推进模式、方法、步骤等方面的对策建议奠定基础。京津冀制造业产业链与创新链的耦合关系如图 6-1 所示。

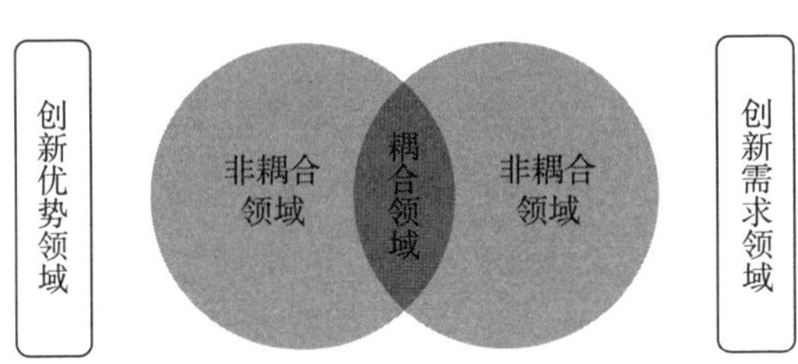

图 6-1　跨区域产业链与创新链耦合示意

二、京津冀创新资源优势领域

京津冀地区人才荟萃，科技力量雄厚，科研水平全国领先，科技创新资源丰富，拥有众多高层次、高水平的高等学校、创新机构、创新平台、创新园区及创新服务设施，是全国创新资源最为密集的区域之一。第三章第二节已经从创新链的角度对京津冀区域创新资源进行了分析。为了对区域创新资源集中的优势领域进行梳理，本部分有必要从所属行业领域的角度，对京津冀地区重点创新主体、创新平台等创新资源进行分析。

1. 创新主体服务领域

创新主体包括高校、科研院所等。从高校来看，京津冀地区高校数量众

多，涉及领域广泛，主要包括综合类、理工类和人文社科类等。综合类高校的代表为清华大学、北京大学、天津大学、南开大学、河北大学等。这些综合类院校涉及科技、文化、经济、农业、医学等众多学科领域，拥有多个高层次、高水平的国家实验室、重大科技基础设施、大型科学仪器中心、国家重点实验室等科研机构，在数学、物理、化学、生物学、工程学、临床医学、环境科学与生态学、材料科学、药理学与毒理学、农业科学、文学艺术等领域具有良好的研究基础和科研成果。理工类高校的典型代表有北京科技大学、北京理工大学、天津工业大学、河北工业大学等，人文社科类高校的典型代表有对外经济贸易大学、中国政法大学、天津财经大学、天津商业大学、河北经贸大学等，这些理工类、人文社科类高校研究活力较强，研究成果突出。其中，北京的理工类、人文社科类高校研究成果产出占比均超过 60%，在各领域的研究优势均十分明显。

从科研机构来看，科研机构是京津冀区域基础性研究、战略性研究、前瞻性研究、公共性科学研究和技术研发的主力军。京津冀区域科研机构层次结构合理，服务领域广泛，主要涉及新一代信息技术、生物医药、高端装备制造、节能环保、新材料、新能源汽车、农业科技及科技服务等领域。其中，电子信息领域的研究机构占比最大，占京津冀全部科研机构的 10%以上；装备制造领域的科研机构数量也较多，占比达到 10.42%，现代医药、生物医药、生物科技、建筑交通、科技服务等领域的研究机构分布也较为密集，占比均超过 5%，创新优势也较为明显。此外，科研机构还涉及新能源、信息软件、新材料、节能环保、汽车制造、医疗健康等 30 多个领域①。

2. 创新平台分布领域

创新平台作为科技创新体系的重要组成部分，具有技术转移、技术研发、资源共享等功能，是科技创新的基础支撑条件，是整合创新资源，培育创新主体，提升创新服务能力的重要载体，以及创新能力建设的基本途径。创新平台一般包括重点实验室、工程技术创新中心、中试基地等。作为全国创新资源最为密集的区域之一，京津冀区域创新平台呈现数量多、层次高、门类齐全等特

① 数据来源于笔者主笔的 2016 年河北省软科学项目“构建京津冀创新共同体 推动京津冀协同发展重大问题研究”（项目编号：154576144D）研究成果。

点。2021 年，京津冀区域拥有的各级各类创新平台达到 2700 余家，比 2015 年翻了一番，其中，国家级重点实验室、工程技术创新中心等高层次创新平台分别达到 146 家和 83 家。京津冀三地中，北京各类创新平台中，高层次创新平台最多，占比达到京津冀区域的 81%①；河北的创新平台的种类较丰富，除了重点实验室和工程技术创新中心以外，还拥有众多的产业技术创新战略联盟、产业技术研究院等。

京津冀创新平台的服务领域比较广泛。以重点实验室为例，京津冀地区重点实验室主要分布在医疗卫生、电子信息、高端装备、生物工程、新材料、生物医药、装备制造、现代农业、节能环保等领域。其中，医疗卫生领域的重点实验室数量多、层次高，是京津冀重点实验室资源优势最为突出的领域。电子信息领域的国家级重点实验室种类最多，且具有区域光纤通信网与新型光通信系统国家重点实验室、传感技术国家重点实验室等一批国内外一流的创新平台。高端装备重点实验室数量也较多，拥有飞机/发动机综合系统安全性北京市重点实验室、高端机械装备健康监控与自愈化北京市重点实验室等众多高层次、多领域的创新引领型平台。新材料、生物工程也是重点实验室分布较多的学科领域，膜材料与膜应用国家重点实验室、蛋白质与植物基因研究国家重点实验室等高层次创新平台，在新材料前沿技术、现代生物工程新技术、新方法的应用研究上，已经达到国际先进水平。此外，京津冀区域重点实验室在新材料、现代农业和资源环境等领域的分布也较为集中，在地质学、工程学、航空航天、食品安全、水利及其他领域也均有涉及。京津冀地区重点实验室主要分布领域如图 6-2 所示。

由上述分析可知，京津冀创新优势领域主要集中在医学等基础研究领域，以及电子信息、生物技术、新材料、装备制造、现代农业、节能环保、石化化工、新能源等产业领域。

① 根据北京市科学技术委员会、天津市科学技术局和河北省科学技术厅网站发布的实验室、技术创新中心等创新平台名单数据统计而来。

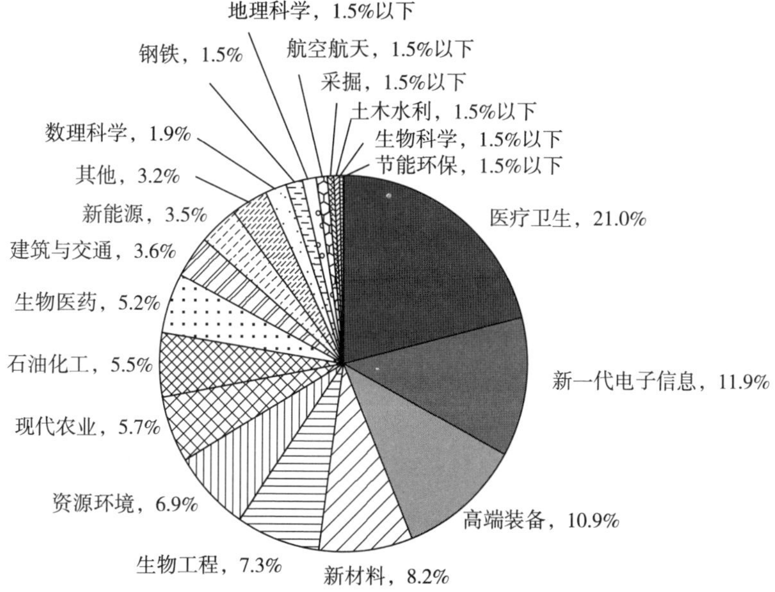

图 6-2　京津冀地区重点实验室主要分布领域

资料来源：笔者根据区域内各省市科学技术部门网站发布的实验室名单数据统计。

三、京津冀制造业创新需求领域

分析确定京津冀地区制造业创新需求领域，必须要明确区域创新能力提升方向和制造业发展方向，并将两者结合，选择确定京津冀整个区域和三地制造业创新需求领域。

1. 京津冀整体区域制造业创新方向

明晰京津冀整个区域的制造业创新需求，可以从京津冀区域创新能力提升方向和制造业发展方向两个方面来分析。

（1）区域创新能力提升方向。京津冀地区是全国创新驱动发展的重要引擎，实施创新驱动发展战略是推动京津冀协同发展的本质要求和基本动力。未来京津冀区域创新必须注重发挥各自优势，促进创新资源整合和合理配置，弥合发展差距，贯通产业链条，共同打造引领全国、辐射周边的创新发展战略高地。

一是强化协同创新支撑。支持引导北京集聚和利用高端创新资源，提升自主创新能力。加快北京中关村、天津国家自主创新示范区建设发展，打造科技创新园区链，强化对周边区域的引领作用和辐射作用。构建分工合理的创新与产业发展布局，北京重点提升原始创新能力和技术服务能力，打造技术创新总部聚集地、科技成果交易核心区、全球高端创新中心及创新人才聚集中心；天津重点提高应用研究与工程技术研发转化能力，打造产业创新中心、高水平现代制造业研发转化基地和科技型小微企业创新创业示范区；河北重点强化科技创新成果的应用和示范推广，建设科技成果转化中心、重点产业技术研发基地、科技支撑产业结构调整和转型升级试验区。

二是完善区域创新体系。共同培育壮大技术创新企业主体，联合组建一批产业技术创新战略联盟，支持企业利用国内外创新资源，探索建立具有国际一流水平的高端实验室和创新中心。加强科技成果转化服务体系建设，完善科技成果转化平台和交易信息服务平台，建立健全技术交易市场，组建技术交易联盟等技术转移服务机构。完善科技创新投融资体系，支持风险投资和互联网金融业健康发展，构建多层次、多功能的科技金融服务体系。

三是整合区域创新资源。聚集高端创新要素，加强重点学科领域资源整合，提升科研设施集聚优势。建设科技创新资源共享网络平台，促进科技创新资源和成果开放共享。建立区域人力资源服务孵化基地，加强科技人才和管理人才的联合培养。

（2）制造业发展方向。京津冀产业发展的总体方向是产业一体化发展。需要明确三省市制造业发展定位，理顺制造业发展链条，推动产业有序转移和承接，加快推进制造业转型升级，打造立足区域、服务全国、辐射全球的优势产业集聚区。

一是明确产业定位和方向。按照京津冀区域整体功能定位和三省市功能定位，三省市的制造业发展方向为：北京推动制造业加快向“高精尖”转型，着力发展高端制造业，巩固扩大数字经济发展优势。北京城市总体规划要求，依托京津发展轴、京保石发展轴、京唐秦发展轴等主要通道，推动制造业要素沿轴向集聚，协同建设汽车、新能源装备、智能终端、大数据、生物医药等优势产业链。天津优化发展高端装备、电子信息等先进制造业，大力发展航空航天、生物医药、节能环保等战略性新兴产业，打造全国先进制造研发基地。河北承接首都产业功能转移和京津科技成果转化，改造传统优势产业，推动产业优化升级，大力发展先进制造业和战略性新兴产业，建设制造业强省。

二是推动制造业有序转移承接。北京持续转出一般制造业及高端制造业的生产环节。天津、河北为产业主要承接地，根据各自优势条件，与北京共建产业园区，重点承接北京制造业转移。

三是加强京津冀产业协作。瞄准国际前沿技术和产业发展趋势，依托北京科技资源优势和津冀先进制造业基地，优化产业布局，完善产业链条，打造产业集群，在河北曹妃甸工业区和天津南港工业区建设世界一流石化产业基地，在天津渤海新区建设华北重要的合成材料和装备制造业基地，在天津临港经济区建设高端装备制造产业基地。

（3）京津冀制造业创新需求。通过对京津冀区域整体创新功能地位、创新能力提升方向和制造业产业发展方向的分析，可以看出，京津冀区域制造业创新发展的需求强烈，主要集中在以下两个方面：

一是战略性新兴产业领域。根据京津冀区域产业功能定位、产业发展的目标和重点，结合三地产业基础和发展条件，不难看出，京津冀协同创新的产业领域选择，应突出高端化、智能化、绿色化方向，且应选择对未来发展具有全局性带动能力的产业。因此，高端装备、电子信息、生物医药、新能源、新材料、节能环保、航空航天等战略性新兴产业是未来创新需求强烈的重点领域。

二是传统产业领域。京津冀地区，特别是河北省仍处于工业化中后期，正经历着产业转型升级的阵痛。面临着加快产业转型升级的严峻任务，钢铁、化工、建材、食品、纺织等传统产业亟须完善产业链条，提升关键技术，更新设备产品，京津冀区域产业转型升级已进入攻坚阶段，持续扩大对钢铁、化工、建材、食品、纺织等传统产业科技创新的需求，加快生产技术、工艺流程、能源利用等方面的技术创新及成果应用。

2. 北京制造业创新需求领域

（1）创新提升方向。北京市“十四五”规划提出，北京市加快建设国际科技创新中心，加强国家战略科技力量的核心支撑，前瞻布局一批“从 0 到 1”的前沿基础研究和交叉研究平台，加速产生一批重大原创性成果，突破一批“卡脖子”关键核心技术，全面提升原始创新能力。到 2025 年，北京国际科技创新中心基本形成，建设成为世界主要科学中心和创新高地。

一是原始创新能力显著提升。基本形成以国家实验室、国家重点实验室、综合性国家科学中心、新型研发机构、高水平高校、科研院所和科技领军企业为主体的战略科技力量体系化布局。力争在核心科技领域取得重要技术突破和原创性科学发现，为有效解决重点领域和关键环节“卡脖子”难题提供技术支持。

二是高端创新资源加快集聚。创新创业生态系统进一步优化，全社会研发支出占地区生产总值比重保持在6.0%左右，基础研究经费占全社会研发经费比重达到17%左右，顶级科技奖项获奖人数显著增加，世界一流大学数量、质量实现“双提升”。培育和吸引一批具有全球影响力的科技领军企业，独角兽企业数量保持世界城市首位。

三是“创新高地”打造形成。在人工智能、量子信息、生物技术等前沿技术领域实现全球领先，突破一批“卡脖子”技术。高精尖产业持续壮大，高成长、高潜力的未来产业加快培育。高技术产业增加值达到1.2万亿元以上，数字经济增加值年均增速保持在7.5%左右。

四是辐射引领效应大幅增强。协同创新取得新突破，京津冀国家技术创新中心加快建设，在先进制造、电子信息、生物医药等重点领域建立完善“研发共同投入，产业化共同收益”的合作机制。在津冀建立成果孵化转化中心，促进创新要素跨区域高效配置。推动京津冀产业链、创新链、供应链联动发展，引导北京企业在津冀布局带动力强的项目，三地共同完善产业链生态圈。

（2）制造业发展方向。北京产业结构调整方向为“稳住二产、发展高端、加强融合”，坚持产业基础高级化、产业链现代化，大力发展战略性新兴产业，推动高端制造业和现代服务业深度融合，全面构建以实体经济为根基的高精尖产业结构。到2025年，高精尖产业增加值占地区生产总值比重达到30%。北京制造业的具体发展目标为：

一是进一步做大做强支柱产业。第一，新一代信息技术。聚焦高端领域、关键环节，培育壮大一批优质企业和特色集群，大力发展人工智能、先进通信网络、超高清视频、新型显示、产业互联网等核心产业，力争到2025年新一代信息技术产业实现营业收入2.5万亿元。第二，医药健康。瞄准创新药、新器械、新健康服务三个方向，在新型疫苗、下一代抗体药物、细胞和基因疗法、国际高端医疗设备方面构筑领先优势，力争到2025年医药健康产业实现营业收入1万亿元，其中医药制造业达到4000亿元。

二是塑强“北京智造”特色产业品牌。第一，集成电路。坚持自主创新、

协同突破，构建集设计、制造、装备和材料于一体的集成电路产业创新集群，力争到2025年集成电路产业营业收入达到3000亿元。第二，智能网联汽车。通过车端智能、路端智慧和出行革命，加快推动传统汽车产业向智能网联汽车转型。重点打造高端整车及配套零部件产业集群，支持研发机构开展前端研发设计，建设世界级智能网联汽车创新策源地和产业孵化基地。力争到2025年，智能网联汽车渗透率达到80%。第三，智能制造与装备。推动装备制造产业智能化、高端化发展，全面增强装备自主可控、软硬一体化能力，力争到2025年智能制造与装备产业实现营业收入1万亿元，其中智能制造部分达到3000亿元。第四，绿色能源与节能环保。以智慧能源为方向，全面推动制造业绿色低碳化发展，创新构筑氢能全产业链条，推动新能源技术装备产业化，打造绿色智慧能源产业集群。力争到2025年绿色能源与节能环保产业实现营业收入5500亿元①。

三是抢先布局一批未来产业。着眼于抢占产业发展的制高点，聚焦生物技术与生命科学、碳达峰与碳中和、前沿新材料、光电子、量子信息等前沿领域，超前布局一批具有广阔发展前景，能够改变科技、经济、社会、生态格局的颠覆性技术方向，构建基于新原理、新技术的新业态、新模式。

（3）制造业创新需求。通过对北京创新能力提升方向和制造业产业发展方向的分析，可以看到北京制造业发展的主旋律是“量质双升”，智能化、高端化、低碳化是北京制造业未来发展的导向。遵循这一导向，北京提出了构建高精尖产业结构，并将产业发展的重点领域聚焦在战略性新兴产业上。根据北京产业发展的基础和优势，未来产业发展的重点领域和主要任务，以及碳达峰、碳中和的要求，可以确定未来北京制造业创新需求主要集中在新一代信息技术、生物医药、智能制造、新能源与节能环保等战略性新兴产业领域。

3. 天津制造业创新需求领域

（1）创新提升方向。根据《天津市科技创新“十四五”规划》，到2025年，天津市创新型城市建设将取得明显进展，高质量发展取得显著成效，初步打造成为自主创新的重要源头和原始创新的主要策源地，为建成全国先进制造研发基地提供重要科技支持。

一是自主创新实力大幅提高。建成一批重大科技创新平台和科技基础设施，

① 《北京市“十四五”时期高精尖产业发展规划》。

海河实验室建设初见成效。攻破一批重点领域“卡脖子”关键技术，科技创新推动产业链升级、赋能传统产业的效果更加明显。

二是创新体系能级全面提升。企业的创新主体地位不断明确和强化，科技领军企业和创新型科技企业规模不断壮大，实力大幅提升。高校、科研院所和新型研发机构的作用日益突出，“政产学研用金”的科技成果孵化转化体系更加完善。

三是区域协同和开放创新加快推动。与京冀创新合作更加紧密，“中国信创谷”“生物制造谷”“细胞谷”等一批创新集聚区和标志区初步形成。科技对外开放合作层次不断提升，深度融入全球创新网络。

四是创新生态系统更加优化。在重点领域吸引和集聚一批高水平人才团队，多层次人才聚集效应日益显著。科技体制改革不断深化，科技创新资源配置更加科学高效，全民科学文化素养明显提升。

（2）制造业发展方向。天津市高度重视制造业发展，将建设制造强市作为“十四五”时期产业发展的重要目标。坚持制造业立市，培育发展新动能，推进产业基础高级化、产业链现代化，推动制造业高端化、智能化、绿色化发展，到2025年，初步构建“1+3+4”现代工业产业体系。

一是强化制造业战略支撑能力。巩固发展工业基本盘，加快培育战略性新兴产业，改造提升传统优势产业，培育壮大新动能，到2025年，分别打造形成500亿、1000亿、2000亿、3000亿、5000亿级产业集群，制造业增加值占地区生产总值比重达到25%，制造业核心竞争力显著增强，产业链、供应链现代化水平明显提升。

二是大力发展智能科技产业。围绕人工智能产业核心，加快发展新一代信息技术产业，强化新型智能基础设施建设，推动建设国家先进操作系统创新中心，构筑全国领先的信创产业基地，全力打造人工智能先锋城市。到2025年，智能科技产业占规模以上工业和限额以上信息服务业销售收入比重达到30%。

三是培育壮大新兴产业。瞄准未来产业发展趋势和方向，加快培育生物医药、高端医疗器械等新兴产业，打造国内领先的生物医药研发转化基地。推动氢能产业布局发展，扩大新能源电池产业规模，打造全国新能源产业高地。推动新一代信息技术材料、高端装备材料等新材料产业加快发展，建设国内一流的新材料产业基地。

四是巩固提升优势产业。推动装备制造业高端化、智能化升级，重点发展智

能装备、轨道交通装备和海洋装备，培育高档数控机床、工业机器人等一批标杆企业。坚持电动化、网联化、智能化发展方向，完善汽车产业链，提高关键零部件本地配套率，打造全国新能源汽车和智能网联汽车发展高地。推动石化化工产业高端化、精细化发展，延伸产业链，提高产品附加值。航空航天产业重点发展飞机关键配套协同、直升机研发与维修应用、无人机研发与制造应用、火箭和航天器等产业，构建具有国际先进研发和制造水平的航空航天产业集群。

五是优化发展传统产业。推动冶金、轻纺等传统产业高端化、绿色化、智能化升级。冶金业应加快产品结构优化，推动生产过程智能化、生产模式绿色化，打造一批高技术含量、高附加值，低消耗、低排放产品，推动产业迈向高端。轻工纺织业应顺应消费升级需求，以高端化、品牌化为主线。大力发展食品、自行车、手表、工艺美术、日用化学品、纺织服装等优势行业，打造一批品质高、品牌影响力强的拳头产品。

（3）天津制造业创新需求。制造业是天津的根基，是天津高质量发展的战略选择。通过对创新提升方向和产业发展方向的分析，可以看出天津的制造业创新需求主要集中在新一代信息技术、生物医药、高端装备、航空航天、新能源汽车、新材料、新能源、现代石化和冶金九大产业领域。作为全国先进制造研发基地，天津的制造业发展备受瞩目。上述九个产业的创新发展，关系到天津市未来产业发展的总体实力水平。2021~2025 年，天津围绕上述九大产业链部署创新链，大力推动制造业串链、补链、强链，通过创新发展赋能产业升级，打造高质量发展新优势。

4. 河北制造业创新需求领域

（1）创新提升方向。根据《河北省科技创新“十四五”规划》，河北坚持创新在现代化建设全局中的核心地位，全面实施创新驱动发展战略和“科教兴冀”战略，加强科技创新体系建设，着力提升技术创新和产业创新能力，为建设经济强省、美丽河北提供强大的科技支撑。到 2025 年，全省整体科技创新水平再上新台阶，区域综合科技竞争力明显增强，创新型河北建设实现新突破。

一是京津冀协同创新深入推进。加快建设创新驱动发展引领区雄安新区，打造一批“国字号”创新平台。强化与京津创新资源对接合作，形成一批环京津协同创新增长极。河北承接京津创新资源能力明显增强，融入京津冀协同创新共同体生态圈。

二是基础研究能力明显提升。在基础研究、应用基础研究领域形成更多竞争新优势，在重点产业领域关键核心技术攻关方面取得重大突破，在部分前沿科技领域占有一席之地。

三是创新资源集聚效应不断增强。创新平台布局更加优化，高校、科研院所、新型研发机构在重大科研任务中的作用更加凸显，引进和集聚一批高水平科研团队和科技创新领军人才，科技力量的创新策源效应更趋强化。

四是支撑引领新发展格局取得明显成效。现代产业发展技术创新体系基本建成，科技创新对产业链、供应链的稳定性和竞争力的保障更加有力，区域创新更趋均衡协调。

（2）制造业发展方向。“十四五”时期，河北省坚持制造业立省总体方向，统筹补短板、锻长板，巩固提升制造业优势，大力发展服务型制造，保持制造业比重基本稳定，推动产业链变革、供应链重构、创新链重塑和价值链升级，打造具有全球影响力的先进制造业基地。到 2025 年实现的具体目标方向为：

一是着力提升产业基础能力和产业链现代化水平。实施产业基础再造工程，以钢铁、装备制造等优势产业为重点，开展产业技术攻关，着力破解一批核心基础零部件、核心电子元器件、核心工业基础软件、关键基础材料等瓶颈制约，夯实产业技术基础，提升核心竞争力。实施重大技术装备攻关工程，推动首台（套）装备、首批次材料、首版次软件示范应用。聚焦钢铁、化工、装备制造等重点产业链，实施稳链强链工程，形成具有更强创新力、更高附加值、更安全可靠的产业链和供应链。

二是强化优势产业领先地位。钢铁产业，深入推动产业升级、技术更新和低碳绿色发展，打造规模适度、装备先进、产品多元、布局合理、环保一流的现代钢铁产业链群。装备制造业做大做强先进轨道交通装备，大力发展工业机器人、特种机器人等智能装备，提升发展节能与新能源汽车、工程装备与专用设备制造，积极发展海洋装备，推进重大装备系统产业化，做强一批整机产品、成套设备，打造具有国际影响力的装备制造产业链群。石化化工产业坚持安全集聚、绿色循环的发展方向，做优做强石化化工，延伸发展煤化工，有序发展盐化工，大力发展精细化工，打造世界一流的绿色石化化工产业链群。其他传统产业优化调整，深入推进智能制造和绿色制造，推动数字化赋能传统制造业转型升级，大力发展绿色建材、中高端纺织服装，提升毛皮皮革、家具制造、塑料制品等产品设计制造水平，做优做精新型家电、文体用品、五金制品等特色产业，不断提升先进制造业比重。

三是构筑现代产业体系新支柱。信息智能产业坚持智能化、终端化、链条化主攻方向，重点推动新型显示、现代通信、人工智能、大数据与物联网、卫星导航等细分产业加快发展，推进基础材料、关键芯片、高端元器件、生物识别等核心技术攻关，大力发展整机产品、终端产品，促进大数据、云计算、物联网、人工智能、区块链等技术的集成创新和融合应用。生物医药产业按照创仿结合、优化品种、延伸链条的思路，加快推动创新疫苗、诊断试剂、抗体药物发展，培育壮大生物药物、高端化学药等创新药，积极发展植物有机成分提取、中药新药等，打造京津冀生物医药产业集群。新能源产业坚持高端化、高效化、智能化主攻方向，大力发展新能源装备，加快“风光火储”多能互补、先进燃料电池、高效储能等关键技术研发及产业化，推动氢能产业规模化发展。新材料产业聚焦高端合金材料、电子信息材料、高性能复合材料等重点领域，加强关键共性技术研发及产业化，提升技术工艺水平和产品质量，打造全国重要的新材料产业集群。加快发展海洋工程装备、航空航天和智能仪器仪表等高端装备产业，推动新能源汽车和智能网联汽车整车与关键零部件一体化发展，培育壮大生物制造产业，拓展战略性新兴产业发展空间。

四是布局发展高潜力未来产业。着力培育应急产业、被动式超低能耗建筑产业、康复辅助器具产业，实施未来产业孵化与加速计划，围绕类脑智能、量子信息、氢能与储能等前沿科技和产业变革领域，谋划一批关键技术产业化项目，打造未来技术应用场景，引进集聚一批头部企业，打造若干制造业发展的“潜力股”。

（3）创新需求。通过对创新提升方向、产业发展方向的分析，可以看出，河北制造业的创新需求主要集中在以下三个方面：

一是传统优势工业。在京津冀协同发展战略中，河北被定位为全国产业转型升级实验区，传统优势产业转型升级任务极为繁重。未来，河北将着力推进产业结构调整，大力推动传统产业低碳化转型升级。因此，围绕产业转型升级任务，创新需求领域需聚焦在钢铁、建材、化工、装备制造、纺织、食品等传统优势产业领域，着力引进新技术、新工艺和新设备，延伸产业链，推动传统制造业高端化、智能化、绿色化、服务化转型，做到流程升级、链条升级和模式升级。

二是战略性新兴产业。河北制造业加速新旧动能转换，着力推进工业结构向中高端发展。因此，河北在注重传统产业改造升级的同时，更面临着加快培育壮大战略性新兴产业的重要任务，亟须强化高端装备、新一代信息技术、生物医药、新材料、新能源汽车等产业的创新发展能力，着力培育、引进和应用一批技术创新成果。

三是生态相关产业。河北区位特殊，部分区域生态敏感，是京津冀地区的生态环境支撑区。河北要推进碳达峰、碳中和，深入实施能耗双控和节能减排，统筹“山水林田湖草沙”系统治理，强化生态保障；与此同时，要在实现“双碳”目标前提下推进产业加快发展。因此，考虑未来发展需要，河北在新能源、节能环保等生态型产业方面的创新发展需求强烈，围绕传统产业低碳绿色改造的创新需求也很迫切。

四、“双链”融合重点行业领域

综合考虑京津冀区域高校、机构、平台、园区、服务设施等创新主体的分布领域，以及区域创新发展的方向、目标、重点和任务等情况，对创新资源优势领域与创新需求领域进行耦合分析。可以看出，京津冀区域制造业产业链与创新链深度融合重点领域如图 6-3 所示。

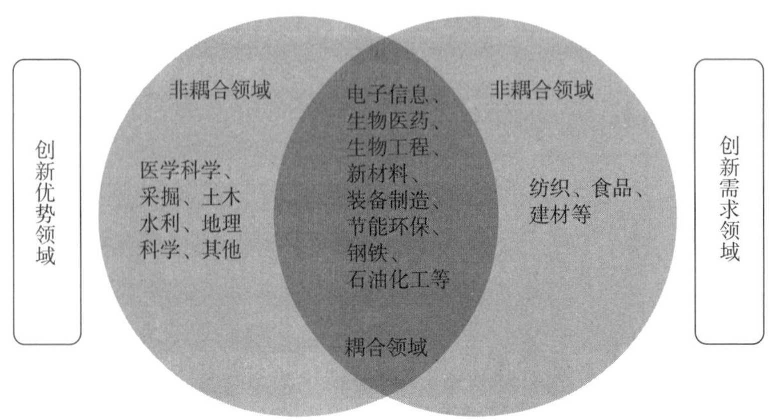

图 6-3　京津冀制造业产业链与创新链耦合领域

京津冀制造业产业链与创新链耦合领域可以分为新兴产业、传统产业两大类，这两类重点领域具备推动产业链与创新链深度融合的重要先决条件。

（1）新兴产业。通过前面的分析可知，电子信息、高端装备制造、生物医药、新材料、节能环保等产业领域拥有众多的高层次科研机构、研发平台、创新型园区和创新服务设施，是创新资源优势最为突出的领域。与此同时，京津冀区域的功能定位、产业发展、创新提升和环境治理等，也要求以高端化、专业化、信息化、服务化、集聚化、低碳化、绿色化为方向，重点在高端装备制造、电子信息、生物医药、新能源、新材料、节能环保、航空航天等战略性新兴产业领域取得创新突破。由此可见，电子信息、高端装备制造、生物医药、新能源、新材料、节能环保六大战略性新兴产业，是未来京津冀区域制造业产业链与创新链深度融合的重点领域。

（2）传统产业。加快推动传统产业转型升级，是当前京津冀区域经济发展面临的重要任务之一。京津冀区域，特别是河北省的钢铁、石化化工、建材、食品、纺织等传统产业具有良好的发展基础，在京津冀区域功能定位和生态环境的约束下，传统产业转型升级需求强烈。从创新资源优势领域分布来看，虽然传统产业领域的创新资源数量、规模和层次，较战略性新兴产业领域而言不具备突出优势。但是，整体而言，京津冀区域创新资源种类丰富、涉及领域广泛、层次较高，与全国其他地区相比，传统产业领域仍具有一定的创新优势。京津冀区域拥有国家钢铁材料产业化基地、国家冷轧板带装备及工艺工程技术研究中心、元素有机化学国家重点实验室、河北省药物化工工程技术研究中心、河北省卫生陶瓷工程技术研究中心等大批科技研发及成果产业化平台，以及北京百花蜂业科技发展股份公司研发中心、天津市服装研究所、天津市针织技术研究所等一批创新机构，在传统产业领域产品研发、技术装备更新、生产工艺生态化改造等方面具有创新的可行性。因此，钢铁、石化化工等传统产业也是京津冀制造业产业链与创新链深度融合的重点领域。

（3）其他领域。除上述重点领域外，京津冀地区在未来产业领域也应提前谋篇布局，加强产业链与创新链对接，争得未来产业发展的主动权。当前，新一轮科技革命和产业变革正加速重构，全球创新版图和产业结构也在发生重大调整。未来产业面向未来，决定着今后产业和区域竞争实力，是对经济社会发展全局具有引领和带动作用的重要力量。虽然与电子信息、生物医药、高端装备等战略性新兴产业领域，以及医学科学、数理科学、天文地理等基础学科相比，京津冀区域在机器人、尖端生命科技、网络安全和大数据等未来产业领域并不具有突出的创新优势和迫切的创新发展需求；但是，未来产业是由重大科技创新成果产业化形成的，对未来经济社会发展和文明跃迁起到关键性、支撑性作用。因此，需要超前布局，增强前瞻性谋划能力。这就要求京津冀三地政府精准引导，着力凝聚和发挥市场力量，共同打造良好的未来产业创新生态，前瞻性地推进创新链对接产业链，实现“科学预见—科技研发—投资孵化—产业落地—收益回报—迭代预见”的良性循环①。

五、“双链”融合重点依托区域及载体平台

根据上述结论，本部分对电子信息、高端装备制造、生物医药、新材料、节能环保、石化化工、钢铁、轻工业等推进“双链”融合的重点区域和载体平台进行分析研究。

（一）京津冀制造业布局方向

推进制造业产业链与创新链融合发展，归根结底就是要围绕重点产业链部署创新链，推动创新链牵引带动产业链，最终实现产业创新发展和转型升级。推动制造业“双链”融合，需要选择合适的区域和载体平台，而重点区域和载体平台的确定必须遵循京津冀区域整体及三省市各自的产业布局方向。为此，我们研究了《京津冀协同发展规划纲要》、三省市“十四五”规划纲要等，总结明确了京津冀产业布局整体方向。

1. 京津冀区域制造业总体布局

当前和未来一段时间，京津冀联手培育世界级先进制造业集群。根据2016年发布的《京津冀产业转移指南》，京津冀产业发展总体格局是“一个中心，五区五带五链，若干特色基地”（以下简称“1555N”）。“一个中心”即中关村自主创新示范区，重点提升创新能力，推进高端共性技术研发和关键核心部件研制，加快工业设计、信息服务、咨询等生产性服务业发展。“五区”即以北京中关村地区、天津滨海新区、唐山曹妃甸区、沧州沿海地区、张承地区（张家口、

① 强化未来产业 前瞻谋划能力［N/OL］. 经济日报．［2022-08-20］. https://baijiahao.baidu.com/s?id=1741626038561711534&wfr=spider&for=pc.

承德）为依托，建成京津冀产业升级转移的重要引擎。“五带”即京津走廊高新技术及生产性服务业产业带，重点发展高新技术产业、生产性服务业和高端装备制造业；沿海临港产业带，重点发展滨海产业、先进制造业和生产性服务业；沿京广线先进制造业产业带，改造提升传统产业，培育壮大战略性新兴产业，重点发展电子信息、新能源、生物医药、装备制造、新材料等产业；沿京九线特色轻纺产业带，重点发展农副产品深加工、现代轻工业等；沿张承线绿色生态产业带，重点发展绿色低碳产业，建设绿色生态农业产业基地、农副产品加工业产业基地、生物医药产业基地。“五链”即汽车、新能源装备、智能终端、大数据和现代农业五大产业链。“若干特色基地”即区域内重点产业集群和各级各类产业园区。

京津冀地区按照“1555N”总体布局，加快推进制造业聚集融合发展，进一步优化区域制造业布局，理顺产业发展链条，重塑产业链优势，打造立足区域、服务全国、辐射全球的优势产业集聚区。

2. 三省市制造业布局方向

“十四五”期间，北京加快构建高精尖产业结构，形成创新引领型现代化产业体系，着力打造“一区两带多组团”的空间布局。“一区”即北京经济技术开发区和顺义区，突出“创新+制造”业态，以信息化和智能化为驱动培育新动能，围绕新一代信息技术、医药健康、智能网联汽车、智能制造与装备等领域，打通创新链、产业链、资金链与政策链，引导重大项目集中布局，培育一批创新型产业集群和新兴产业。“两带”即北部创新与信息制造产业带和南部先进智造产业带。北部产业带包括海淀、昌平和朝阳三区，重点发挥创新资源高度聚集优势，聚焦新一代信息技术、医药健康和智能制造等领域，加快推进研发成果转化，打造全球领先的研发创新高地和信息产业高地；南部产业带包括丰台、大兴和房山三区，着力推动制造业转型升级，加快发展轨道交通、航空航天、氢能、新材料等先进制造业，打造先进制造业基地、具有全球影响力的轨道交通创新中心和航空航天创新中心。“多组团”即支持通州、石景山、怀柔等区发挥自身优势，围绕科学仪器、无人机等产业，打造一批特色制造业组团。

“十四五”期间，天津着力优化制造业空间布局。强化优势产业布局，调整传统产业布局，谋划新兴产业布局，打造“两带集聚、双城优化、智谷升级、组团联动”的制造业发展格局。“两带集聚”即依托京津高新技术产业带和临海先进制造产业带，加快产业集聚发展。“双城优化”即依托津城和滨城，鼓励发展高附加值、高技术含量的高端产业，加快产业优化升级。津城提升产业能级，打造都市产业发展核心区；滨城以各开发区为核心载体，集中布局一批先进制造业集群。“智谷升级”即依托双城中间绿色生态屏障区，推进产业升级，重点发展人工智能、新能源、新材料、生物医药、高端装备等主导产业以及相关生产性服务业，建设“天津智谷”。“组团联动”是指天津市外围各区以天津未来科技城、天津子牙经济技术开发区、宝坻经济开发区、蓟州经济开发区等各类开发区为载体，形成多个产业组团。

早在“十三五”时期，河北就提出打造环京津核心功能区、沿海率先发展区、冀中南功能拓展区、冀西北生态涵养区四大战略功能区。“十四五”期间，河北持续优化提升四个战略功能区。环京津核心功能区重点承接北京非首都功能转移，打造京津冀产业协同发展先行区。沿海率先发展区重点发展战略性新兴产业和先进制造业，打造环渤海高质量发展新高地。冀中南功能拓展区推动产业绿色转型，打造制造强省战略支撑区。冀西北生态涵养区大力发展绿色产业和生态经济，打造生态引领示范区。加快推进与京津协同发展示范园区建设，重点建设北京（曹妃甸）现代产业发展试验区、北京新机场临空经济区、中关村海淀园秦皇岛分园、北京·沧州渤海新区生物医药产业园、承德·中关村协同创新基地、津冀（芦台·汉沽）协同发展示范区、冀津（涉县·天铁）循环经济示范区等。全力提升特色产业和产业园区，打造制造业产业链群。

（二）重点制造业产业链与创新链融合依托区域及平台载体

1. 新一代电子信息

（1）新一代电子信息产业发展区域比较。伴随着全球技术革命的深化，京津冀区域新一代电子信息产业迅猛发展，三个区域呈现了发展分化的特点。从产业规模来看，北京电子信息制造业规模最大，天津次之，河北最小。2021 年北京电子信息制造业营业收入达到 5651. 1 亿元，天津达到 2485. 7 亿元，是北京的 44%，河北仅为 1245. 6 亿元，仅为北京的 22%和天津的 50%①。从产业领域来看，北京在移动通信、数字电视、集成电路、计算机等领域具有较好的产业基

---

① 根据工业和信息化部发布于 2022 年 11 月 8 日的《2021 年电子信息制造业年度统计数据》计算得来。

础，手机、液晶面板、计算机等关键产品的生产在全国占有重要地位。天津电子信息制造业体系比较完善，形成了以现代通信、集成电路、新型显示、汽车电子等为主的产业发展格局。河北省初步形成了以通信及导航设备、半导体照明、新型显示、应用电子等为主导的优势产业。从产业地位来看，北京是全国电子信息产品的研发中心，首批国家电子信息产业基地和国内外知名互联网企业总部的汇集地，人工智能、通信网络产业处于领先地位，培育形成了新一代信息技术万亿级产业集群。天津入选了首批国家级电子信息产业基地，其电子信息制造业在全国具有举足轻重的地位。河北的电子信息产业起步相对较晚，除电子元器件制造外，不具有竞争优势。从产业发展载体来看，中关村自主创新示范区和北京经济技术开发区是北京电子信息产业发展的主要载体，此外还包括中关村科学城、北京云基地、数字电视产业园、北京亦庄移动硅谷产业园、集成电路产业园、LED应用产业园等多个特色化产业园与产业基地。天津滨海高新技术产业开发区是天津电子信息产业发展的重点集中区。此外，天津还形成了天津经济技术开发区、中心城区电子工业区、天津西青经济技术开发区、京津科技谷、天津八里台工业区等各具特色的产业密集区和十大专业产业园。河北省电子信息产业的发展载体主要有石家庄信息产业基地、廊坊经济技术开发区、燕郊高新技术产业开发区、保定国家高新技术产业开发区和秦皇岛经济技术开发区等。

（2）电子信息产业布局方向。从京津冀未来产业发展总体布局来看，京津走廊高技术产业带、沿京广线先进制造业产业带是战略性新兴产业发展的重点区域。从三地未来产业发展布局来看，北京在海淀区、朝阳区和北京经济技术开发区集中发展电子信息制造业。天津将着力打造以滨海新区为核心，西青区、武清区、津南区、北辰区、宁河区等共同发展的“1+N”空间发展布局。根据《加快建设数字河北行动方案（2023—2027年）》，河北电子信息制造业发展将主要布局在雄安新区、石家庄、廊坊、张家口、保定和秦皇岛，重点建设廊坊新型显示、石家庄光电与通信导航、辛集智能传感器等产业集群。

（3）新一代电子信息产业链与创新链融合重点区域及平台载体选择。通过上述分析可以得出，天津电子信息制造业发展基础雄厚，且是未来京津冀区域先进制造业集中发展区，应是电子信息制造业产业链与创新链融合的重点依托区域。河北电子信息制造业发展基础欠佳，但是由于其是未来京津冀制造业重点发展区域，所以河北也是京津冀新一代信息技术产业链与创新链融合的重点依托区域。同时，我们综合考虑河北各市电子信息制造业发展基础和未来发展导向，确定“双链”融合重点区域主要集中在石家庄、廊坊、张家口、承德和秦皇岛。北京电子信息制造业研发创新实力雄厚，是创新资源、创新成果的主要输出方，但由于受其城市功能限制，北京制造业发展规模空间有限。因此，北京地区不作为推进京津冀电子信息制造业领域“双链”融合的重点区域，但不排除北京部分重点园区将作为创新成果产业化的载体平台加以打造。

在新一代电子信息产业链与创新链融合的重点依托区域确定后，我们综合考虑区域内各载体平台技术水平和发展导向，确定新一代电子信息产业链与创新链融合的重点载体平台是：北京经济技术开发区、天津经济技术开发区、京津中关村科技城、天津空港经济区、北辰经济技术开发区、天津滨海高新技术产业开发区、石家庄高新技术产业开发区、河北鹿泉经济开发区、燕郊高新技术产业开发区、廊坊经济技术开发区、秦皇岛经济技术开发区、承德高新技术产业开发区、张北云计算产业基地等。

2. 高端装备制造

（1）高端装备产业发展区域比较。装备制造业是京津冀三省市近年来着力发展的产业。从发展规模来看，河北装备制造业发展规模在三省市居于首位，但是高端装备制造业规模低于天津市。从效益水平来看，三省市中北京装备制造业效益水平最高，天津市其次，河北最低，近年来三省市装备制造业整体效益水平略有下降。从创新水平来看，北京装备制造业创新水平明显高于津冀两省市，在全国居于首位。从行业领域来看，北京在集成电路装备、航空航天装备和轨道交通装备领域具有明显优势。天津以大飞机、直升机、无人机总装为龙头的航空航天装备制造业产业链优势突出，海洋工程装备领域部分产品达到国际先进水平，新能源汽车与智能网联汽车产业加快发展。河北在轨道交通装备、钢铁装备、新能源装备、船舶与海洋工程装备等领域具有一定的生产规模和基础。从产业发展载体平台来看，北京的高端装备制造业主要依托北京经济技术开发区、丰台科技园、中关村科学城、顺义航天产业园、北京市军民结合产业基地等园区和基地。天津高端装备制造业主要布局在滨海新区、北辰区高端装备制造产业园等地。河北高端装备制造业主要形成了保定输变电设备及新能源设备制造集群、汽车产业集群，唐山冶金矿山设备制造集群、轨道交通设备产业集群、焊接机器人产业集群等。

（2）高端装备产业发展布局方向。京津冀区域所处的环渤海地区是我国高端装备制造业两大发展核心区之一，也是未来我国着力推进智能制造率先发展的重点区域之一。从京津冀区域布局调整的方向来看，未来高端装备制造业将主要集中在沿京广线先进制造业产业带、沿海临港产业带和京津走廊高新技术及生产性服务业产业带。北京以“优品智造”为主攻方向，着力推动装备向自主可控、软硬一体、智能制造、基础配套和服务增值的方向升级，重点布局在北京经济技术开发区、昌平和房山等区域。天津将以天津经济技术开发区、滨海高新区、天津港保税区等开发区为核心载体，在滨海新区、东丽区、西青区、津南区和北辰区等区域，重点布局新能源汽车、智能网联车、智能制造装备、机器人、海洋工程装备等一批高端制造业集群。河北的汽车制造业重点布局在保定、沧州、张家口等地，轨道交通和机器人产业主要布局在唐山，通用设备制造业和专用设备制造业主要布局在邯郸、秦皇岛和沧州等地。

（3）高端装备制造产业链与创新链融合重点区域及平台载体选择。根据上述分析，从京津冀三省市分别来看，由于北京高端装备制造业的发展优势主要集中在研发创新环节，且市域内集中了众多高端装备制造研发机构和区域总部，特别是在北京非首都功能疏解的影响下，未来京津冀区域高端装备制造业产业链与创新链融合区域主要集中在天津和河北的石家庄、张家口、唐山、沧州、秦皇岛、邯郸、保定等市。同时，综合考虑现有各产业平台载体基础和未来发展导向，确定京津冀高端装备制造业产业链与创新链融合的重点载体平台有：北京经济技术开发区、北京林河经济开发区、天津经济技术开发区、武清经济技术开发区、天津空港经济区、天津未来科技城、北辰经济技术开发区、京津中关村科技城、京津州河科技产业园、天津临港经济区、石家庄高新技术产业开发区、石家庄装备制造产业园、唐山高新技术产业开发区、曹妃甸协同发展示范区、沧州临港经济技术开发区、秦皇岛经济技术开发区、张家口西山高新技术产业开发区、邢台经济开发区、邯郸市冀南新区、保定高新技术产业开发区和白洋淀科技城等。

3. 生物医药

（1）生物医药产业发展区域比较。生物医药产业是京津冀三省市着力支持发展的战略性新兴产业。从生物医药产业规模来看，北京市规模最大，2022 年仅北京经济技术开发区就实现生物医药产值 900 亿元。河北规模次之，天津最小。从产业经济效益来看，北京各项效益指标在全国生物医药产业中名列首位，远高于津冀两省市，天津、河北产业效益相差无几。从产业结构来看，北京生物医药产业结构在优化升级中突出了高端支撑，生物制药、化学制药、高端制剂所占比重显著提升，中药品牌优势进一步巩固，医药器械数字化和智能化进程加快，形成了一批技术含量高、品牌影响力大、临床应用广的“亿元品种”。天津的生物医药产业以化学药和中成药为主，其中化学药中的原料药占比大幅下降，附加值较高的化学制剂占比明显上升，现代中药中的速效救心丸、复方丹参滴丸等特色产品国内知名，九安电子血压计等医疗器械产品销量位居世界前列。河北生物医药产业也以化学药和中成药为主，2021 年化学药和中成药营收占全省医药工业的 72.3%。从产业发展布局来看，北京市已经形成了以中关村生命科学园为创新中心，以北京经济技术开发区生物医药产业园为高端制造中心，以大兴生物医药产业基地为新兴研发和制造中心的互动发展格局。天津市形成了以滨海新区生物医药产业集聚区为龙头，武清、北辰、西青、静海、津南五个具有品牌效应的产业集聚区共同发展的“1+5”产业格局。河北的生物医药产业则以石家庄为龙头，保定、沧州快速发展，其他各市分散布局的发展格局。

（2）生物医药产业发展布局方向。从三地产业发展格局来看，北京生物医药制造业集中在北部的昌平区和海淀区，以及南部的大兴区和北京经济技术开发区。天津围绕“津城”“滨城”双城发展格局，重点建设“滨城”生物医药产业聚集核心区、“津城”中心两区、环城四区与外围三区生物医药重点区，打造形成“龙头引领、园区支撑、跨区聚集、全域发展”的生物医药产业空间新格局。河北生物医药产业主要布局在石家庄、保定、沧州、邯郸等地，重点建设石家庄国际生物医药园、安国现代中药工业园区、北京·沧州渤海新区生物医药产业园邯郸生物提取物产业基地，打造京津冀生物医药产业集群。

（3）生物医药产业链与创新链融合重点区域及平台载体选择。根据上述分析可以看出，北京生物医药产业的规模、水平和创新能力在三省市中均居首位，但是由于受城市功能调整的影响，北京不宜作为京津冀生物医药产业链与创新链对接融合的重点区域，当然并不排斥个别具有发展基础的园区作为生物医药创新技术产业化的载体平台。天津和河北的石家庄、廊坊、保定具备生物医药产业发展的基础优势，可以成为京津冀生物医药产业链与创新链融合对接的重点区域。同时，河北的秦皇岛、唐山和沧州土地资源和海洋生物资源丰富，可以成为海洋

生物制药技术产业化的重点区域（天津在生物医药产业发展方面已经形成一定规模优势，但与秦皇岛、唐山、沧州相比，在土地资源、后发优势方面有所欠缺，故未列入海洋生物医药技术产业化的重点区域）。综合考虑现有各产业平台载体基础和未来发展导向，确定京津冀生物医药产业链与创新链对接融合的重点依托平台有：北京天竺空港经济开发区、北京林河经济开发区、大兴生物医药产业基地、天津经济技术开发区、武清经济技术开发区、北辰经济技术开发区、京津中关村科技城、燕郊国家高新技术产业开发区、北京亦庄·永清高新技术产业开发区、北京·沧州渤海新区生物医药产业园、石家庄高新技术产业开发区、石家庄经济技术开发区、白洋淀科技城、北戴河生命健康产业创新示范区、安国现代中药工业（农业）园区、秦皇岛康复辅助器具产业基地、邯郸曲周生物基制造基地等。

4. 新材料

（1）新材料产业发展区域比较。由于受资源条件的限制，京津冀区域的新材料产业以技术引领型为主，三省市产业规模均不大，且在全国并不占优势。从产业发展领域来看，特种金属功能材料和新型无机非金属材料是北京市的绝对优势产业；同时，北京以石墨烯、纳米材料、超导材料、稀土永磁材料为主的前沿新材料产业发展在全国处于领先地位。天津在膜材料、半导体硅材料、电池材料、纳米材料等新材料产品的研发制造能力处于国内领先水平。河北在晶硅材料、冶金新材料、液晶显示材料、特种陶瓷、钒钛及中间合金等新材料领域具有一定的技术实力和竞争优势。从产业布局来看，北京形成了南部以燕山石化为龙头，石化新材料基地为主体，高度集聚的石化新材料产业集聚区；北部以中关村永丰高新技术产业基地为核心，特色新材料企业星罗棋布的新材料产业带。天津新材料产业主要布局在滨海新区。河北初步形成了石家庄国家半导体照明产业化基地、唐山钢铁冶金新材料产业基地、承德国家钒钛新材料产业园区、邯郸办公自动化耗材和特种电子气体新材料产业基地等一批特色鲜明、国内领先的新材料产业集群。

（2）新材料产业发展布局方向。从三地未来的产业布局来看，北京将巩固提升现有的新材料产业园区，并着力建设房山新材料产业基地。天津新材料产业将重点布局在滨海新区和外围五区（武清区、宝坻区、宁河区、静海区、蓟州区）。河北新材料产业将重点布局在石家庄、唐山、邯郸、承德、邢台、衡水等市，并持续推进石家庄国家半导体照明产业基地、唐山国家钢铁材料产业基地和国家火炬计划唐山陶瓷材料产业基地、国家火炬计划邯郸新材料产业基地、承德国家钒钛新材料高新技术产业化基地、邢台国家光伏高新技术产业化基地、国家火炬计划衡水工程橡胶特色产业基地建设，打造京津冀新材料产业高地。

（3）新材料产业链与创新链融合重点区域及平台载体选择。根据上述分析，未来京津冀新材料技术产业化重点区域将主要在天津和河北，特别是由于原材料工业的发展基础及转型升级的迫切要求，河北将是京津冀新材料技术产业化的主体区域。从载体平台来看，石家庄高新技术产业开发区、唐山高新技术产业开发区、邯郸经济技术开发区、邢台邢东新区、沙河经济开发区、石家庄正定新区、天津北辰经济技术开发区、京津州河科技产业园、天津南港工业区等区域将是新材料产业链与创新链融合的重点依托平台。

5. 节能环保

（1）节能环保产业发展区域比较。京津冀三省市高度重视节能环保产业发展，相继出台了产业发展规划和政策。在这些政策措施的推动下，三省市节能环保产业快速发展，但是也出现了发展差异。从产业规模来看，北京节能产业规模最大，约占全国的10%，天津和河北则与北京产生了不小差距。从产业发展领域来看，北京的节能技术装备、污水处理装备是重点行业。河北的烟气治理、污水垃圾处理及环境监测等环保装备基本实现系列化、集成化，空气、水净化设备及环保涂料等产品基本实现规模化、品牌化。天津的节能环保产业中资源回收利用占了一半以上，节能装备制造业位居其次。从产业布局来看，北京节能环保产业主要集中在昌平区、海淀区和北京经济技术开发区。天津的节能环保产业主要布局在滨海新区和宝坻节能环保工业区、子牙循环经济产业区和天津国际机械产业园等。河北的节能环保产业主要布局在石家庄高新技术产业开发区、唐山曹妃甸生态工业园、邯郸循环经济产业基地、保定节能环保制造业基地等。

（2）节能环保产业发展布局方向。从京津冀未来产业布局方向来看，京津冀整体的节能环保制造环节主要布局在京津走廊高技术和生产性服务业产业带、京保石先进制造走廊、沿海临港产业带、张承绿色生态产业带四条产业带上。北京重点打造北部以中关村海淀园为主的节能环保技术策源地，南部以中关村金桥科技产业基地、北京经济技术开发区为主的节能环保装备制造基地。天津重点促进滨海新区节能环保产业发展，打造北方科技环保基地。河北主要推动石家庄、邯郸、廊坊、保定等地的节能环保制造业加快发展。

（3）节能环保产业链与创新链融合重点区域及平台载体选择。根据上述分析，从整个京津冀区域来看，未来节能环保技术产业化的重点区域将集中在天津和河北境内，其中节能环保装备技术产业链与创新链融合的重点区域主要集中在京津走廊高技术和生产性服务业产业带、京保石先进制造走廊、沿海临港产业带。从“双链”对接平台载体来看，天津滨海高新技术产业开发区、京津中关村科技城、天津临港经济区，石家庄高新技术产业开发区，唐山的曹妃甸协同发展示范区、唐山高新技术产业开发区、玉田再生资源循环利用科技产业园，保定的白洋淀科技城、徐水废钢循环产业园，邯郸的冀南新区、曲周经济开发区，邢台的邢东新区、清河中航上大循环经济工业园和廊坊的文安东都环保产业园是京津冀节能环保技术产业化主要载体平台。

6. 钢铁

（1）钢铁产业发展区域比较。京津冀地区是我国钢铁产业较为集中的区域之一。但是，由于产业基础、功能定位、资源环境等条件不同，京津冀地区钢铁产业发展差异较大。北京自首钢集团搬迁之后，钢铁产业几乎全部退出。天津钢铁产业规模也大幅缩减，钢铁产能从 2016 年初的炼铁 2999 万吨、炼钢 3795 万吨压减至 2021 年底炼铁 1702 万吨、炼钢 2180 万吨①。河北钢铁产业规模实力较强，是名副其实的钢铁大省，2021 年粗钢、生铁和钢材产量分别达到 22496. 45 万吨、20202. 98 万吨和 29559. 38 万吨，产品产量居全国首位②。从产业布局来看，天津钢铁产业主要布局在东丽—津南和宁河 2 个区块。河北钢铁产业布局呈区域高度集中、退城近海转移的特征，主要布局在唐山、邯郸等市。其中，唐山、邯郸两市约占河北省产能的 79%③。

（2）钢铁产业发展布局方向。未来京津冀钢铁产业发展将主要依托河北和天津，特别是河北省将成为钢铁产业升级发展的主战场。未来河北钢铁产业将持续促进产能向沿海地区和铁路沿线地区适度聚集，重点打造唐山、邯郸精品钢铁

① 金台资讯．钢铁行业的“破”与“立”［EB/OL］．［2023-01-24］．https://baijiahao.baidu.com/s? id=1755869550485559316&wfr=spider&for=pc.

② 深度！对河北钢铁工业加快转型升级、推动高质量发展的思考［EB/OL］．中国钢铁新闻网．［2022-02-23］．http://www.csteelnews.com/xwzx/jrrd/202202/t20220223_60097.html.

③ 河北省钢铁产能布局情况分析［EB/OL］．［2022-05-11］．http://finance.sina.com.cn/money/future/roll/2022-05-11/doc-imcwiwst6820040.shtml.

产业集群和曹妃甸区等临港钢铁产业基地。天津钢铁产业将向钢铁新材料方向延伸，重点布局在东丽区、津南区、静海区和宁河区。

（3）钢铁产业链与创新链融合重点区域及平台载体选择。根据上述分析，未来京津冀钢铁产业链与创新链融合的重点区域为河北省的唐山、邯郸、石家庄等市与天津市的部分区域。其中，河北的曹妃甸工业区、京唐港、丰南沿海工业区、渤海新区、河钢邯钢工业园是京津冀钢铁产业链与创新链融合的主要载体平台。

7. 石化化工

（1）石化化工产业发展区域比较。京津冀区域是我国石化化工产业发展比较集中的区域之一。从产业规模来看，河北产业规模实力最强，截至 2021 年，河北省化工行业产能规模排在全国第四位，仅次于山东、江苏和浙江；天津次之，化工行业产能规模排在全国第七位；受城市发展功能定位限制，北京化工产业规模在三省市中最小①。从产品结构来看，河北的石化化工产业门类比较齐全，基本形成了基础化学原料、合成材料、专用化学品制造等多门类产业体系，石油炼化、农用化学品、橡塑、油漆涂料等八大产品系列的发展框架逐步确立。天津在石化化工产品上具有突出比较优势，形成了从原油到化工产品，再到化工新材料的完整产品链条，打造形成了环氧乙烷、丁醇、PVC 等一批国内市场占有率较高的拳头产品。天津在石化化工产品上具有突出的比较优势。从产业发展布局来看，河北的石化化工产业主要布局在唐山曹妃甸、沧州渤海新区、石家庄循环化工园区、邯郸和邢台部分县（市）等。天津的石化化工主要分布在南港工业区内，但周边县区也有零散分布。

（2）石化化工产业发展布局方向。从整个京津冀区域产业转型升级和资源环境改善的目标出发，未来石化化工产业布局将逐渐向沿海地区转移。天津鼓励和引导现有石化化工企业逐步迁入南港工业区，推进石化化工产业园区化、集约化发展。河北则着力推动石化化工产业向沿海地区和资源富集地区转移，将着力推进曹妃甸、南堡、海港、丰南等沿海化工园区建设，重点打造曹妃甸区和渤海新区两大石化化工基地，壮大沿海石化化工基地。

① 化易天下．中国前 10 化工大省，强势领域、重点化工产品产能占比介绍［EB/OL］．［2022-08-03］．https://baijiahao.baidu.com/s?id=1740107774960498729&wfr=spider&for=pc.

（3）石化化工产业链与创新链融合重点区域及平台载体选择。根据上述分析，未来京津冀石化化工产业链与创新链融合的重点区域将集中在河北和天津。具体来说，将主要集中在沿海临港产业带和河北中南部的部分区域。天津南港工业区、曹妃甸协同发展示范区、沧州临港经济技术开发区等将是石化化工产业链与创新链融合对接的主要载体平台。

8. 特色轻工业

（1）特色轻工业发展区域比较。京津冀是我国轻工业的策源地。随着产业结构调整的不断深入，北京的轻工业逐步退出，河北和天津的轻工业仍保持一定规模。从发展规模来看，河北略高于天津。从发展领域来看，天津的轻工业集中在终端消费品上，初步形成了以食品、自行车、手表及精密机械、饮料、日用化学及精细化工、家电等优势产业为主体，特色产业协同发展的轻工业体系。河北形成了以食品、塑料制品、轻工五金制品为主体的产业体系。从产业布局来看，天津和河北的产业布局都呈现大分散、小集聚的特点。天津的轻工业主要分布在周边县区，河北的轻工业在全省各市都有分布，基本上形成了一定规模的产业集聚区。

（2）特色轻工业发展布局方向。特色轻工业目前分布点多面广，河北和天津都提出了集聚化、园区化的布局要求，大力发展特色产业园区和重点产业功能区。具体来看，天津提出了加快临港经济区的粮油加工业、武清和静海的自行车制造业、宝坻和蓟县的绿色食品业、宁河的高档包装纸业等特色产业园区建设。河北提出了推动特色轻工业入园发展，食品产业重点建设石家庄乳制品及传统主食、邢台方便健康食品、邯郸休闲健康食品和天然植物提取的食品配料、秦皇岛和张家口葡萄酒、衡水功能食品等产业基地，家具和工艺美术产业重点在京津周边布局，开拓京津市场，自行车、电动车重点建设平乡、广宗、芦台产业园区，纺织服饰重点打造晋州、清河、容城等产业集群。

（3）特色轻工业产业链与创新链融合重点区域及平台载体选择。根据上述分析，结合京津冀产业结构布局调整要求，未来京津冀特色轻工业产业链与创新链融合的重点区域为河北和天津的部分区域，主要集中在衡水、邢台东部、邯郸东部、沧州西部地区的沿京九线特色轻纺产业带上。载体平台主要有衡水经济开发区、武邑柜业产业集聚区、邢台清河经济开发区、东方食品城、邯郸大名京府食品工业城、高阳纺织产业集群、定州体育用品产业集群、平乡自行车产业集群、容城服装产业集群、宁河潘庄工业区食品加工和冷链物流基地、怀涿—昌抚卢葡萄酒基地、曲周天然色素产业基地、香河家具产业基地、正定板式家具基地、霸州钢木家具基地、大城红木家具特色园区、辛集制革工业区、肃宁皮毛工业园区、白沟箱包工业区、枣强大营皮毛产业集群等。

第三节　推进制造业"双链"融合的模式选择

推进产业链与创新链融合主要有产业科技创新中心建设、政产学研用集成、龙头企业带动、骨干创新资源外溢、科技服务中介搭桥等多种模式。本节通过引入案例，逐一对"双链"融合模式进行分析比较，并对京津冀制造业重点领域推进"双链"融合的模式进行选择确定。

一、"双链"融合的模式分析

1. 产业科技创新中心建设模式——以德国巴登—符腾堡州为例

推进产业链与创新链深度融合，需要打破创新链和产业链各自的发展闭环，将科技创新的力量注入产业竞争中，使科技创新成为产业发展的不竭动力。当前，创新链和产业链仍存在"两张皮"的状况，创新链难以直接作用于产业链，产业发展也很难直接对创新成果起到反向推动作用。基于创新网络而建设的产业创新中心或产业创新联盟是解决这一问题的有效途径。德国巴登—符腾堡州就是通过建设产业科技创新中心，推动制造业产业链与创新链融合的典型地区之一。

（1）德国巴登—符腾堡州（以下简称巴符州）以制造业为代表的网络化产业科技创新中心案例。巴符州地处德国西南部以及欧洲腹地，是全德第三大联邦州。该州以创新驱动和发明精神、高生产力及低失业率而闻名，在德国乃至欧洲享有领先地位。巴符州创新优势突出，研发支出占比 5.64%，高于德国平均水平 2.6 个百分点；每十万居民申报专利数 138 项，位居全德国第一名①。巴符州为

① 数据来源于巴登—符腾堡州国际经济与科技合作协会官方网站（https：//www. bw-i. de/），其中，研发支出占比为 2017 年数据，每十万居民申报专利数为 2019 年数。

促进科研与产业融合对接，成立了一批覆盖生物医药、汽车制造、信息通讯、能源和环境等领域的应用研究所，组建了“巴符州创新联盟”，建立了国际经济与科技合作协会，为国内外企业、集群、网络以及高校和科研机构提供国际化相关支持与帮助，在创新链和产业链之间搭建了桥梁，在推动制造业产业链与创新链融合发展方面，积累了诸多有益经验。

（2）构建方式。巴符州拥有太阳能和氢能研究中心等多家应用研究所，这些研究所以应用为导向且与巴符州产业发展密切结合，其主要功能是进行应用型科研、为企业提供技术服务、利用研究成果孵化衍生企业。应用研究所通常设有多个实验室和技术转移公司，实验室负责人大多为应用技术型大学的兼职教授。应用研究所为非营利机构，资金经费中10%来自州政府，40%来自德国联邦科技部的竞争性项目资金，50%来自企业客户。

州立研究所通过应用型科研在创新链与产业链之间架起了桥梁，很好地解决了两者脱节的问题。同时，州政府全资组建了史太白经济促进基金会，旨在通过服务和教育的方式把最新的科研成果转移到产业中。史太白经济促进基金会拥有史太白技术转移中心，从事技术转移、技术咨询等工作；拥有史太白大学，专门培养具有国际视野、擅长技术研发与企业管理的复合型创新人才。史太白经济促进基金会全职人员多为从事知识和技术转移的项目经理，很多人毕业于史太白大学，既懂技术，也懂企业管理。项目经理与有志于科技成果转化的教授合作，寻找适合将某项技术产业化的企业；或根据企业需求寻找能解决问题的教授，找到后三方一起讨论创新技术，并开展新技术的小试和中试。试验中，如果因不可预知的技术风险造成设备损坏等损失，由史太白经济促进基金会出资补偿，巴符州政府为史太白经济促进基金会提供财政担保。德国巴符州产业科技创新中心构成和运作情况如图 6-4 所示。

（3）构建条件。一是具有相当数量的擅长技术研发与企业管理的复合型人才。产业链与创新链的融合需要功能完善的“桥梁”，德国巴符州主要采用建立应用研究所、技术转移机构等方式打通创新与产业间的障碍。其中，起核心作用的是人才，特别是擅长技术研发与企业管理的复合型创新人才。高校、研究机构拥有专业型人才，通常擅长在某个细分领域对事物的发展规律进行深入研究；企业进行创新应用或新产品开发时需要进行多领域、跨学科的技术集成，如一家生物制药企业所需的生物技术可能涉及医药、农业、海洋、环境、能源、化工等多

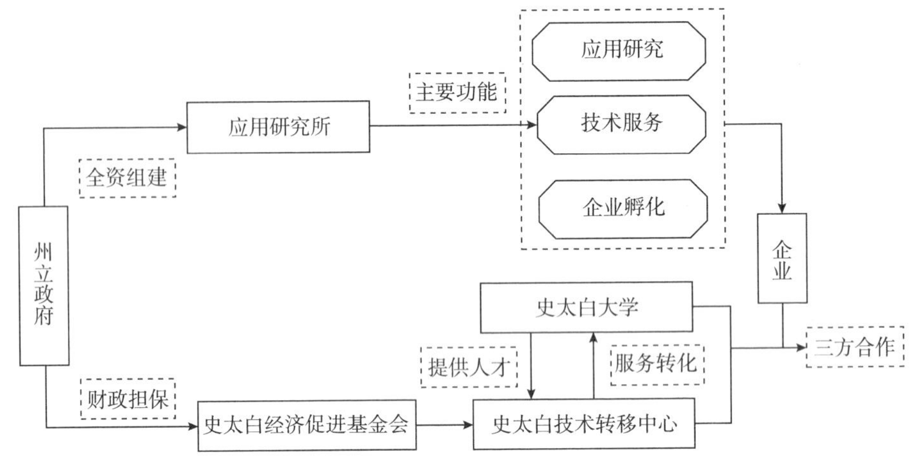

图 6-4　德国巴符州产业科技创新中心构成及运作情况示意图

个领域。一个了解多个学科领域的技术发展规律、技术应用前景，且熟悉技术应用的成本收益核算及企业管理的复合型创新人才能够胜任这种“桥梁”型的工作。德国巴符州的创新联盟和史太白经济促进基金会拥有大批复合型人才，且有史太白大学作为后备的人才库，能够较好地满足创新中心建设的人才需求。

二是具有成熟的技术转让市场和完善的技术产权专利制度。技术转让市场是以市场化的手段进行技术交易的主要方式，具备较好的技术价值展现作用和技术应用风险分担作用，是连接创新链和产业链的重要组织形式。一个成熟的技术转让市场需要众多的参与者，包括技术研究人员、研究型企业、技术应用企业（尤其是对技术应用敏感的大型领军型企业）、中介型人员（擅长技术研发与企业管理的复合型创新人才），也需要完善的知识产权保护制度做保障。德国巴符州创新和技术研发活跃，技术需求旺盛，再加上政府对知识产权保护的重视，以及对技术交易和转让活动的引导，已经形成一个成熟的技术转让市场，极大地促进了创新活动的开展和技术的应用。

（4）优势。一是机构设置简单灵活。政府对创新联盟及应用研究所、史太白经济促进基金会及技术转移机构和咨询机构来说，更多地承担了出资方的角色，并没有一个完整的组织机构对创新联盟和基金会进行管理。创新联盟是一个比较松散的组织，各个应用研究所利用政府及社会资金进行独立的研究活动，史太白经济促进基金会仅对基金的规模、资金的使用进行管理，技术转移和咨询机

构则以市场规律进行运转。二是政府介入程度小，保障机构能够高效运行。政府在创新联盟和基金的设立和运营中介入较少，其主要作用是推动创新联盟和应用研究院的成立，组建史太白经济促进基金会，并确定创新联盟、应用研究院及史太白经济促进基金会的宗旨、服务对象等内容。三是投入部分资金，以激活技术研发和应用领域的市场交易活动。四是制度保障强，出台完善的知识产权保护制度，并严加实施。政府的活动既独立于技术交易市场，又独立于科学研究和技术研发，保证了技术研发和应用的独立性，但依然可以通过加大特定领域战略性技术应用的投入施加影响。

（5）劣势。一是创新联盟的服务对象是企业层次而非产业层次。产业链与创新链对接虽然是通过企业主体来进行的，但是更强调企业间的合作，从而实现面向产业链整体的改造升级和竞争力提升。德国巴符州通过建设产业技术创新推进创新链和产业链对接的模式，更多的是技术和企业的对接，而对企业之间的创新合作促进不足。二是对基础研究、应用研究的集成度不足。现代产业体系的技术需求具有综合性的特点，相应地对基础研究和应用研究的广泛性和深入性要求较高。一旦基础研究、应用研究的某个环节发展滞后，而且其他区域或企业设置技术壁垒，就会影响本地整体的技术应用前景和产业的发展。三是德国巴符州采用的创新链和产业链对接模式比较重视复合型人才的中介作用，但如果涉及一个针对整个产业链的系统性、综合性研究和技术研发，这种模式的力量就略显薄弱。

2. 政产学研用多方集成模式——以美国国家制造业创新网络建设为例

政产学研用结合，是将政府、生产、教育、科研等多方力量集成在一起，达到优化分工，实现功能协同和资源共享的目的，是创新链和产业链在上、中、下游的多层次对接与耦合。企业需要更多来自科研机构、高校的创新技术研究成果和人才增强发展原动力，而高校、研究机构需要针对社会需求把握科研和人才培养的方向。政府则在搭建创新平台，推动企业、科研院所和高等学校之间的合作中起到越来越重要的作用。国内外不乏通过政产学研用多方合作的方式推动产业链与创新链融合的成功案例，本部分选择其中比较著名的美国国家制造业创新网络建设案例来进行分析说明。

（1）案例概况。2012 年 3 月，时任美国总统奥巴马提议建立美国国家制造业创新网络（NNMI），通过组建各领域的制造业创新研究所（IMIs），从而建立起全国性制造业领域的“政产学研用金”协同创新生态网络。美国国家制造业创新网络通过政府和相关经济组织牵引，企业主导，高校、科研机构和金融支持，充分整合各种资源，形成了一个“政产学研用金”合作共赢的创新生态系统，如图 6-5 所示。NNMI 的组建和运行，打通了先进制造技术从基础研究到应用型研究，再到商品化生产的链条，为美国制造企业提供了经过验证的先进制造技术及其应用示范，是以创新链与产业链融合推动制造业升级的有益探索和实践。自 NNMI 建立以来，美国建设了增材制造、数字化制造与设计、轻质金属制造、复合材料、新一代电子电力制造等多领域的创新研究所。2020 年 1 月，美国对已发布的《国家制造业创新网络宪章》进行了修订，再次强调了国家制造业创新网络建设的根本目标是保证先进制造业的全球领先地位，并首次提出了国家制造业创新网络治理体系的概念，倡导强化创新网络内部合作力度，加快促进科技创新成果转移转化，为美国制造业竞争力的整体性提升提供了重要支撑。

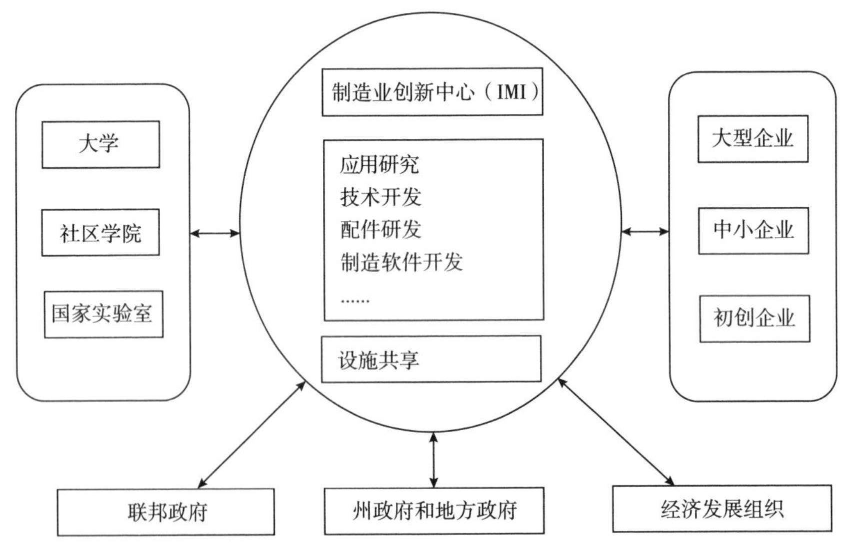

图 6-5 美国国家制造业创新网络（NNMI）的组织架构和职能

（2）构建方式。NNMI 的组建和管理工作由一个跨部门的管理机构——美国先进制造国家项目办公室（AMNPO）总体负责，具体执行 NNMI 计划内的各项事务，并负责监督 IMIs 的管理和运行情况。NNMI 的参与者包括美国商务部及其

直属的美国国家标准与技术研究院（NIST）、美国国防部（DOD）、美国教育部（ED）、美国能源部（DOE）、美国国家航空航天局（NASA）和美国国家科学基金会（NSF）等多家联邦机构。NNMI 还组建了一个由 IMIs 代表组成的网络领导委员会（NLC），监督 IMIs 的运营，统一制造技术标准，并积极寻找与 IMIs 合作的机会。NNMI 的基本组织架构和管理架构如图 6-6 所示。

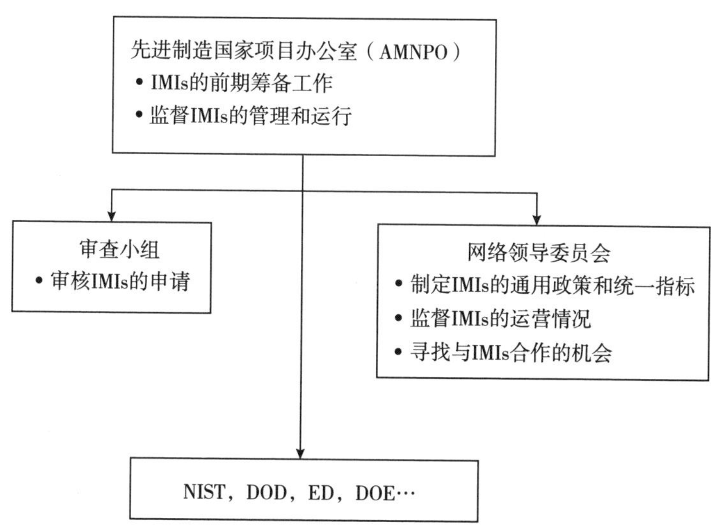

图 6-6　全美制造业创新网络（NNMI）基本组织架构和管理架构

IMIs 包含多个产学研用集成单元（IMI），每个 IMI 都拥有较大的自主权，成立由合作伙伴代表组成的独立的信托董事会，负责 IMI 的日常运作。在这种治理模式下，主要的利益相关者（产业界、学术界和政府）的利益都能得到保护。IMIs 具有明确的功能定位，即聚焦某一制造业重点领域关键环节，促进技术成果产业化应用。制造业创新研究所都聚焦于制造业四大重点领域，即制造过程及加工工艺的开发、先进材料的低成本生产方法研究、使能技术（Enabling Technology，使其他工艺能够运行的技术）的研制和开发、工业环节研究。IMIs 的收入可来自会员费、服务费、活动收入、合作研究或预生产、联邦或其他来源的非 NNMI 渠道补助或奖励、知识产权使用费和捐款等。IMIs 的管理架构如图 6-7 所示。

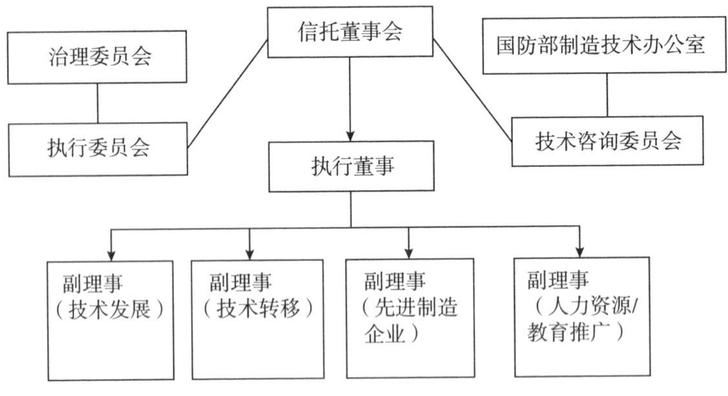

图 6-7　制造业创新研究所（IMIs）管理架构

（3）构建条件。政产学研用多方集成模式的建立需要满足两个条件：一是具备丰富的创新资源。该模式对区域内科研资源的丰富程度、跨学科跨领域的科研实力要求较高。美国 NNMI 组建的 IMIs 包含增材制造、数字化制造与设计创新、轻质金属制造等数十个创新领域，涉及材料、机械、电力、通信、能源等众多学科领域，对数学、物理、化学等基础学科的研究实力也有较高要求。二是具有完善的工业体系。政产学研用多方集成合作模式发挥作用，要求一国工业体系和产业链条具有较高的完整性和成熟度。相对完整和成熟的工业体系不仅能够产生大量的技术需求，而且能够承担科技创新的巨大成本和风险，从而促进政产学研用多方可持续地协作发展。

（4）优势。一是可以提高创新成果研发和转化的效率。美国的科研实力、技术转化能力和工业实力均居世界前列，NNMI 几乎将美国国内所有有实力的科研机构、大型企业、创新人才联系到了一起，而且集中了大量的社会资源，如此雄厚的科研优势和产业化优势可以使产业技术研发和转化的效率大大提高。二是有利于激发参与企业的积极性。NNMI 具有庞大的组织和复杂的制度设计，以保证整个创新网络符合国家长远发展和参与企业的利益需要；而在 IMIs 层面，更多地采取公私合营会员组织模式，信托董事会的成员包括来自产业界、学术界和政府三方的利益相关者，而且每个 IMI 都拥有很大的自主权。这种模式可以综合政府的意愿、学术界对技术发展规律的理解、产业界对技术市场前景的认知，也可以有效激发企业参与的积极性，推动技术快速产业化。三是充分激发中小企业

科技创新活力。中小企业，尤其是创新型中小企业是创新体系重要的组成部分，在科技成果转化上也具备强大的竞争力。NNMI 非常注重中小企业的参与，并建立了相应机制以激励中小企业的创新积极性。

（5）劣势。产学研政多方集成模式的劣势主要来自两方面：一方面，由于参与成员众多，组织机构的设置也较为庞杂，各方利益协调难度较大，在创新网络建立之初往往存在运行效率低下的问题。另一方面，NNMI 初始投资巨大，组建周期长。预计一个典型的 IMIM 启动到进入财政可持续自主发展阶段需要 5~7 年的时间，这一过程中需要联邦政府投资 7000 万至 1.2 亿美元，而后续投入的来自地方政府和社会的资金总额更是远高于这一金额。

3. 龙头企业带动模式——以荣事达“双创”示范基地为例

龙头企业是产业链上规模实力较强，竞争优势突出，具有引领和带动作用的企业，能够通过发挥自身优势开辟产业发展的新领域、新赛道。因此，龙头企业既是产业链的重要组成，也是创新链的关键节点，居于产业链、创新链和供应链的核心地位。以龙头企业带动产业链技术创新，是推动产业链与创新链深度融合，实现产业高质量发展的重要途径。龙头企业推动产业链和创新链融合的方式主要有两种。一是龙头企业通过发挥自身的“链主”作用，将产业链各环节、各部分连接起来，将创新成果输送到全产业链，以达到提升产业链的目标；二是龙头企业通过搭建开放式创新平台，既为创新主体提供技术创新所需的资金、场地和设备，又为产业链上下游企业提供技术、资金和人才等要素，同时，储备产业发展后备军。该模式的典型案例为荣事达“双创”示范基地。

（1）案例概况。当前，我国制造业正处在艰难的转型阶段。合肥荣事达电子电器集团有限公司（以下简称“荣事达”）作为一个拥有超过 60 年发展历史的制造龙头企业，和众多制造企业一样，也在转型升级的道路上苦苦探索。面对产业数字化、智能化发展的浪潮，荣事达集团选择了基于物联网和数字经济的转型方向，将企业核心业务聚焦于家电、新能源和建材，并结合自身优势选择了目标领域——智能家居。在此情况下，荣事达“双创”示范基地应运而生。作为家电行业的龙头企业，荣事达建立了成熟的创新创业项目孵化机制，通过整合研发、生产、运营、销售、资金等渠道，对产业链后备企业和项目进行精准扶持，为创客、创新团队、初创型科技企业等创新主体提供各项创新所需资源，搭建交流互动平台，培育壮大产业链上下游中小企业，形成了其他行业可复制推广的荣事达“双创”示范基地模式。

荣事达“双创”示范基地之所以与众不同且获得了成功，在于其顶层设计给予了“双创”精准定位：补齐并丰富智能家居产业链与价值链，全面推动企业战略转型，为全产业链升级提供支撑。基于这样的顶层设计，荣事达组建了智能家居全价值“双创”中心，深入研究智能家居产业链与价值链，并将产业链的关键技术和产品进行了细分调整，将智能家居系列产品和控制系统作为集团的主导产品，在此基础上甄别和筛选出创新创业项目和创新企业，从各个维度集中火力“强攻猛打”。在资金维度，荣事达成立了以“品牌、品质、品类”为关键词的“三品”创业基金，为项目实施提供了保障，并推动创新项目入市；在品牌维度，荣事达收购了有潜力的行业品牌、中华老字号、中国驰名商标等作为品牌资产储备，并根据新项目的特征进行相关品牌授权，使项目快速切入市场，大大提升了项目的成功率；在技术维度，荣事达依托集团研究院的科研实力，与高校开展了全方位创新合作，为基地创新主体提供了研发和技术方案，打造了产品供应链和技术供应链；在制造维度，荣事达为创新主体建立了专门的产品制造工厂，将创客的技术或者想法快速地、系统地转化为产品；在管理维度，荣事达为创业团队提供了各项专业化的管理方案，帮助创业团队提升其内部管理能力和运营效率。通过多维度助力，荣事达“双创”示范基地项目市场化和产业化水平不断提升。

（2）构建方式。荣事达“双创”示范基地采取“事业部加合伙人加‘双创’基地”的“三位一体”模式运营。创新主体进入“双创”基地初期，荣事达免费为其提供资金支持、品牌设计、信息咨询、技术升级、管理服务、文化打造、人才培训、硬件设施和市场拓展九大要素，并为其发展承担风险；初创期过后，通过荣事达评估的创新主体，将成为荣事达的合伙人，双方将签订长期合作协议，并按照占股比例确定分成。合伙人制的核心是留住创新团队，将其拥有的资源量化为股份。创客变为股东，实现从创新产品到创新企业和企业家的阶段转变。事业部的核心是通过扁平化的组织架构，为创新项目注入荣事达的技术、管理模式、资本和营销体系，迅速补足短板，使其进入快速成长期。这样的模式使荣事达和创新主体成为利益共同体，共享发展成果。荣事达旨在打造“没有围墙的创新价值链”，“双创”基地的吸纳对象也是面向大众的。荣事达将自己公司的战略意图和产业路线图向社会公开，“毫不隐晦”地给出详尽的产品和技术演进图谱。这样一来，创客团队就可以从荣事达的创新图谱中"按图索骥"，找到与荣事达产品和技术之间的结合点"精准发力"。

（3）构建条件。龙头企业带动模式的建立需要满足三方面条件：一是企业实力与地位突出，在所属行业领域具有一定的话语权，拥有整合上下游产业链、创新链、资金链的能力，能够聚合品牌、市场、资金、信息、人才、管理、技术等多种资源要素。二是企业具有清晰的技术和产品战略规划路线，并能够无保留地向社会公开其技术和产品规划图谱，以匹配和联合更多与自身发展紧密相关的创新主体，组成利益共同体，实现整个产业价值链的能级跃升。三是必须形成完善的运营保障体制，荣事达"双创"示范平台将创业项目分为创客期、创业期和成长期三个阶段，并针对不同阶段的特点建立了相应的支持保障机制，给予了创新团队持续性的资源对接和成长支持，实现了集团与创新团队的共赢发展。

（4）优势。一是龙头企业带动可以提高"双链"对接的精准度和"双链"融合的效率。龙头企业既是产业链的关键节点，也是创新链的重要组成，对所属行业领域"双链"融合的需求、重点和难点把握准确，可以结合自身产业的创新发展需要，有针对性地引入创新资源要素，推动创新成果商品化、产业化、规模化。二是龙头企业具有良好的示范效应，通过龙头企业整合上下游企业和创新资源，可以有效地激活要素市场，加快技术创新，提升产业上下游的协同效率，从而推动全行业技术进步和生产力提升。

（5）劣势。龙头企业带动模式下的"双链"融合效能与龙头企业自身的技术创新能力、资源整合能力及行业竞争地位密切相关，受企业自身实力约束较强。有些龙头企业的战略格局具有局限性，缺乏产业链思维、供应链思维、平台化思维、互联网思维和产业生态圈思维，且自身对创新资源的整合能力不足，很难发挥对"双链"融合的促进作用。

4. 骨干创新资源外溢模式——以北京中关村"一区多园"模式为例

所谓的"骨干创新资源外溢"，是指在一定区域内集聚大量创新人才、高新技术企业等创新主体，主动服务产业发展；创新平台载体以跨区域设立分园、合作创新等方式，将其集聚的创新资源和技术成果辐射应用于经济发展中的过程。骨干创新资源外溢模式是当前我国推进产业创新发展，促进产业链与创新链融合对接的重要方式，该模式的典型案例为北京中关村"一区多园"模式。

（1）案例概况。中关村位于北京市海淀区，是中国第一个国家级高新技术产业开发区，第一个国家自主创新示范区，被誉为“中国硅谷”。同时，中关村是我国科教资源人才资源最为密集的区域，拥有北京大学、清华大学、中国人民大学等41所高水平研究型大学，中国科学院、中国工程院等多家“国字号”科研院所，以及超过百家国内外顶尖创新平台和高新技术产业园区，聚集了以联想、百度为代表的高新技术企业近2万家①，形成了以新一代信息技术、生物医药健康、节能环保、高端装备等为主导的现代化产业体系，构建了“一区多园”的发展格局，成为首都跨行政区的高端产业功能区。

自2013年起，中关村贵阳科技园、中关村秦皇岛科技园、天津滨海—中关村科技园等中关村与外地合作共建的园区相继落成，大批高新技术企业落地分园，为促进区域间创新要素和产业要素交流、推动区域产业创新发展提供了良好助力。中关村与京津冀其他区域共建的园区在搭建跨区域产业转移合作平台，建设跨区域产学研资源共享平台，探索基于市场导向的合作机制和多方利益共享机制等方面展开了改革试验，提供了可供未来京津冀产业链与创新链融合选择的模式。

（2）构建方式。一是搭建资源双向流动的合作框架。以中关村海淀园秦皇岛分园为例，中关村海淀园秦皇岛分园作为京津冀地区跨区域行政区划壁垒、构建协同创新共同体的示范工程，在建立之初就旨在引导科技型企业、创业孵化机构、科技金融资源在北京中关村和中关村海淀园秦皇岛分园之间双向流动。但在实际推进过程中，北京中关村依托其雄厚的技术实力和广泛的企业网络，在推动企业、资本、技术等资源向中关村海淀园秦皇岛分园的流动上更具实力，这更多的是一种技术外溢和政策外溢的方式，中关村海淀园秦皇岛分园通过共享品牌、让渡收益、提供政策支持来保证项目落地生根。二是建立多方利益共享机制。中关村海淀园和中关村海淀园秦皇岛分园之间建立了财政税收共享机制，中关村海淀园的企业到中关村海淀园秦皇岛分园落地发展实现的地方财政收入，双方将按照各40%共享，将其中的20%用于建立产业基金，扶持入驻秦皇岛分园的企业发展。此外，中关村秦皇岛分园还专门针对企业制定了“一条龙”服务体系，在购地用房、科技扶持、人才支持、新产品和新技术推广等方面给予入园企业特别

① 影响中国农业的100平方公里——从“中国硅谷”到“农业中关村”[EB/OL].[2022-05-26]. https://www.sohu.com/a/551277871_120167070.

支持。三是对分园给予一定政策倾斜及支持。秦皇岛市政府支持中关村海淀园秦皇岛分园的建设发展，将中关村海淀园企业的技术、新产品纳入政府采购目录，优先推荐分园符合条件的入园企业申请省级、市级企业发展专项资金，并通过创新技术、服务示范应用、打造示范工程等形式开放市场，增强分园所在区域的市场吸引力。

（3）构建条件。一是区域间存在政策差异。北京中关村是第一批国家级高新技术产业园区，也是国家自主创新示范区，集中了众多的产业政策、创新优惠政策，仅税收方面就围绕企业所得税、增值税制定出台了多项税收优惠政策。相比北京中关村，秦皇岛市对创新企业、高新技术企业的优惠政策力度相对较弱，对企业的吸引力相对不足，创新型企业更倾向于落户北京中关村。同时，正是由于政策落差的存在，地方政府期望通过与北京中关村的合作享受到部分国家级政策，增强对企业的吸引力和承载力，北京中关村“一区多园”的合作模式在创新资源外溢的同时，更多的是政策外溢。二是区域间存在创新链和产业链上的分工。北京中关村集中了大批科研机构、创新型企业、高新技术企业，位于创新链的研发环节，创新实力较强，成果转化意愿强烈。在发展空间受限的情况下，北京中关村需要选择工业基础较好，且在产业链和创新链上与其优势互补、资源互助的区域，建立分园，开展创新和产业合作，形成北京中关村研发、分园转化的功能分工。

（4）优势。我国经济发展模式已经从要素驱动转向效率驱动、创新驱动，但创新与产业的对接通道没有打开，区域之间的创新政策、创新活动差异较大，创新对区域经济发展的作用也因地而异。通过设立“一区多园”推动骨干创新资源外溢，可以最大限度地发挥区域比较优势，实现优势互补，促进区域创新资源快速聚集，消弭区域间创新水平落差，提升创新实力较弱区域的成果转化率，为当地制造业转型升级提供技术支持，为区域创新发展、转型发展提供强大动力。

（5）劣势。一是创新资源和企业转移过多、成果转化较少。北京中关村“一区多园”模式可以推动创新资源和企业在承接地快速集聚，但在创新资源与当地企业的联系上和在创新资源的成果转化上出台的政策少、动作慢，创新供给与技术需求之间的桥梁并未有效地建立，政府对科研机构和企业迁移的支持主要集中在生产要素的供给上，对创新成果转化应用的支持力度不足。二是政府主导的角色太重，市场化不足。在北京中关村“一区多园”模式中，政府在创新资源外溢和转移中起了主导作用。一方面，政府在土地、资金等生产要素的配置上起了重要作用；另一方面，政府出台了带有倾向性的税收政策、金融政策、人才政策，用来对政府认定的高新技术企业进行补贴。在园区建立初期，政府主导的方式对于企业的聚集和发展具有一定作用，但是，长期来看不利于园区的市场化高质量发展。

5. 科技中介搭桥模式——以芬兰科学技术政策委员会为例

科技中介是连接科研机构研究成果和企业技术需求最简单有效的方式。一方面根据企业的需求寻找技术，另一方面将创新主体可以进行成果转化和产业化的技术进行生产力的转化。科技中介既可以是单纯地将创新、企业、资金等要素连接在一起的重要媒介，也可以是吸引企业和科研机构共同推广市场上还未出现或尚不成熟的商业模式、产品概念的机构。市场的精准把握、创新成果的产业化推广离不开科技中介队伍的“牵线搭桥”。国内外成功的科技服务中介运营模式比比皆是，芬兰科学技术政策委员会就是其中的典型案例。

（1）案例概况。芬兰科学技术政策委员由总理任主席并直接领导，由教育、工业与贸易等公共部门，以及构成企业、咨询机构和融资机构等私营部门共同构成，主要负责国家科学、技术、创新、教育和产业等领域政策的制定和实施。该机构成立之后，提出了以科技开发为核心的战略，并制定了其他科技政策，加大了对科技研发的支持力度，以科技创新促进产业发展，增加芬兰工业整体的竞争力；成立了芬兰国家技术创新局（TEKES），主要为企业技术研发提供咨询服务和费用资助；建立了科技孵化园，促进产学研结合，孵化高新技术企业。

（2）构建方式。芬兰科学技术政策委员会下设多个专门机构，其核心部门是 TEKES。TEKES 是一个非营利性机构，宗旨是提高芬兰在世界市场上的竞争力，增加产品出口，促进经济社会发展。不仅如此，TEKES 还为企业提供高附加值服务，提升芬兰在全球创新网络中的影响力。例如，帮助企业吸引风险投资，为企业介绍人脉，提出市场上还未出现或还不成熟的商业模式、产品概念，向社会发布后吸引企业和科研机构加入，组织参与各方本着“成果共享、风险共担”的原则洽谈确定合作方案。

TEKES 同时运作多个项目，有的项目是针对创业初期的公司设置的，为企业发展提供启动资金和技术支持；有的项目则投入资金、时间和人力，帮助进入成

长期的企业吸引风险投资，提高市场适应力，助力企业加速发展。

（3）构建条件：一是与大学、科研机构及工业界之间建立稳定紧密的合作关系。芬兰科学和技术政策委员会是介于政府与研究实体之间的中介机构，其核心部门芬兰国家技术发展中心在全国不同地区设有多个分支机构——就业和经济发展中心，这些中心与芬兰企业家和创新人才、创新机构保持密切关系，可以有效发挥创新与产业之间的桥梁作用。二是具有整合利用各类创新资源的渠道和能力。芬兰科学和技术政策委员会隶属于芬兰就业与经济部，拥有稳定的国际科技合作渠道、完备的服务支撑条件和开展国际技术转移服务的能力和经验，能够顺利开展创新中介服务。三是具有健全的支撑体系和完善的制度保障。芬兰科学和技术政策委员会组织机构功能齐全、机制健全，运行井然有序，流程严密高效。TEKES 具有稳定的基金来源，并建立了完善的运行和管理机制。

（4）优势。一是企业参与门槛低，机构设置简化。芬兰的创新支持体系的设置较为简化，芬兰科学技术政策委员会及其下属的公共部门负责国家科学技术政策和创新政策的制定及实施工作；芬兰国家技术创新局等部门提供资金和服务，私营部门包括几家从事技术咨询、技术支持和融资服务的机构。芬兰的创新支持体系服务对象较为广泛，企业参与门槛较低，机构的运行效率较高。二是中小企业能享受到较好的创业和技术服务。芬兰科学技术政策委员下属的私营部门包括咨询机构、平台机构和融资机构在内的多种服务型企业，为中小企业在创业和经营过程中提供技术创新、融资、人才培训等方面的帮助和支持。TEKES 的 Vigo 项目不仅投入了大量创新和产业发展要素，帮助企业吸引风险投资并助力企业进入加速发展阶段，同时帮助创业者或初创企业介绍了很多人脉，为其带来了大量资金、经验和技术方面的全方位协助。

（5）劣势。一是区域创新链与产业链的融合效能受制于科技中介的眼光和实力。科技中介搭桥模式的主要目的是建立技术与企业间的桥梁，面向企业的需求协助寻找技术，或推动市场前景较好的技术成果产业化，其基础在于区域内既有的科研基础和产业体系，对具有前瞻性的技术需求则取决于科技中介能否拥有战略眼光，主动地、系统性地推动创新主体开展相关领域的技术研发和成果转化。二是中小企业在获得技术服务和支持后形成的产业化优势容易被技术体系完善、产业体系完整的区域吸引。现代产业体系集群化特征明显，同类型、同产业链的企业通过产业集聚增强信息、技术的流动性，从而获得竞争力的提升。因此，企业对技术体系完善、产业体系完整的区域更加青睐。科技中介搭桥模式重视对中小企业全方位的服务，但对产业链融合和产业集聚的稳定性、效率性没有过多的关注，中小企业在做大规模，具备一定竞争力后为获取产业集聚的好处，可能转向技术体系完善、产业体系完整的区域。

二、京津冀制造业“双链”融合的模式选择

构建京津冀创新共同体，推动制造业产业链与创新链深入融合，实现三地创新资源与产业活动的互融共生，既要考虑京津冀创新资源和技术需求的耦合度，也要考虑创新资源分布情况及产业体系和创新服务体系的完善程度，还要考虑众多利益主体的协同与激励目标，并在此基础上选择适合的创建方式。通过比较分析，我们选出了适用于钢铁、石化化工等传统产业，新一代信息技术、高端装备、生物医药、新材料、节能环保等新兴产业的产业链与创新链对接模式。

高端装备、新材料等新兴产业较为适用类似巴符州的产业科技创新中心建设模式。这是由于高端装备、新材料等领域的创新资源集中在北京，产业则主要分布在天津和河北，产业链与创新链明显割裂。人才、创新成果、资本等创新要素缺乏区域间双向流动，这是实现高端装备、新材料等领域“双链”对接融合的主要瓶颈。通过借鉴巴符州创新联盟的建设模式，组建产业科技创新中心，可以发挥技术中介、技术研发、技术服务、技术孵化、技术合作、人才培养等方面的协同作用，是解决这一瓶颈的有效方式。

新一代信息技术、生物医药等新兴产业较为适用骨干创新资源外溢和政产学研用多方集成模式。新一代信息技术、生物医药是京津冀地区极具发展潜力的产业领域，也是创新发展需求最为强烈的产业领域。从创新主体来看，北京拥有中关村科技园和众多高校，集中了新一代信息技术、生物医药两个领域极为丰富的创新资源，具有较强的创新成果转化能力和产业孵化能力，天津和河北在部分领域拥有实力较强的科研机构和较好的产业基础，但原始创新能力瓶颈和产业孵化瓶颈较为突出；从创新载体来看，北京中关村的创新载体面临着土地要素制约，在孵企业也面临市场拓展的需求，与之相应地，河北地方政府有承接企业和创新资源的迫切需求。因此，京津冀在创新资源整合和协作方面需求契合，通过运用骨干创新资源外溢模式，可以实现北京创新资源的快速外溢和跨区域整合，加快提升创新成果产业化水平。保定·中关村创新中心、中关村秦皇岛分园、渤海新

区医药产业基地的建设发展，就是通过骨干创新资源外溢的模式实现区域产业链与创新链的有效对接和深度融合的。同时，这两个产业领域的产业链与创新链融合，也可以运用政产学研用多方集成合作模式，汇集园区、产业、企业、地方政府等多方力量，优化资本、人才、土地等多种高等要素配置，推动创新技术成果转化和整体产业发展。

钢铁、化工、建材、食品、纺织等传统产业适用政产学研用多方集成合作模式。京津冀三地在钢铁、化工、建材、食品、纺织等传统产业领域均有不俗的创新力量，创新资源分布较为均衡且各有特点。京津高校众多，侧重基础研究；河北拥有专业的研究院所，应用研究实力较强。但三地之间的优势互补程度、协同程度较差。从产业体系来看，北京传统产业持续疏解，基本不具备大规模生产能力；天津和河北传统产业发展规模和实力较强，产业体系相对完整，但也存在产业链条短、产品类型单一、附加值较低等问题，亟须完善产业链，突破关键技术，更新生产设备，提升产品档次，塑造品牌形象，全方位推动产业转型升级。政产学研用多方集成合作模式可以形成一个紧密的组织，将京津冀三地的多种创新资源（高校、科研院所、企业、行业协会）加以整合，统筹整个产业体系的技术需求和转型升级要求，形成以创新驱动的产业发展态势。

节能环保领域和未形成产业链条的部分高端装备制造业领域比较适用科技中介搭桥模式。高端装备制造业门类繁多，发展水平差异较大，在新能源汽车、新能源装备等领域尚未形成产业链优势。节能环保领域的发展主体规模相对较小、布局分散，其技术需求也存在分散化和多样化的特点。上述产业尚处于发展初期，企业规模普遍偏小，整体科研实力较弱，且具有较强的技术需求。科技中介模式可以为产业链和创新链各环节之间搭建桥梁，满足技术的供给与需求，对企业参与门槛要求较低，而且机构设置简化，服务对象广泛，运行效率较高，可以使中小企业和分散的市场主体均享受到较好的创业服务和技术服务，符合节能环保和未形成产业链条的部分高端装备制造的发展需求。

智能装备等产业适用龙头企业带动模式。由于京津冀地区光伏设备、工业机器人等装备制造领域龙头企业实力较强，具有强链、补链、固链，推动产业链上、中、下游企业开展协同创新，全面促进企业战略转型的能力。因此，在这些产业领域运用龙头企业带动模式较为适宜。

总体而言，不同的产业链在与创新链融合时，可以根据创新资源分布、产业基础条件等选择不同的模式。虽然我们根据不同产业领域的创新链和产业链特征，给出了大多数情况下推动产业链与创新链融合所适用的模式选择；但是在实际情况中，同一产业领域内部由于各个行业发展阶段、特点、创新需求和发展方向不同，所选择的创新发展路径模式也可能存在差异，往往同一领域有一个或多个适用模式。这就要求政策制定者和企业主体在推进制造业“双链”融合过程中具体问题具体分析，针对行业特点和创新发展需求，选择适宜的推进模式，以提高区域制造业“双链”融合的效率和效能。京津冀重点制造业产业链与创新链融合模式的选择如图 6-8 所示。

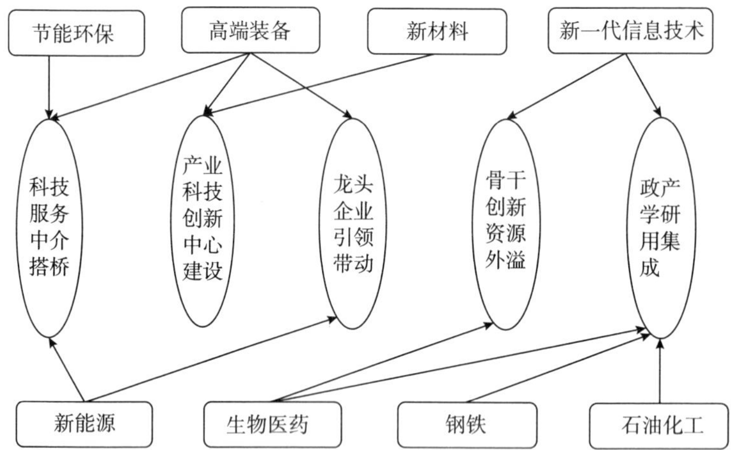

图 6-8 京津冀重点制造业产业链与创新链融合模式的选择

第七章　京津冀制造业“双链”双向融合路径

产业，尤其是制造业是区域经济发展的核心，科技创新是引领制造业发展的第一动力。推动京津冀产业链和创新链融合，必须立足区域产业和创新发展基础，以制造业为首要突破口，坚持问题导向、目标导向和结果导向，以提升科技创新能力为前提，以满足制造业发展需求为基本要求，以产业与创新互动为关键，以产业与创新资源统筹为遵循，围绕产业链部署创新链，围绕创新链布局产业链，促进产业与创新同向发力、协同联动，推动京津冀制造业高质量发展迈出更大步伐。

第一节　优化创新资源布局

创新既是京津冀高质量发展的基础与条件，又是区域经济增长的内生动力。发挥创新在产业链和创新链融合中的基础作用，必须坚持创新在现代化建设全局中的核心地位，通过实施创新驱动发展战略实现科技自立自强，集中力量加大科技投入力度，增强科技供给水平，不断强化战略科技力量支撑，创造更优的区域创新生态环境，全面提升创新体系整体效能，为京津冀制造业“双链”良性互动创造前提条件。

一、加大创新链科技投入和供给

作为我国三大增长极之一，京津冀地区具备较大的经济规模和较强的创新投入财政支撑能力，京津冀地区研发费用支出水平总体高于全国平均水平，但区域内部的科技创新能力和科技投入水平不均衡，制约着区域科技创新能力进一步优化提升的空间。加大区域研发经费投入力度，京津冀三地要进一步优化和完善支持科技创新的财政保障机制，确保区域对科技创新财政支持力度只增不减，重点补齐河北研发经费投入相对不足的短板，力争尽快达到全国平均水平。细化落实研发费用税前加计扣除、加速折旧、高新技术企业所得税减免等激励政策；推动京津冀三地逐步扩大“科技创新券”设立规模，优化“科技创新券”区域内互联互通机制，深化创新资源跨区域共建共享；探索构建京津冀科技创新基金体系及其使用规则，撬动更多的社会资本投入科技创新。引导企业建立研发准备金制度，实行普惠性财政补助和分级奖励。重点支持国有企业设立独立核算、免予增值保值考核、可以容错纠错的研发准备金制度。建立创新链科技投入的联动和传导机制，推动京津冀三地各级政府设立创新发展考核专项，充分发挥各级政府的作用，激发各级科技管理部门对企业研发的重视和支持。

二、培育引进战略科技力量

战略科技力量是代表区域发展水平，服务区域发展需求的科技中坚力量。《中华人民共和国国民经济和社会发展第十四个五年规划和2035年远景目标纲要》提出“以京津冀、长三角、粤港澳大湾区为重点，提升创新策源能力和全球资源配置能力，加快打造引领高质量发展的第一梯队”。强化战略科技力量已经成为京津冀地区打造国家创新高地、提升在中国式现代化进程作用的必然选择。

京津冀区域要完善战略科技力量体系，必须加快推进北京国际科技创新中心建设，发挥京津冀科教资源密集的优势，推动科技领军企业、高校院所和新型研发机构积极参与国家实验室建设。瞄准国家战略需求，以省部共建、跨区合建、校企联建等方式，推进国家重点实验室布局建设和在京国家重点实验室体系重组，加强对综合性国家科学中心的战略支撑。推动国家级技术创新中心、制造业创新中心等在京津冀布局，提升跨领域、大协作、高强度的现代工程技术科学研

究能力，加快构建以国家实验室、国家重点实验室、综合性国家科学中心、新型研发机构、高水平高校和科学院所及科技领军企业为主体的战略科技力量体系。加强基础研究能力，与国家部署同向发力，强化重大原理、理论、方法等基础研究，持续加大对数学、物理、化学、生命科学等基础学科的支持力度。加速布局一批公共关键技术平台与底层技术平台，前瞻布局一批“从0到1”的前沿基础研究平台和前沿交叉研究平台，在引领性、战略性基础研究领域，形成一批世界一流学科，为实现基础理论与核心关键技术的突破提供强大支撑。优化调整区域战略科技力量布局，紧抓京津冀协同发展向纵深推进的有利时机，聚焦基础研究—应用基础研究—创新成果产业化的全过程创新生态链，着力打造雄安战略科技力量集聚平台，推动河北省实验室、天津海河实验室建设，破解区域战略科技力量单核集中、链式发展严重不足等突出瓶颈，全面发挥京津冀地区的整体创新效能。

三、增多做强企业创新主体

习近平总书记在党的二十大报告中指出“强化企业科技创新主体地位，发挥科技型骨干企业引领支撑作用，营造有利于科技型中小微企业成长的良好环境，推动创新链产业链资金链人才链深度融合”。习近平总书记的重要论述强调了强化企业科技创新主体地位的战略意义，指明了创新主体在推动产业链与创新链深度融合过程中的重要作用。京津冀地区企业创新主体地位总体上并不突出，企业创新能力水平整体偏低，2021年京津冀地区开展创新活动的企业共30732家，其中实现创新的企业27460家，在京津冀地区全部企业中分别占39.8%和35.6%，分别比全国平均水平低4.5个百分点和5.5个百分点①。导致京津冀地区企业创新活动和水平整体偏低的主要原因在于天津、河北开展创新活动的企业相对较少，创新成果产出水平相对较低。因此，只有增多做强企业创新主体，才能从根本上做强做优创新链。

未来京津冀地区必须聚焦建强创新主体，分类培育、综合施策，建立完善“初创企业—科技型中小微企业—高新技术企业—科技领军企业”梯度培育体系，明确科技领军企业的主导地位，推动大中小微企业发挥能动作用，融通产业

① 《中国科技统计年鉴2022》。

链与创新链，全面提升产业链和创新链水平。一是打造创新型领军企业。鼓励京津冀三地建立科技领军企业后备培育库，遴选创新能力强、发展潜力大的高新技术企业精准培育，形成一批具有国际竞争力的创新型领军企业，强化科技领军企业的引领支撑作用。二是推动科技型中小微企业成为创新的重要生力军。鼓励各地加快培育高成长性企业，完善高成长性企业评选机制，分类发掘培育瞪羚企业、独角兽企业。加强对科技型中小微企业创新的支持，提高对科技型中小微企业赋能活动的针对性、政策扶持的精准性，加大科技项目、人才计划等开放力度，着力健全准入规则和退出机制，积极培育新技术、新模式、新业态。三是推动产业链上中下游、大中小微企业融通创新。聚焦国家和京津冀重大战略涉及的领域，以企业为主导打造政产学研用深度融合的创新体系，支持企业牵头组建创新联合体，推进各类共性技术平台建设，增强对企业的服务支撑能力。

四、优化区域创新生态

区域创新生态是国家创新生态的重要组成部分。作为我国科技创新高地，京津冀地区肩负着集聚整合创新资源、提升创新能力、代表国家参与国际竞争的重要使命。区域创新生态的打造，不仅需要京津冀三地各自完善创新体系，增强创新服务能力，也需要三地创新主体联合协作，政策协同配套，促进各自创新资源与创新禀赋的充分发挥，更需要大力发展专业的跨区域科技中介服务组织，促进科技资源在区域间的优化配置。推动科技创新制度衔接，推进三地科技管理部门联合制定和完善科技创新管理制度，逐步完善财政科研经费跨区域流转和使用机制，逐步拓展高端人才跨区域认定范围，强化高新技术企业资质互认，促进资金、人才、技术等创新要素在区域间的无障碍流转。畅通跨区域科技交流合作渠道，联合建立京津冀国家技术创新中心、京津冀科技创新网络、京津冀基础研究合作平台等创新平台，优化京津冀科技合作机制，探索开展各层次专家库的合并联通，建立大型科学装置和科研基础设施共享机制，制订区域联合研发计划，加强跨区域科研项目合作。合力共建开放体系，京津冀地区要借力北京国际创新中心建设，统筹国际国内两个市场、两种资源，联合参与国家“一带一路”科技创新行动计划，拓展国际创新合作路径，积极参与全球科技创新治理，加快完善更加开放、更加便利、更加公平的国际创新合作环境。

第二节　加强制造业产业链功能升级

制造业是立国之本、兴国之器、强国之基。习近平总书记高度重视制造业发展，明确提出“把推动制造业高质量发展作为构建现代化经济体系的重要一环”。作为全国重要的制造基地之一，京津冀地区推动制造业跨越式发展，着力于完善和提升产业功能，向上游的产品研发和下游的销售或售后服务等产业价值链高端环节发展，将制造业的短板补齐，长板锻长，优势再放大。

一、打造世界级先进制造业集群

制造业集群的发展水平在一定程度上代表了地区产业的发展水平和竞争力，制造业集群化是产业发展的基本规律，是推动产业迈向中高端，提升产业链功能和韧性，提升区域经济竞争实力的内在要求。对京津冀地区而言，建设立足区域、服务全国、辐射全球的优势产业聚集区，打造世界级先进制造业集群，是建设首都世界级城市群，全面提升京津冀产业竞争力的必由之路。近几年，虽然京津冀地区在协同创新共同体建设、产业协同发展等方面取得了较大进展，但京津冀制造业集群建设仍存在较大短板，具体表现为：基于产业链合作形成的具有京津冀特色的产业集群相对较少，支撑京津冀世界级城市群的世界级先进制造业集群尚未形成。2023 年工业和信息化部发布的 45 个先进制造业集群中，长三角、珠三角分别占 18 个和 7 个，而京津冀只占 2 个；在中国民营经济研究会和北京上奇产业研究院联合发布的《民营经济驱动产业集群高质量发展研究暨 2023 中国百强产业集群》报告中，长三角、珠三角分别占 42 个和 13 个，而京津冀仅占 4 个①。

加快提升制造业产业能级水平，打造世界级先进制造业集群对京津冀而言十分重要而紧迫。必须立足京津冀发展战略全局，聚焦高端装备、生物医药、

① 王晶晶．世界级先进制造业集群的“京津冀打法”［EB/OL］.［2023-05-17］. https://www.cet.com.cn/wzsy/ycxw/3377539.shtml.

新材料、节能环保等领域，打造能够支撑世界级城市群的、具有全球竞争力的世界级先进制造业集群。实施全产业链布局，规划和细分京津冀制造业产业链，培育打造一批在全球范围内有影响力和竞争优势的产业及其产业链。锚定产业全球价值链高端“嵌入”，加强对重点产业链核心技术和关键环节的把控，占据产业价值链的制高点，促进京津冀制造业产业链向全球价值链中高端迈进。京津冀地区要优化制造业产业链空间布局，支持北京打造高精尖产业结构，形成创新引领型现代化产业体系；支持天津全国先进制造研发基地建设，打造一批主导产业突出的创新园区，培育一批优势明显的创新型企业；支持河北积极承接非首都功能转移和京津科技成果转化，全面建设新型工业化基地和产业转型升级示范区。

二、促进制造业升级壮大

京津冀是我国北方最大的工业基地，制造业产业集群效应明显，是区域经济发展的核心支撑和重要组成部分，但综观整个区域，除了北京的制造业以高精尖产业为主的高端制造业外，津冀两省市，尤其是河北的制造业，资源型传统产业仍占主流，战略性新兴产业发展相对滞后，产业层次、基础能力、质效水平、创新动能等方面仍存在明显短板。因此，京津冀地区，特别是冀津两省市要改造提升传统产业，坚持调优存量，聚焦具备较强发展基础且产业链条相对完善的产业领域，重点围绕钢铁、高端装备、石化化工、食品、纺织等区域优势产业，着力提质量、强优势，夯实产业发展基础，促进关键基础材料、先进基础工艺、核心基础零部件和元器件、基础工业软件、产业技术基础等领域研发创新、重点突破，全面提升传统产业核心竞争力。全力做大做强新兴产业，坚持做强增量，聚焦具备一定产业基础，但产业链条仍需进一步完善的产业领域，重点围绕新一代信息技术、生物医药、新材料、新能源等战略性新兴产业，着力补短板、强基础，加快关键核心技术的研发创新及产业化，促进跨领域技术集成创新和融合应用，健全战略性新兴产业集群管理组织和专业化推进机制，增强先进要素保障能力，完善创新公共服务体系，构建一批各具特色、优势互补的新兴产业增长引擎。

三、推动制造业数字化和服务化转型

新一代信息技术、物联网、云计算、人工智能等数字技术强势崛起，作为引领新一轮科技革命和产业变革的重要技术，其与制造业的融合发展受到了越来越多的关注，加快数字化转型驱动制造业发展已经成为行业发展共识和促进制造业高质量发展的战略支撑。京津冀地区作为我国制造业发展的先行区和示范区，推动制造业数字化和服务化转型势在必行。激活数字化发展新动能，加快制造业与互联网的深度融合，建设智能制造城市，推动企业智能制造新模式应用，促进“互联网+制造业”新模式推广应用，建设一批智能工厂和数字化车间。超前部署数字化工业基础设施，以信息网络为基础，合理布局一体化大数据平台、区块链基础平台等智能化计算设施，加强工业互联网网络、平台和安全体系建设，开发工业互联网软件，增强数字化赋能能力。加速制造业服务化改造进程，瞄准用户消费需求方向，着力深化制造业业务关联，深入拓展服务环节，重点向研发设计、增值服务等价值链高端延伸，鼓励企业推广大规模个性化定制、柔性生产，创新网络协同制造、远程运维服务、众创众包等新业态、新模式，加速技术、产品、服务、载体、链条的深度融合。

四、超前谋划布局未来产业

未来产业特指当前尚处于孕育孵化阶段，且具有高成长性、战略性、先导性的产业，是由能够引领重大变革的颠覆性技术及其新产品、新业态所形成的产业，将来有望形成新的经济增长极，驱动经济社会高质量发展。京津冀作为我国科技创新资源最为集中的区域之一，超前谋划未来产业既是推动区域产业升级，壮大协同发展动能的内在要求，也是代表国家参与国际竞争，抢占新一轮科技与产业制高点的必然选择。京津冀地区要前瞻布局发展新赛道，坚持挖掘潜量，聚焦处于初创阶段的未来新兴领域，依托区域内已有的科技资源与产业基础，重点围绕量子信息、智能仿生、虚拟现实、基因编辑、类脑智能等领域，着力塑优势、强应用，加强对前沿技术的跟踪突破，积极引进一批带动性强的产业项目，加快技术研发和应用推广，打造未来发展的新引擎。

第三节　疏导“创新—产业”传导环节

促进产业链与创新链深度融合并推动实体经济转型，是我国经济从高速增长阶段顺利过渡到高质量发展阶段的必然要求，而推动产业链与创新链双向融合的关键在于“创新—产业”传导环节是否顺畅。京津冀地区科技创新资源密集，制造业的区域地位突出，但科技与制造业的结合不够紧密，制造业产品附加值不高、整体竞争力偏弱等问题仍较为突出，亟须贯通从科技研发到产业发展的通道，加速科技创新成果向生产力转化的进程。

一、强化企业创新主体地位

企业对市场需求变化的反应最为灵敏，随市场需求变化开展创新的愿望最为强烈。因此，企业既是产业发展的核心载体，又是科技创新体系的重要组成部分，是推动产业链与创新链融合的天然结合体。企业在技术创新过程中发挥了技术创新决策、研发投入、科研项目组织实施、科技成果转化的重要作用，在行业发展中发挥了新技术应用、新产品推广、工艺设备更新等重要功能，在实现核心技术突破、带动产业发展、支撑国家重大发展战略实施等方面地位和作用突出。因此，贯通创新链和产业链，推动技术创新向现实生产力转化，必须强化企业的创新主体地位，充分发挥科技型骨干企业的引领支撑作用。一是强化企业在创新链中的引领作用。鼓励企业做好“出题者”，以企业为主体形成从创新需求提出到成果转化落地的流程和机制，缩短科技创新到产业应用的链条。完善企业参与重大科技创新的机制，鼓励企业积极参与国家级、省（市）级科技创新项目，提高企业在国家创新工程等国家创新项目中的话语权和参与度。强化企业对科技与产业融合各个环节的链接作用和组织作用，引领产学研各方共同参与，加速推动从科技创新到产业的融合过程。二是强化科技领军企业在技术创新中的引领作用，支持具备条件的行业龙头企业加大对基础研究和应用基础研究的投入，鼓励科技领军企业牵头组建创新联合体，承担重大科技项目和产业共性技术攻关。三是发挥中小微企业“创新策源地”的作用，鼓励中小微企业积极参与科技领军

企业牵头建设的创新联合体，并与其建立风险共担、利益共享的机制。鼓励龙头企业向中小微企业开放应用场景和供应链，打造“龙头企业牵引，中小企业集聚”的产业链形态和协同创新的生态系统①。

二、优化企业与科研院所合作方式

企业、高等院校、科研机构等均是科技创新的主要载体，但企业与科研院所在创新的动机和优势领域上存在较大差异，科研院所开展创新更多地源于完成科研任务或评奖、论文发表、职称晋升的需要，虽然具备较为丰富的科研人才资源和科研基础设施，但研发的资金相对有限，使用限制较多；反观企业创新则是更多地瞄准市场的需求变化，有较强的创新动力，但缺乏人才与科研资源的强有力支撑。企业与科研院所在创新领域具备极强的互补性，加强两者合作的创新模式将有力推动产业链与创新链的有机融合。促进既有成果转化，系统梳理高等学校、科研院所高价值科技成果和专利信息，建设成果转化信息服务平台，推动科研成果与企业需求有效对接。拓展合作领域，借助企业的资金优势和科研院所的人才优势与科技资源优势，采用技术合作、委托开发的形式开展创新合作；优化校企合作人才培养模式，建立企业实习基地、实践基地和高校专业技术定制班等人才培育途径；推进创新资源共享，加强企业的厂房、加工设备与科研院所的科研设备、科技文献等创新资源的统筹利用；开展常态化技术交流活动，通过专家研讨会、技术交流、创新创业大赛等形式，吸引科研院所专家团队对企业创新活动进行指导和支持。丰富企业与科研院所合作的形式，支持行业领军企业联合中小企业建立与高等学校、科研机构合作的战略联盟，合力共建研发中心、中试基地等实体平台，共同开展核心关键技术攻关。

三、破除科技领域体制机制障碍

科技研发和科研体制创新，两者互为促进，缺一不可。推动京津冀地区创新链与产业链融合互动，提升科技成果与制造业发展需求的匹配度，最为现实和紧迫的是破除科技领域体制机制制约，深化科技体制改革，加快形成适应创新发展

① 陆军．强化企业创新主体地位　促进创新链产业链融合[EB/OL]．[2021-07-29]．https://www.fx361.com/page/2021/0729/8624841.shtml.

要求的管理制度，优化调整管理部门职能，推动科技管理部门的职能由研发管理向创新服务方向转变，更多聚焦确定战略、谋划方向、制定政策和搞好创新服务等，引导企业、智库、学会、行业协会等力量参与创新决策，全面提升科技创新决策能力和服务水平。建立有利于激发科研人员创新积极性的制度体系，优化科研机构管理机制，明确科研机构扶持标准和范围，探索推行更为灵活的薪酬制度，深化科研经费管理改革，简化过程管理程序，强化成果评价，探索推行“包干制”项目经济适用制度，给予科研人员更大的经费管理自主权。深化科技计划管理改革，优化科研项目评审机制，探索建立重大原创性、颠覆性、交叉学科创新项目等非常规项目的评审机制，推广实施“赛马制”“揭榜挂帅”、定向委托等重大科研项目组织方式。完善科研诚信制度体系，加强科技信用平台体系建设，建立科研领域信用信息共享机制，塑造诚实守信、风清气正的科研氛围。

第四节　推进北京创新链与津冀产业链精准对接

《京津冀协同发展规划》明确提出，要将京津冀地区打造成为全国创新驱动经济增长新引擎。北京是全国的科技创新中心之一，而天津和河北的定位分别为全国先进制造研发基地和全国产业转型升级试验区。推进京津冀产业链与创新链深度融合，其基础和关键均在于发挥北京科技创新的核心功能，带动津冀地区制造业实现跨越式发展，共同打造跨区域产业融合互动和创新驱动型经济的发展标杆。

一、整合布局津冀制造业产业链

北京科教资源最为丰富，高水平大学全国数量最多，拥有 1/3 的国家重点实验室，超半数的两院院士在北京工作和居住。相对而言，津冀地区的科技创新实力，尤其是河北的科技创新实力与北京存在巨大落差，而河北制造业规模在三地中最大，占区域经济比重最高，天津制造业比重也高于北京。京津冀地缘相近、人缘相亲，具备跨区域合作的先天优越条件。以北京创新链为核心，调整优化津冀地区的制造业产业链布局，是推动京津冀制造业产业链与创新链深度融合，提

升京津冀制造业发展水平的必然路径。梳理确定北京创新重点领域，全面开展在京高等院校、科研机构、创新平台创新方向与创新成果的梳理，分别确定科技创新的具体应用领域，并按照基础研究、集成创新、应用创新、前沿颠覆性、适用性等分类进行汇总，明确北京创新链条，确定技术发展的市场空间和应用前景。查找津冀地区制造业的创新需求，针对规模较大和具备一定市场优势的传统产业、着力发展的战略性新兴产业、需要提前谋划布局的未来产业，全面梳理产业链条，整理产业集群、重点企业和代表性产品，找到贯通产业链所需的技术堵点、难点。结合北京相关领域创新资源和创新成果，依托津冀地区产业发展基础，优化调整与耦合匹配京津冀地区产业发展方向和区域布局，借势打造以创新推动产业发展的新高地。

二、推进雄安新区创新发展试点示范

2017 年，中共中央、国务院决定设立河北雄安新区，这是以习近平同志为核心的党中央深入推进京津冀协同发展作出的一项重大决策部署，是千年大计、国家大事。雄安新区作为全国的创新驱动发展引领区，不仅承担着汇集京津冀地区乃至国内外创新资源的重任，还是河北联通京津、推进区域科技创新与产业融合互通、实现京津冀创新链与产业链深度融合的中枢和标杆，未来必须加快推动雄安新区打造创新发展示范区。支持雄安新区积极承接京津科教资源，按照国家整体部署与安排，加强与京津的科教机构，特别是北京的高水平大学和科研机构对接，加快布局建设国家实验室、国家重点实验室、工程研究中心等国家级创新平台，推动中国科学院雄安创新研究院、中国移动雄安产业研究院等高水平研发机构建设，加速北京大学、清华大学、中国人民大学、北京师范大学、北京林业大学等高校外迁选址建设进程。打造科技创新发展政策汇集地，借鉴国际创新发展高地吸引创新人才、鼓励科技创新的经验和政策，创新科技与产业发展的体制机制，推动国家自主创新示范区、国家综合配套改革试验区、自由贸易区等最具含金量的区域发展政策在雄安新区内叠加实施，争创人才管理改革试验区、国家自主创新示范区，打造国际科技创新合作试验区。切实发挥雄安新区在带动河北发展中的引领作用，推动雄安新区与周边地区联合部署创新链，鼓励雄安新区创新机构在周边地区建设孵化中心、转化基地，并针对周边主导产业发展需求开展应用型技术研究。

三、打造“双链”融合关键节点城市

城市是资源集聚、产业发展、科技创新的共同体，城市群更是科技创新要素的集聚配置者、科技前沿领域的引领探索者和重点产业与关键核心技术创新的研发践行者。以首都为核心的京津冀城市群是我国着力培育的世界级城市群之一，但目前依然存在城镇体系失衡的问题。天津、河北在城市能级上与北京存在不小差距，尤其是河北的主要城市，与京津两地相比，在城市规模结构和功能体系上存在严重断层，已经成为京津冀地区产业链与创新链融合互通的突出制约，河北亟须培育不同层次、不同类型、不同功能的创新型城市，打造京津冀制造业产业链与创新链融合的关键节点。

确立石家庄的区域重要产业枢纽地位，加快建设成为河北的科技创新中心和在全国具有影响力的产业创新中心，当好区域创新和产业发展的“领头雁”，将石家庄培育成京津冀“双链”融合的“第三核心”。将沧州打造为产业创新节点城市，结合沧州在高端装备制造、临港产业和新一代信息技术领域的发展优势，推动北京相关产业的技术成果流向沧州，提高沧州高技术产业创新成果支撑能力。完善唐山、保定、邯郸等区域中心城市功能，推动保定市与北京和雄安新区深度对接，打造京雄保协同创新共同体；支持唐山与京津开展联合协作，打造形成具有影响力的沿海创新驱动发展标杆；促进邯郸提升科技创新能力，建设产业技术升级示范区，构建京津冀地区和中原经济区交叉区域科技创新中心。放大区域节点城市作用，支持廊坊争创国家创新型城市，推动衡水打造雄衡协作区，推动张家口、承德、秦皇岛等地强化与北京的合作，加快融入区域创新生态圈。

四、完善京津冀“双链”有效衔接机制

体制机制是推动区域创新与产业互联互通的催化剂。京津冀协同发展战略实施以来，北京创新成果在津冀落地转化的结果大幅提升，但越过津冀地区，在长三角乃至珠三角落地的“蛙跳”现象依然突出，区域间创新与产业的互动水平仍待提升，优化推动跨区域“双链”融合的体制机制已经成为必然选择。系统开展京津冀地区相关体制机制的顶层设计，依据三地各自的发展基础与要求，共同完善相关领域规划体系，围绕北京的创新资源，优化调整区域产业布局和发展重点；结合区域合作意愿和条件，在进一步完善各级政府对接机制的基础上，拓

展沟通渠道，建立非行政化的跨领域、跨行业、多层次、多类型的常态化对接机制。完善创新环节向产业领域的延伸机制，积极建立北京市科技专家库、信息资源库、科研项目数据库及科技成果转移转化的信息共享机制，建立大型实验仪器设备、重大科技创新平台等科研基础设施的互动机制，建立跨区域创新成果转化优先推介机制，促进北京相关创新成果率先在津冀转化，创新产品率先在津冀示范应用。优化产业链条向创新方向的拓展机制，探索建立链式联动机制，以津冀制造业细分行业龙头企业为“链长”，联合津冀关联企业和配套企业，牵头与相关研发领域技术创新能力强的北京科研机构合作，联合开展重大关键技术的总体设计，促进“双链”互相嵌套和提升，拓展企业与创新机构的沟通渠道，引导北京高等学校、科研院所围绕津冀企业开展技术研发。

第八章　京津冀制造业升级的政策建议

党的二十大报告明确提出“实施产业基础再造工程和重大技术装备攻关工程，支持专精特新企业发展，推动制造业高端化、智能化、绿色化发展”，这为京津冀地区制造业创新链和产业链深度融合指明了方向。京津冀地区要在厘清区域制造业发展本底的基础上，统筹谋划，健全制造业跨区域协作机制，营造制造业发展创新生态，共同推动规划体系、创新资源、载体平台等方面的协调联动，全力打造全国“双链”融合的示范区，助推制造业全面转型升级。

第一节　整合重构京津冀制造业产业链群

作为全国重要的先进制造基地之一，京津冀地区产业门类齐全。但是由于产业发展方向过于宽泛，造成政策支持不能覆盖全部领域，加上三地行政区划、行业管理差异较大等多方面原因，京津冀地区制造业缺乏整体的宏观管理框架，亟须在既有产业发展的基础上，重新规划梳理区域内部的产业链群，引导各类科技创新资源为制造业高质量发展提供全方位支撑。

一、构建制造业产业链图谱

产业链图谱是指在对各个产业及各细分市场规模、发展现状、未来趋势及产业发展影响因素等数据进行研究分析和探索的基础上，形成的区域产业发展的指导性文件，其本质是贯穿企业、行业和整个产业链的结构化的数据

体系，是区域产业的长期发展和招商引资必备的战略指引。京津冀制造业产业链图谱是推进产业链与创新链融合对接，进而提升制造业整体能级的先决条件，对京津冀产业发展至关重要。京津冀地区要在系统梳理区域产业发展基础的前提下，综合考虑产业的功能地位和未来发展趋势，加快形成区域制造业的产业链图谱体系。依据产业的不同特点，按照国家相关产业发展要求，综合企业、创新机构、相关部门等资源，结合产业发展趋势，分不同环节、不同模块绘制重点领域产业链结构图谱、链主企业图谱、技术路线演变图谱、产业资源图谱、创新资源图谱等一系列相关图谱。一是明确产业链布局的重点领域。依托京津冀地区产业发展基础，充分发掘三地产业发展的差异化特征，选取具备支撑条件良好、发展领域互补、符合京津冀协同发展方向的领域，可以重点围绕先进铁基材料—精密零部件—高端装备、钢铁（化工）—新材料、生物医药健康、新能源、电子信息、汽车（新能源汽车）几个领域绘制产业链图谱。二是查找产业链群薄弱环节。依据绘制完成的产业图谱体系，详细梳理区域内产业链群发展基础状况，确定延链、补链、强链、拓链的主要方向，针对性地提出不同产业链群的创新支持、重点项目引进、领军企业培育、配套环境支撑等相关领域的政策措施。

二、强化产业链群创新支撑

创新是引领产业升级和抢占发展制高点的关键。京津冀地区要围绕产业链谋划创新链，瞄准制造业高端化、智能化、绿色化升级方向，聚焦制造业重点产业链群，借力创新资源打造创新链条，为制造业的拓展升级奠定创新基础。一是加强制造业高端化创新支撑。充分借助京津冀地区的基础学科优势，对标重点产业链群核心技术和未来需求，推动数学、物理、化学、生命科学等学科开展针对性基础研究，全方位加强对新兴领域和交叉融合领域的创新支撑作用，实施产业基础再造工程，聚焦核心基础零部件、先进基础工艺等方向的创新发展。二是强化制造业数字化创新支撑。积极利用大数据、物联网、人工智能等新一代数字技术，加强制造业智能化技术、前沿技术、关键核心技术的研发应用，以智能工厂、数字化车间建设为抓手，推进各产业链群生产设备和生产线数字化改造，深化“机器人+”“互联网+”在制造业领域的应用，提高生产设备数字化率、关键工序数控化率和数字化设备联网率。三是加强制造业绿色化创新支撑。顺应碳达峰、碳中和工作的部署要求，全面开展低碳、零碳、负碳领域关键核心技术攻关，推动重点产业链群煤炭高效清洁利用、用能装备能效提升、能源梯级利用、电气化改造、流程优化等技术研发推广，以创新赋能制造业绿色化改造升级。

三、升级打造六大产业链群

紧抓全球产业链重塑机遇，京津冀地区要围绕“两链”融合发展目标，以强链、延链、拓链为重点，推动上下游企业协同合作，加强与科研机构联合创新，提升产业技术创新能力和核心竞争力，推动优势制造业再上新台阶；以建链、补链为重点，以技术创新带动新兴产业发展，引进行业龙头企业和重大项目，鼓励大企业吸引集聚国内配套企业，着力打造以领军企业为主导、中小企业相配套、高校科研机构相协同的新兴产业链群。当前，京津冀重点打造的制造业产业链群如表 8-1 所示。

表 8-1　京津冀地区制造业重点产业链群

产业链群	重点产业集群	现有领军企业	核心创新机构
先进铁基材料—精密零部件—高端装备	唐山、邯郸、天津钢铁产业集群，唐山、石家庄轨道交通产业集群，天津航空航天产业集群等	唐山钢铁集团有限责任公司、邯郸钢铁集团有限责任公司、天津钢铁集团有限公司、中车石家庄车辆有限公司、唐山轨道交通装备有限责任公司、空中客车（天津）总装有限公司、航天长征火箭技术有限公司等	钢铁研究总院、河钢材料技术研究院、中国航空研究院、北京航空航天大学科学技术研究院、中国科学院先进轨道交通力学研究中心等
钢铁（化工）—新材料	唐山、邯郸、天津特种金属材料产业集群，沧州、天津、石家庄精细化工产业集群，邯郸特种气体产业集群等	河北龙凤山铸业有限公司、承德新新钒钛股份有限公司、中国石油化工股份有限公司北京燕山分公司、唐山三友化工股份有限公司、河北诚信集团有限公司等	中国航发北京航空材料研究院、河北省超纯铁工程研究中心、河北省聚丙烯腈基碳材料产业技术研究院、河北省染料与颜料中间体工程技术研究中心等
生物医药健康	石家庄、沧州、天津滨海新区生物医药产业集群，中关村生命科学园、大兴生物医药基地等	神州细胞工程有限公司、首药控股（北京）股份有限公司、石药控股集团有限公司、晨光生物科技集团股份有限公司、天津市医药集团有限公司、北京博奥生物有限公司、津药达仁堂集团股份有限公司、葛兰素史克等	北京大学医学部天然药物及仿生药物国家重点实验室、北京大学医学部口腔数字化医疗技术和材料国家工程实验室、北京生物医药研究所、河北省生物治疗临床转化技术创新中心等

续表

产业链群	重点产业集群	现有领军企业	核心创新机构
新能源	保定电力及新能源高端装备产业集群，张家口、邯郸氢能产业集群，邢台光伏产业集群等	天津中环半导体股份有限公司、天津力神电池股份有限公司、中国船舶重工集团公司第七一八研究所、晶澳太阳能有限公司、英利集团、力帆科技等	华北电力大学新能源电力系统国家重点实验室、中国电力科学院有限公司、晶澳太阳能有限公司、中国华电氢能技术研究中心等
电子信息	中关村集成电路产业联盟，天津滨海新区新一代信息技术产业集群，石家庄通信与导航产业集群，廊坊新型显示产业集群，张家口、承德大数据与物联网产业集群等	紫光集团有限公司、天津中环半导体股份有限公司、曙光信息产业股份有限公司、北京中电华大电子设计有限责任公司、保定天威保变电气股份有限公司、宏启胜精密电子（秦皇岛）有限公司、富智康精密电子（廊坊）有限公司、河北华通线缆集团股份有限公司等	中国科学院复杂系统管理与控制国家重点实验室、中国科学院电子学研究所、北京智源人工智能研究院、中国电子科技集团公司第十三研究所、中国电科网络通信研究院等
汽车（新能源汽车）	北京、保定、沧州、张家口汽车产业集群等	北京理想汽车有限公司、小米汽车有限公司、北汽福田汽车股份有限公司、长城汽车股份有限公司、北京现代汽车有限公司等	国家新能源汽车技术创新中心、清华大学汽车安全与节能国家重点实验室、长城汽车股份有限公司技术中心、群星科技（天津）有限公司等

第二节　推进京津冀规划体制改革

规划是指区域某一领域发展的战略部署，是指引发展的灯塔。自京津冀协同发展战略提出以来，包括规划体系在内的区域发展顶层设计不断完善，但针对具体领域的规划尚不健全，区域制造业整体发展规划和科技创新规划还未形成完善的制度体系，亟待加快推动规划制定的关键领域和重点环节，推动区域发展优势的有效利用、资源的高效配置、工作的协调部署。

一、完善跨区域规划体系

规划体系是否完备是衡量相关领域发展指向是否明确的基础和标志，京津冀地区完善规划体系可以从三个方面入手：一是加紧制定相关领域总体规划。按照《京津冀协同发展规划纲要》的要求，推动京津冀三地依据各自的发展基础和优势条件，联合制定“京津冀制造业发展长期规划”“京津冀科技创新发展长期规划”，建立区域主导产业发展的政策支撑。二是补充完善不同层次的规划。根据不同时期的发展要求，结合京津冀三地在制造业发展和科技创新领域的相关规划，制订相应的年度计划，以助推各项工作的顺利开展。三是制定相关工作推进的实施细则。着眼于完善规划体系，聚焦制造业发展和科技创新的重点领域和核心任务，制定具体工作的实施意见和实施方案，保障各项规划的顺利实施。

二、明确规划制定规程与内容

规划的内容是否适宜区域发展是规划编制工作成果的关键。与单一行政区的规划编制工作相比，跨行政区的规划编制内容更多、程序更复杂、难度更大，必须制定持续的、规范的规划编制相关规章制度和核心内容框架，以确保规划编制成果切实能为京津冀区域发展所用。一是优化编制流程。充分发挥京津冀协同发展领导小组和京津冀协同发展联合工作办公室的作用，组建相关规划的协同指导委员会和专家咨询委员会，组织编制区域制造业、科技创新等领域的长期规划，联合三地各级政府和管理部门，共同参与和制定相应规划的编制事宜。二是明确规划发展目标。结合京津冀整体区域发展基础和总体发展要求，细化产业规划、产业结构、科技创新、技术突破及制造业与创新链融合互动发展的总体目标，划分三地各自的职责分工和责任单位。三是确定相关规划的主体内容。为确保贴合京津冀整体的发展实际，要明确和细化产业在三地的空间布局和功能分工，确定推动三地共同发展的产业链构建、供给体系安全、基础保障等核心领域的合作路径与模式，推动三地相应领域的跨区域发展。

三、强化规划落地实施

规划先行与规划落实密不可分，规划落实分为三个方面：一是明确规划执行的主体。不同于一般的发展研究，规划必须将发展的要求和任务落实到具体区域的管理部门，切实发挥各级主体的能动作用，京津冀制造业和科技创新领域的相关管理部门要明确相关目标要求，确保各项规划的落地实施。二是丰富规划落实手段。加强京津冀整体规划与三地规划间的沟通对接，重点与长期发展战略、空间发展规划和经济社会发展“五年规划”等省市重点规划统筹协调；强化各项要素保障，探索推动土地要素支撑的统一性和协调性，加强人才等要素资源的跨区域流动；建立短期目标与长期目标衔接的考核机制，形成中长期规划逐年落实、动态实施的机制。三是建立跨区域规划联动机制。推动京津冀三地构建区域政策协同机制，建立重点领域制度规则和重大政策沟通常态化协调制度安排，提高政策制定统一性、规则一致性和执行协同性；联合建立区域标准化联合组织，负责统一区域内各项标准的立项、发布、实施、评价和监督。

第三节 建设区域一体化要素市场

制造业发展需要人才、资本、技术等要素的强有力支撑，而相对长三角和珠三角等发达地区而言，京津冀地区的要素市场建设相对滞后，行政干预过多，市场壁垒依然不同程度地存在。面对深刻变化的内外环境和日趋激烈的区域竞争，京津冀地区亟待提升要素市场化配置水平，激发跨区域合作的内生动力，为实现制造业跨越式发展奠定基础。

一、推动人力资源合理顺畅流动

劳动力是最为活跃的生产要素，京津冀地区人才和劳动力单向流动特征明显，严重影响了人力资源配置的效率，亟须从人力资源市场共建、强化人才互动交流等方面着手，加快实现人力资源在京津冀地区的高效配置。一是构建统一的人力资源市场。全方位加强京津冀三地各层级人力资源部门协作，整合发布就业岗位信息，联合开展就业洽谈会和招聘会，取消人为设置的跨省（市）人口流动障碍，推进医保账户、社保账户的互联互通，简化区域内户籍认证、身份认证、人事关系变动等程序，完善人力资源柔性流动机制。二是推动人才资源互认共享。推动京津冀三地统一人才认定标准，共建分层次人才信息库，探索建立与国际通行规则相适应的人才评价方法和职业资格认证体系；推动三地共享海外人才引进渠道，联建海外人才离岸创新创业基地，共同引进国际高端人才。三是强化人才互动交流。推动京津冀高校联盟建设，支持京津冀三地高校合作开展人才培育，探索教师互聘、课程互选、学分互认、学生交流等合作方式，增强区域发展的创新人才基础。

二、构建一体化技术市场

京津冀地区是我国技术交易最为活跃的区域之一。加快建立一体化技术市场，进而推动技术成果在区域内高效率配置，是提升区域创新能力、强化制造业发展技术支撑的有效手段。一是完善区域技术市场格局。以北京、天津和石家庄为重点，加快推进区域性技术交易市场建设，确立三座城市在京津冀地区技术交易中的核心地位；支持以中国技术交易所为代表的国家级机构在唐山、邯郸、保定等城市设立区域节点型分支机构，强化城市间技术交易的互联互通，加快建立覆盖京津冀全区域的技术交易网络。二是完善交易制度。推动京津冀三地共同完善科学的科技成果定价机制，探索区域内通用的技术成果评价标准，健全协议定价、挂牌交易、拍卖、资产评估等多元化科技成果交易定价模式，联合制定技术交易服务机构或技术交易联盟的运行规则，探索建立区域内部技术权益登记机制、职务科技成果规范交易机制、进场免责保障机制。三是增强技术交易服务。充分考虑技术交易过程中的保密性、专业性和规则复杂性，全面加强区域技术交易服务能力，加大对技术中介机构发展的扶持力度，积极引进国际化、专业化的知名技术交易服务机构，培育和扶持本土技术交易服务机构，加快完善知识产权披露、保护、转让、许可、作价投资等相关职能，为技术交易双方提供技术评价、法律咨询、中试孵化、知识产权、招标拍卖等全方位专业化服务。

三、推进资本市场一体化

作为现代化经济体系的重要组成部分，资本市场是贯通科技与产业的纽带，在企业尤其是创新企业的科技、产业与资金的良性互动中发挥着不可替代的作用。以京津冀制造业产业链与创新链融合推动制造业转型升级，必须加快推进京津冀地区资本市场一体化。一是强化京津冀金融合作。加快推进三地金融市场一体化建设，联合制定出台区域内金融互投、产业交易的政策与机制，共同建立统一的质押抵押制度，促进区域内支付清算、异地存储、信用担保等业务同城化，三地按照一定出资比例探索建立产业结构调整基金、创业投资基金、成果转化基金等协同发展基金，降低跨行政区划金融交易成本。二是推动资本赋能科技创新。聚焦绿色低碳、数字信息、先进制造业等技术创新领域，鼓励京津冀地区各类银行创新科技信贷产品，在三地加大知识价值信用贷款推广力度，扩大风险补

偿基金规模，拓展合作金融机构范围，支持银行等金融机构设立科技金融支行或专业管理部门，强化区域创新能力提升的资本支撑。三是增强资本市场服务能力。积极引进银行、证券、租赁、信托、保险等传统金融机构，支持其开展并购重组、企业上市、债券融资、股权托管等多元化服务。培育和引入担保公司、消费金融、财富管理中心、互联网金融机构等新型资本服务机构，打造不同规模、不同风险偏好的融资服务主体。

第四节　打造高能级产业创新平台

产业创新平台是一个地区推进产业高质量发展的主战场，做优做强产业创新平台已经成为塑造区域竞争优势的战略选择。经过多年发展，京津冀地区产业创新平台发展迅速，在区域经济中的功能地位不断增强，但产业创新平台发展层次与水平差异过大、创新平台与制造业发展区域错配、公共服务体系不完善等情况依然突出，产业创新平台对区域制造业创新发展的支撑能力亟待提升。未来必须加快推动科技园区、研发平台、公共服务平台和合作创新园区等高能级产业发展平台建设，打造京津冀制造业转型升级的强支撑。

一、促进科技园区创新发展

科技园区一般指研究机构和高新技术企业高度聚集的园区。长期以来，京津冀地区以各级高新技术产业开发区为代表的各类科技园区蓬勃发展，创新载体能力不断增强。但是，从整体来看，京津冀地区科技园区对制造业的支撑能力仍有不足，科技园区建设水平和发展水平差异较大，亟须加快促进科技园区创新发展，全面提高园区建设能级和创新承载力。一是实施科技园区“招优育强”行动，增强科技园区实力。以北京中关村科技园、天津滨海高新技术产业开发区、石家庄高新技术产业开发区为重点，支持重点高新技术产业开发区整合或托管区位相邻、产业相近、分布零散、创新基础较好的产业园区，打造集中连片、协同互补、联合发展的创新共同体，支持国家级高新技术产业开发区拓展园区规模，推动沧州高新技术产业开发区、衡水高新技术产业开发区等有实力的高新技术产业开发区申报国家级高新技术产业开发区，形成区域高水平科技园区集群梯次发展的态势。二是集聚整合创新要素，打造具备重大影响力的高新技术产业集群。以重大项目为突破口，以行业龙头企业为核心，围绕科技园区主导产业强化科技园区创新要素的集聚整合，促进企业与科研机构融通创新，构建集研发设计、组装加工、核心零部件、检验检测等于一体的全产业链体系，打造具有国际竞争力的高技术产业集群。三是提高企业创新发展能力，强化支撑园区内部中小企业。组织实施科技园区创新中小企业成长计划，鼓励科研院所、高等学校科研人员和企业科技人员在园区创办科技型中小企业，支持创新型中小企业做强核心业务，积极参与创新联合体建设，主动发现、培育一批研发能力强、成长潜力大、掌握关键核心技术的中小企业。四是创新管理体制，提高科技园区发展活力。以去行政化为导向，深化科技园区管理体制和运营机制改革，全面推进“管委会+公司”管理新模式，优化管委会职能配置，深化公司工资薪酬制度改革。创新项目谋划和招引机制，围绕配套主导产业、畅通区域产业链与供应链断点、跟踪落地转化科技创新成果，开展项目谋划和招引，不断增强产业发展势能。支持科技园区组织专业招商团队，持续开展多元化、市场化精准招商，提高招商引资效能①。

二、推进研发平台共建共享

研发平台是科技创新的核心载体，也是产业发展的策源地。在京津冀地区中，北京的研发平台在数量、层级和涉及领域等方面均居全国首屈一指的地位。相反，天津和河北的高能级研发平台相对较少，这也是津冀两地科技创新实力较弱的根源之一。因此，加快提升京津冀研发平台规模实力，推动三地研发平台共建共享，是推动京津冀制造业转型升级的必然要求。一是推动京津冀地区重大研发平台跨区域共建，聚集重点研发领域和制造业未来发展方向，联合优化国家级科研平台的区域布局，为三地联合共建国际科技创新中心注入不竭动力。二是强化科技机构跨区域协作，推动津冀与北京各级科研机构开展战略合作，共建一批产业技术创新联盟和产业技术创新平台；完善重大研发平台跨区域合作的体制机制，鼓励北京高层级研发平台在津冀两地设立分中心或工作站，形成跨区域、跨领域协同创新共同体。三是充分借力北京的创新资源，鼓励津冀两地制造业龙头

① 杨华．全面提升各类开发区建设水平[N]．河北日报，2022-08-17(7)．

企业在北京设立研发中心，招揽当地高层次技术人才，开展企业急需技术的研发；支持企业与高等院校、科研院所联合设立科研平台、工程技术研究中心，开展技术攻关。四是促进区域内研发平台资源共享，发挥京津冀地区科研资源密集的优势，推动重大科研基础设施和大型科研仪器的有序开放，推动管理单位与科技创新机构建立互联对接渠道，完善科研设施与科研仪器开放共享机制，全面提升区域科技研发水平。

三、提升科技公共服务平台能级

科技公共服务平台是科技创新平台体系的重要组成部分，近年来，京津冀地区科技公共服务平台加速发展，跨行政区划的平台框架体系日趋完善，但与京津冀地区科技创新与制造业融合发展的整体要求相比，在区域创新创业服务、科技金融、知识产业保护等专业性服务方面仍存在一定的差距。因此，加快提升京津冀科技公共服务平台，是推动京津冀制造业转型升级的紧迫任务。一是强化创新创业服务平台建设，以京津冀各类科技园区和各级高新技术产业化基地为重点，建设一批科技企业孵化器和创业辅导基地。创新孵化服务模式，完善创业孵化服务链条，大力发展市场化、专业化、集成化、网络化的众创空间。二是提升科技金融平台服务能力，鼓励京津冀地区各类银行创新金融产品，优化科技银行布局，鼓励科技小额贷款公司、政策性科技融资担保公司等为科技型企业提供融资服务的机构发展，成立培育一批新型科技投融资机构；依托北京股权交易中心有限公司、天津滨海柜台交易市场股份公司、河北股权交易所股份有限公司等区域性股权交易机构，完善企业入市、退市机制，提升培训、咨询、展示、交流和线上交易功能，构建与新三板、科创板和主板在交易与业务等方面的联动渠道，打造全方位、多层次的创新资本服务平台。三是完善配套服务平台功能，推动京津冀地区知识产业服务机构跨省（市）设立分支机构，鼓励各类市场主体投资设立知识产权代理、评估、交易、咨询等服务机构；借助国家知识产权局在京津冀地区的专利信息服务中心，完善展示交易、法律咨询、专利检索、宣传培训、人才培养等功能，打造综合性的知识产权服务平台；放开检验检测认证机构市场准入，支持国内外检验检测机构在京津冀地区设立分支机构，鼓励社会资本以多种方式发展检验检测认证服务，加快培育一批第三方检验检测认证机构。

四、建设跨区域创新合作园区

自京津冀协同发展战略实施以来，一大批跨区域产业合作平台、创新合作园区不断涌现，已经成为推动京津冀产业协同创新的重要突破口，未来创新合作园区仍是推动京津冀产业协同创新向纵深发展的核心载体，也是推动科技创新与产业发展联动升级，助推京津冀制造业升级的关键抓手。未来要以京津冀区域创新合作园区、国内外创新合作园区等为重点，加快建设一批标杆创新合作园区，打造京津冀制造业高质量发展的强有力支撑。一是加快建设石保廊全面创新改革试验区、河北・京南国家科技成果转移转化试验区等重大创新合作园区建设，鼓励京津冀三地拓展合作领域，创新合作方式。支持北京拥有先进适用技术成果的企业落户创新合作园区，率先在科技合作、技术交易、科技金融等方面形成一批探索性支持政策，打造引领跨区域创新合作园区建设的排头兵。二是以京津冀地区高新技术产业开发区为重点，持续强化共建创新合作园区，建立统筹产业规划、创新要素、人才服务、建设标准、品牌打造的高新技术产业开发区创新联合体，形成区域协同创新格局。依托天津经济技术开发区、天津滨海中关村科技园、北京（曹妃甸）现代产业发展试验区、北京・沧州渤海新区生物医药产业园等跨区域产业合作平台建设，促进技术、成果、资金、人才等创新要素自由流动、高效集聚、开放共享。支持园区转移落户企业巩固原有科研合作关系，进一步强化与北京科研机构、研发平台在技术创新、成果转化方面的协作，使京津冀科技创新与产业发展形成紧密的、链式共生的发展关系。三是新建一批创新合作园区，顺应北京创新资源外溢和城市郊区化的发展趋势，积极利用北京周边良好的交通设施、生态环境、人文环境和前期合作基础，重点在天津宝坻与河北的怀来、固安、涞水等地，通过高等院校或科研单位迁建、科研项目合作、成果引进等方式，完善相关创新创业配套服务设施和体系建设，选址建设创新微中心和创新合作园区，形成京津冀地区跨区域协同创新的新亮点。四是加强与长三角、粤港澳等国内先进地区产业园区的创新合作，以互利共赢、长期协作为目标，谋划建立成果对接、平台共建、资源共享的跨区域合作机制。

第五节　构筑开放创新高地

当今世界，百年未有之大变局加速演进，科技革命方兴未艾，全球产业链、供应链面临重塑；但逆全球化、单边主义、贸易保护主义思潮暗流涌动，并呈现进一步抬头的趋势。京津冀地区打造全球创新高地，必须保持更加开放的姿态，坚持全球视野，把握时代脉搏，以更加开放的态度积极参与全球创新网络，全力构建具备世界竞争力的制造业产业集群。

一、加强国际创新交流合作

推动国际创新与产业的全方位合作，是京津冀地区积极融入新发展格局的关键抓手和举措。促进区域制造业创新链与产业链融合对接，需要加强与各国的交流合作，共同把脉前沿科技和未来产业发展的新趋势，为我国乃至全球经济发展提供强大动力支撑。一是推动创新领域开放共享。鼓励创新龙头企业和知名科研机构全面加强科技交流合作，推动科研基础设施共建、创新资源共享，联合推动行业领域创新规则、创新标准的制定和修订；支持各类企业等创新主体开展国际交流研讨，组织重点学术会议及品牌性交流活动，参加境外知名展览、展会和重点对接活动。与境外大学、研究机构或科技企业等确立长期稳定的合作关系，推动重点领域企业和科研机构选派核心管理人员和技术人才参与境外培训。二是深化国际产业投资合作。立足京津冀制造业优势集群，深化国际产能合作，优化升级重资产投资运营、轻资产管理输出等合作模式，统筹建设与各类产业园区配套衔接的境外经贸合作区，提升产业海外投资的聚合力和风险抵御能力。三是完善国际投资服务体系。健全企业涉外专业服务体系，积极搭建信息服务、项目对接、信用统保等服务平台，加快培育面向境外投资和跨国经营的中介服务机构。积极构建与更高开放水平相适应的海外利益保护体系和风险预警防范体系，进一步增强海外应急支援能力。

二、鼓励创新主体“走出去”

当前，全球科技创新竞争越发激烈，加快创新型企业、科研机构等创新主体“走出去”的步伐，已经成为京津冀地区主动融入国际创新网络，紧跟乃至引领国际产业发展趋势，提升技术和产业的影响力和话语权，打造国际科技创新中心和全球创新高地的必然选择。一是积极培育跨国创新主体。以科技领军企业、高水平科研机构、成长型中小企业为重点，积极拓展与世界先进创新区域的合作，支持各类创新主体建立以技术、品牌、服务为核心的创新优势，积极开展科技创新合作、全球制造布局、资源利用开发和营销网络建设，加快形成一批具备国际影响力的知名创新主体，增强配置全球资源的能力。二是设立境外科技园区。密切跟踪国际科技竞争格局变化趋势，结合京津冀地区创新型企业的技术需求、产品出口及投资国别等条件，推动各级科技主管部门、高新技术企业和创新型企业与相关国家及机构开展战略合作，在相关领域具有突出创新优势或顶尖创新资源的国家或地区建设境外科技园区、创业基地和国别合作园区，为利用海外创新资源、国内创新型企业“走出去”提供高能级载体支撑。三是推动建立海外研发机构。聚焦京津冀着力发展的量子信息、人工智能、生物医药、新材料等新兴产业领域，引导各领域创新型企业与国外大学和研究机构合作，优化研发布局，积极设立海外研发中心和孵化平台，共享科研设施和专业化服务，及时吸纳国际前沿技术成果，获取新的技术优势，助力国内技术产品升级。

三、积极引进国际创新资源

近年来，京津冀科技创新水平快速提升，但在一些领域，尤其是前沿技术研发方面与国际先进水平仍存在较大差距，要顺应全球创新资源加速向我国集聚的趋势，在推动创新主体“走出去”的基础上，坚持与“引进来”双向发力，深度利用全球创新资源，形成国际高端创新要素集聚的“强磁场”，助推区域制造业高质量发展。一是引进高水平国际化人才。利用各级创新基地、新型研发机构、重点实验室等创新平台，面向全球引进和使用各类人才资源，与国际知名高校建立长期稳定的战略合作关系，开辟高端人才引进绿色通道，探索建立便利化的境外专业人才执业资格认证制度，打造全球知名的创新人才集聚高地。二是引进高能级研发机构。借助北京中关村的成功经验，在京津冀地区全面推行“外资

研发激励计划”，鼓励外资企业扩大研发投入，加快建立区域性研发中心。借助京津冀地区广阔的市场前景和良好的科研环境，重点在新一代信息技术、生物医药、新材料、新能源等领域吸引全球创新资源，推动全球顶尖科技领军企业优化研发布局，在京津冀布局建设全球科技创新中心和开放创新平台。三是引进多层次创新服务机构。充分利用北京国际交往中心和科技创新中心的地位优势，在北京引进行业高度认可的顶级国际科技组织、国际期刊等，在雄安新区设立分支机构，定期举办国际性学术会议和活动，搭建全球知名的常态化创新交流平台。积极引进知名技术转移服务机构和培训机构，为技术成果、人才团队和技术产品“引进来”“走出去”，提供与国际接轨的市场评估、信息咨询、技术转移等相关服务。

第六节　优化创新成果扩散环境

将创新成果转化为生产力，需要经历研发、中试、孵化、量产等环节，需要众多的机构与人员参与，由政策、资金、信息、制度等多种要素共同构成的外部环境，对成果转化效率的作用尤为突出。京津冀地区作为我国科技研发水平最高的区域之一，但创新成果内部转化效果不佳，成果扩散环境不优。要建立系统性思维，着力打通成果转化中的“堵点”“难点”，加速京津冀地区科技成果的转移转化进程。

一、建设成果转化平台

推动京津冀制造业创新链与产业链深度融合，科技成果顺利高效转化是“最后一公里”。各级各类转化平台是科技成果产业化的主要载体，平台体系的完善程度决定了创新成果的扩散范围和扩散效率，要加快完善创新成果转化园区体系、中试孵化体系、交易与服务平台体系，促进京津冀地区创新成果顺利转移转化。一是推动成果转化示范区扩能升级。充分发挥河北·京南国家科技成果转移转化示范区等科技成果转化高地作用，加快示范区扩区进程，探索跨区域创新要素转移承接及与河北产业创新需求对接转化的新模式、新机制和新政策。对标长三角、粤港澳等先进地区，完善现代化基础设施、服务设施、科研设施和产业设施等，推动发展环境、发展水平和综合承载力全面升级，推动天津市（东丽）科技成果转移转化示范区等科技成果转移化示范区建设，增强曹妃甸区、渤海新区、正定新区等重点园区承接功能，打造高水平的成果转化园区体系。二是加强中试熟化平台建设。支持各地围绕特色产业和未来产业发展重点，推动各级政府与龙头企业、高校和科研院所共建科技成果中试熟化平台、孵化器、众创空间，重点提供从实验研究、中试熟化到生产过程所需的仪器设备、中试生产线等资源，开展研发设计、检验检测、技术标准制定等服务，提升科技成果成熟度，促进科技成果到企业的无缝转化。三是完善成果交易及服务体系。依托中国国际技术转移中心、京津冀技术交易河北中心、天津科技成果展示交易运营中心、石家庄科技大市场等技术交易平台，引进培育一批知识产权、科技金融、管理咨询等领域中介服务机构，完善提升成果披露、知识产权保护及转让、无形资产管理等相关职能，定期举办科技成果发布会、对接会等活动，打造京津冀地区专业化的创新成果交易平台体系。围绕人工智能、生物医药、新能源、新材料等新兴领域和钢铁、装备、化工等传统优势行业，鼓励产业发展重点地区、行业龙头企业、社会机构共同合作建设一批垂直性、行业性的技术交易市场和技术交易平台，提供专业化、个性化的技术转移服务。

二、创新成果转化机制

京津是我国技术输出最为集中的区域，多年来两地年度技术合同成交额均保持全国的1/4以上，其中仅北京就占全国的1/6①。对于京津冀地区而言，面对如此巨大的科技宝藏，不仅需要转化平台、交易平台、服务平台等硬件环境的支撑，还需要建立创新成果的挖掘机制、发现机制、对接机制和转化机制，推动产业技术的有效匹配和转化。一是完善成果发现机制。充分挖掘京津成熟科技成果，推动津冀各级政府和科技部门联合高等学校、科研院所编制科技成果供给指南，并在技术转移中心、技术市场等发布相关信息动态。梳理区域产业技术需求清单，定期召开综合性和行业性产业技术供需对接会等活动，在相关领域寻求与区域技术需求相匹配的成熟科技成果，畅通联结产业技术供需两端，推动创新成

① 《中国高技术产业统计年鉴 2020》。

果尽快、尽早为企业所用。二是优化成果对接机制。发挥津冀近邻北京的区位优势，探索建立派驻代表机制，鼓励京津冀地区政府、产业园区、行业龙头企业选派技术能力强、产业化开发经验丰富的人才、技术经纪人等进驻各类研究平台、研究机构，跟踪研发动态，及时获取更及时、更先进的科研成果。三是推广北京·沧州渤海新区生物医药产业园承接模式，强化已转移企业的引领带动作用和样板效应。鼓励河北采取“以商招商、以企引企”的方式，推进京津产业向河北组团化、链式化转移，打造若干先进制造产业基地，形成聚集发展效应。创新飞地模式，鼓励河北借力北京创新资源、人才资源，谋划建设“飞地研究院”，支持具备实力、创新需求强烈的企业在京津设立研发中心，提升科研能力和实力。

三、完善成果转化配套体系

创新成果转移转化的效果除了与载体平台、体制机制、政策措施等密切关联以外，成果转入地的产业配套、公共服务能力、创新氛围等配套条件也起着至关重要的作用。要从优化科技成果转移转化的配套环境着手，加速完善配套产业、设施及制度建设，最大限度提升科技成果转移转化效率。一是完善产业配套环境。成果转入地应围绕传统产业转型升级和新兴产业发展的目标和要求，分析相关重大科技成果转化所需的产业链配套条件，超前谋划引进相关产业链项目，为创新成果的引进和转化创造良好的基础配套条件。二是提升成果转入重点区域公共服务水平。按照城市和园区发展建设的要求，针对创新人才和企业对公共服务设施的需求，以多种方式提升教育、文化、卫生、体育等公共服务设施水平，提高创新发展环境的吸引力和竞争力。三是积极营造创新发展氛围。积极倡导“尊重知识、崇尚创新、诚信守法、公平竞争”的知识产权意识，大力营造敢为人先、敢冒风险、勇于创新、敢于竞争、宽容失败的良好氛围。加强对重大科技成果、典型创新人物、创新型企业的宣传，加大对创新创造、成果转移转化的表彰奖励力度，充分激发创新创业活力。

参考文献

[1]Al-Omoush K S, De Lucas A, Teresa Del Val M. The Role of E-supply Chain Collaboration in Collaborative Innovation and Value-co Creation[J]. Journal of Business Research, 2023, 158(5).

[2]Corvello V, Felicetti A M, Steiber A, Alänge S. Start-up Collaboration Units as Knowledge Brokers in Corporate Innovation Ecosystems: A Study in the Automotive Industry[J]. Journal of Innovation & Knowledge, 2023, 8(1).

[3]Duranton G, Puga D. From Sectoral to Functional Urban Specialization[J]. Journal of Urban Economics, 2005, 57(2): 343-370.

[4]Fu S Q, Wang Y D. Research on the Fusion Mechanism of Innovation Chain and Fund Chain in Strategic Emerging Industries[J]. E3S Web of Conferences, 2021, 235(1).

[5]Herrigel G, Wittke V, Voskamp U. The Process of Chinese Manufacturing Upgrading: Transitioning from Unilateral to Recursive Mutual Learning Relations[J]. Global Strategy Journal, 2013, 3(1): 109-125.

[6]Li Y, Qian K Y, Sun X Y. Research on the Upgrading Path of Regional Equipment Manufacturing Industry[J]. E3S Web of Conferences, 2021(235): 1048.

[7] Martinus K. Informal Groups, Disruptive Innovations, and Industry Change in Low-tech Peripheries[J]. Geographical Research, 2021(2): 256-268.

[8]Xie Z, Zang G X, Wu F F. On the Relationship between Innovation Activity and Manufacturing Upgrading of Emerging Countries: Evidence from China[J]. Sustainability, 2019, 11(5): 1309.

[9] Yang H X, Liu Y Y. Research on the Construction of Manufacturing Industry Chain Ecosystem-A Case Study of Tianjin Manufacturing Industry [J]. Sustainability, 2023, 15(4): 2943-2943.

[10] Ye W Z, Hu Y P, Chen L M. Urban Innovation Efficiency Improvement in the Guangdong-Hong Kong-Macao Greater Bay Area from the Perspective of Innovation Chains [J]. Land, 2021, 10(11): 1164.

[11] 安增军，许剑. 福建省区域间产业转移模式研究[J]. 发展研究，2008(10): 78-81.

[12] 蔡翔. 创新、创新族群、创新链及其启示[J]. 研究与发展管理，2002(6): 38-42.

[13] 昌盛. 广西战略性新兴产业高质量发展对策研究——基于产业链与创新链协同视角[J]. 市场论坛，2020(12): 32-35.

[14] 陈爱祖，惠红旗. 促进创新链与产业链精准对接[N]. 河北日报，2018-07-18(7).

[15] 陈刚，陈红儿. 区际产业转移理论探微[J]. 贵州社会科学，2001(4): 2-6.

[16] 陈柳，张月友. 后疫情时代中国产业链现代化与制造业高质量发展[M]. 北京：中国财政经济出版社，2021.

[17] 陈璐，边继云. 京津冀协同发展报告[M]. 北京：经济科学出版社，2022.

[18] 陈雄辉，陈铭聪，孙熹寰，罗崴，吕春甜. "四链"融合发展水平评价研究——以广东地区为例[J]. 中国科技论坛，2021(7): 113-120.

[19] 陈雪柠. 北京独角兽企业占全球 6.8% 多项创新要素指标全国居首[EB/OL]. [2022-08-10]. 金台资讯，https://baijiahao.baidu.com/s?id=1740735862007232097&wfr=spider&for=pc.

[20] 陈政. 泛珠三角区域产业分工与协作机制研究[M]. 成都：西南财经大学出版社，2013.

[21] 褚思真，万劲波. 创新链产业链的融合机制与路径研究[J]. 创新科技，2022, 22(10): 47-57.

[22] 创邑园区荟. 背靠京津，河北的科技创新为什么不行？[EB/OL]. [2021-08-23]. https://view.inews.qq.com/a/20210823A05DUZ00.

[23]崔志新，陈耀．基于复杂系统的区域科技创新系统协同度测评研究——以京津冀区域为例[J]．城市，2019(2)：5-15.

[24]邓线平．以生态式发展促进产业链创新链双向融合[N]．广州日报，2021-08-30.

[25]杜传忠，刘英基．区际产业分工与产业转移研究[M]．北京：经济科学出版社，2013.

[26]樊继达．加强创新链和产业链对接[N]．学习时报，2021-02-03(3).

[27]付宁，陈建．北京经开区：打造全球“新药智造”产业高地[EB/OL]．[2023-02-22]．青瞳视角，https：//baijiahao. baidu. com/s？ id=1757803967107303195&wfr=spider&for=pc.

[28]高洪玮．推动产业链创新链融合发展：理论内涵、现实进展与对策建议[J]．当代经济管理，2022，44(5)：79-86.

[29]郭红兵，徐淑一，曾玉叶．基于复合系统协同度模型的科技金融“三链协同”研究——北京、上海和广东的一个比较实证分析[J]．南京财经大学学报，2019(5)：28-38.

[30]国家重点实验室布局一二三[EB/OL]．[2021-06-18]．中芯实验室，https：//www. smic-lab. com/m/view. php？ aid=156.

[31]国新网．国新办举行促进工业和信息化平稳运行和提质升级发布会[EB/OL]．[2022-02-28]．国务院新闻办公室新闻发布会，http：//www. scio. gov. cn/xwfb/gwyxwbgsxwfbh/wqfbh_2284/2022n_2285/2022n02y28rsw/.

[32]韩江波．创新链与产业链融合研究——基于理论逻辑及其机制设计[J]．技术经济与管理研究，2017(12)：34-38.

[33]河北省钢铁产能布局情况分析[EB/OL]．[2022-05-11]. http：//finance. sina. com. cn/money/future/roll/2022-05-11/doc-imcwiwst6820040. shtml.

[34]洪银兴．围绕产业链部署创新链——论科技创新与产业创新的深度融合[J]．经济理论与经济管理，2019(8)：6-12.

[35]湖南省科技厅．长株潭国家自主创新示范区简介[EB/OL]．[2023-03-23]．http：//kjt. hunan. gov. cn/kjt/ztzl/zzcx/sfgk/202112/t20211229_21326164. html.

[36]华高莱斯．东京湾区主题系列(三)——产业格局的重塑[EB/OL]．[2020-01-19]. https：//m. thepaper. cn/baijiahao_19658991.

[37]华经产业研究院.2021年天津市开发区、经开区及高新区数量统计分析[EB/OL].[2022-07-28].https://www.huaon.com/channel/distdata/823176.html.

[38]华经产业研究院.2021年天津市开发区、经开区及高新区数量统计分析[EB/OL].[2022-07-28].华经情报网，https://www.huaon.com/channel/distdata/823176.html.

[39]化易天下.中国前10化工大省，强势领域、重点化工产品产能占比介绍[EB/OL].[2022-08-03].https://baijiahao.baidu.com/s?id=1740107774960498729&wfr=spider&for=pc.

[40]环球网.《政府工作报告》里有个"湾区"，是个啥概念？[EB/OL].[2017-03-10].https://baijiahao.baidu.com/s?id=1561361458959914&wfr=spider&for=pc.

[41]黄群慧.背靠京津，河北的科技创新为什么不行？[EB/OL].[2021-08-23].园区荟，https://c.m.163.com/news/a/GI3BNF0J0519MU3H.html.

[42]江曼琦，刘晨诗.基于提升产业链竞争力的京津冀创新链建设构想[J].河北学刊，2017，37(5)：159-165.

[43]蒋国俊，蒋明新.产业链理论及其稳定机制研究[J].重庆大学学报(社会科学版)，2004(1)：38-40.

[44]金东.新时期河南创新链产业链融合发展研究[J].管理工程师，2021，26(5)：4-10.

[45]金浩，李娜.京津冀区域经济系统的协同度分析[J].天津商业大学学报，2021，36(4)：52-58.

[46]金台资讯.钢铁行业的"破"与"立"[EB/OL].[2023-01-24].https://baijiahao.baidu.com/s?id=1755869550485559316&wfr=spider&for=pc.

[47]《京津冀协同发展的展望与思考》编委会.京津冀协同发展的展望与思考[M].北京：首都经济贸易大学出版社，2015.

[48]京津冀协同发展统计监测协调领导小组办公室.京津冀协同促发展区域发展指数持续提升[EB/OL].[2022-12-28].国家统计局，http://www.stats.gov.cn/xxgk/sjfb/zxfb2020/202212/t20221230_1891327.html.

[49]京津冀协同发展统计监测协调领导小组办公室.京津冀协同促发展区域发展指数持续提升[EB/OL].[2022-12-28].国家统计局，http://www.stats.gov.cn/sj/zxfb/202302/t20230203_1901694.html.

[50]强化未来产业前瞻谋划能力[N/OL]. 经济日报. [2022-08-20]. https://baijiahao. baidu. com/s? id=1741626038561711534&wfr=spider&for=pc.

[51]匡茂华，邓宜娇，刘青. 长株潭城市群创新链与产业链融合发展的路径研究[J]. 城市学刊，2021，42(1)：24-31.

[52]郎咸平. 拯救中国制造业：产业链理论实践案例[M]. 北京：东方出版社，2015.

[53]李宏宇. 京津冀产业链、创新链和供应链协同融合的路径分析[J]. 全国流通经济，2022(2)：114-116.

[54]李洪兴. 建设制造强国，把制造业做实做优做强(评论员观察)——强国之路正扬帆[N]. 人民日报，2022-09-19(5).

[55]李靖. 新型产业分工：重塑区域发展格局[M]. 北京：社会科学文献出版社，2012.

[56]李岚等. 构建现代产业体系——河北强省之路[M]. 石家庄：河北人民出版社，2011.

[57]李奇霖. 我们能从旧金山湾区借鉴到什么?[EB/OL]. [2019-08-29]. https://www. 163. com/dy/article/ENP9GN030519IGF7. html.

[58]李上，鲁鹏，姜立嫚，马婧文，周歆华. 产业链、创新链与标准链"三链融合"的理论与实践[J]. 财经界，2020(35)：27+85.

[59]李霞. 以产业链创新链融合促经济能级跃升[N]. 中国财经报，2022-05-17.

[60]李晓锋，李春成. 基于国内外实践的区域四链融合规律及启示[J]. 科技和产业，2016，16(9)：4-7.

[61]李心芹，杜义飞，李仕明. 产业链中间产品动态定价研究[J]. 经济师，2005(3)：25-26.

[62]李新安. 区际产业转移与产业链整合：以中部地区为样本[M]. 北京：社会科学文献出版社，2014.

[63]梁文良，黄瑞玲. 江苏高技术产业"三链"融合度的测度与评价——基于复合系统协同度模型的实证研究[J]. 现代管理科学，2022(1)：53-62.

[64]林淼，苏竣，张雅娴，陈玲. 技术链、产业链和技术创新链：理论分析与政策含义[J]. 科学学研究，2001(4)：29-32+37.

[65]刘长辉，周君，王雪娇．经济区与行政区适度分离视角下跨区域要素流动与产业协作治理路径研究——以成渝地区阆中市、苍溪县、南部县三县(市)为例[J]．规划师，2022(6)：51-56.

[66]刘畅．承接载体精准对接，推动产业链和创新链深度融合[N]．天津日报，2022-03-17(9).

[67]刘海军．深度融合产业链创新链，加快提升制造业创新能力[N]．湖北日报，2021-03-12(6).

[68]刘和东．高新技术产业创新系统的协同度研究——以大中型企业为对象的实证分析[J]．科技管理研究，2016，36(4)：140-144+168.

[69]刘立军．"双循环"新发展格局的核心：产业链奠基、创新链赋能[J]．江苏师范大学学报(哲学社会科学版)，2021，40(1)：118-127+129.

[70]刘永彪，刘晓曦．聚力推进创新链产业链深度融合[J]．群众，2022(5)：33-34.

[71]刘志金，李岚等．河北省工业结构政策研究[M]．石家庄：河北人民出版社，2004.

[72]鲁洁，秦远建．创新链的构建与协同治理研究[J]．武汉理工大学学报(信息与管理工程版)，2017(1)：85-88+93.

[73]陆军．强化企业创新主体地位　促进创新链产业链融合[EB/OL]．[2021-07-29]．https：//www.fx361.com/page/2021/0729/8624841.shtml.

[74]吕沙，徐文瑞．西部地区创新链和产业链深度融合研究——以成都市航空航天产业为例[J]．现代经济信息，2019(5)：491+493.

[75]马海霞．区域传递的两种空间模式比较分析——兼谈中国当前区域传递空间模式的选择方向[J]．甘肃社会科学，2001(2)：31-33.

[76]孟庆松，韩文秀．复合系统协调度模型研究[J]．天津大学学报，2000(4)：31-33.

[77]孟添，祝波．长三角科技金融的融合发展与协同创新思路研究[J]．上海大学学报(社会科学版)，2020(4)：64-79.

[78]倪君，刘瑶，陈耀．"两链融合"与粤港澳大湾区创新系统优化[J]．区域经济评论，2021(1)：99-106.

[79]庞卫宏，曲吉波，刘莉．基于产业链结构的整合模式研究[J]．经济研究导

刊，2015(12)：45-46+61.

[80]祁红梅．推动创新链产业链深度融合[N]．河北日报，2021-08-18(7).

[81]全球共生研究院．共生型组织及其四大特征[EB/OL]．[2016-03-09]．http：//symbiosism. com. cn/39. html.

[82]芮明杰，刘明宇．产业链整合理论述评[J]．产业经济研究，2006(3)：64-70.

[83]深度！对河北钢铁工业加快转型升级、推动高质量发展的思考[EB/OL]．[2022-02-23]．中国钢铁新闻网，http：//www. csteelnews. com/xwzx/jrrd/2022 02/t20220223_60097. html.

[84]盛朝迅．推动产业链创新链深度融合[N]．经济日报，2022-04-27(10).

[85]石俊国，卢章平，刘炳宏．创新洼地如何推动创新链与产业链融合——以江苏省集成电路产业为例[J]．中国发展，2021，21(6)：57-62.

[86]苏晓洲，刘芳洲，谢樱．敢为天下新——长株潭自主创新新现象观察[EB/OL]．[2022-04-02]．海外网，https：//baijiahao. baidu. com/s? id=1729012341231208788&wfr=spider&for=p.

[87]孙明辉，郭倩倩，常胜利，王春霞，秦颐．京津冀协同背景下河北省创新链产业链融合发展研究[J]．中国储运，2022(5)：110-111.

[88]天津市科学技术发展战略研究院，河北省科学技术情报研究院．京津冀协同创新指数(2022)[M]．北京：科学技术文献出版社，2023.

[89]田桂玲．区域创新链、创新集群与区域创新体系探讨[J]．科学学与科学技术管理，2007(7)：199-200.

[90]田家林，顾晓燕．南京创新链与产业链融合发展的对策研究[J]．金陵科技学院学报(社会科学版)，2020，34(1)：42-46.

[91]田学斌，卢燕．新发展格局下京津冀产业链创新链深度融合推动河北产业高质量发展——2021京津冀协同发展参事研讨会综述[J]．中共石家庄市委党校学报，2022，24(1)：41-46.

[92]汪明峰，宁越敏，康江江，赵玉萍．城市产业链和创新链融合发展与规划策略研究——以杭州市为例[J]．上海城市规划，2020(6)：78-86.

[93]王晶晶．世界级先进制造业集群的"京津冀打法"[EB/OL]．[2023-05-17]．中国经济时报，https：//www. cet. com. cn/wzsy/ycxw/3377539. shtml.

[94]王全春．产业转移与中部地区产业结构研究[M]．北京：人民出版社，2008.

[95]王晓广．准确把握我国面临的战略机遇和风险挑战[EB/OL]．[2023-05-18]．人民智库，https：//baijiahao. baidu. com/s？id＝1766226697040908354&wfr＝spider&for＝pc.

[96]魏后凯．大都市区新型产业分工与冲突管理——基于产业链分工的视角[J]．中国工业经济，2007(2)：30-36.

[97]武义青，张旭．奋力打造京津冀世界级制造业集群[J]．前线，2021(10)：61-63.

[98]夏业领，何刚，李恕洲．京津冀科技创新—产业升级协同度测度——基于复合系统协同度模型[J]．石家庄铁道大学学报(社会科学版)，2018，12(1)：5-12.

[99]夏择民．温州产业链创新链融合发展的问题与对策[J]．温州职业技术学院学报，2021，21(4)：18-23+39.

[100]小岛清．对外贸易论[M]．天津：南开大学出版社，1987.

[101]肖金城等．京津冀区域合作论——天津滨海新区与京津冀产业联系及合作研究[M]．北京：经济科学出版社，2010.

[102]邢超．创新链与产业链结合的有效组织方式——以大科学工程为例[J]．科学学与科学技术管理，2012，33(10)：118-122.

[103]亚洲开发银行技术援助项目 9042 咨询专家组．京津冀协同发展研究[M]．北京：中国财政经济出版社，2018.

[104]杨华．全面提升各类开发区建设水平[N]．河北日报，2022-08-17(7).

[105]杨泽伟．"创新链、资金链、服务链"融合发展的科技创新组织体系构建[J]．今日财富，2022(3)：76-78.

[106]叶堂林，李国梁等．京津冀蓝皮书：京津冀发展报告(2021)[M]．北京：社会科学文献出版社，2021.

[107]叶堂林．有效推动京津冀创新链和产业链双向融合发展[J]．北京观察，2000(9)：32-33.

[108]影响中国农业的 100 平方公里——从"中国硅谷"到"农业中关村"[EB/OL]．[2022-05-26]，https：//www. sohu. com/a/551277871_120167070.

[109]郁义鸿．产业链类型与产业链效率基准[J]．中国工业经济，2005(11)：

37-44.

[110]张凡勇，杜跃平．创新链的概念、内涵与政策含义[J]．商业经济研究，2020(22)：132-134.

[111]张晖，张德生．产业链的概念界定——产业链是链条、网络抑或组织[J]．西华大学学报(哲学社会科学版)，2012(4)：90-94.

[112]张早平．产业链一般具有哪些主要特征？[EB/OL]．[2020-07-06]．科易网，https：//www. 1633. com/ask/29458. html.

[113]赵梅阳．论企业转型升级之整合产业链模式：创享智库[EB/OL]．[2019-03-20]．北京创享智库，https：//www. sohu. com/a/302544034_499079?sec=wd&spm=smpc. author. fd-d. 1. 1553063421611Dx5g9Po.

[114]钟群英．“双链融合”推动赣南苏区振兴[N]．江西日报，2021-03-17(10).

[115]周桂荣，李亚倩．京津冀区域产业链整合与协同机制创新选择[J]．产业创新研究，2021(17)：5-10.

[116]周海鹏，李媛媛．区域金融协同创新测度与分析——以京津冀为例[J]．天津大学学报，2016，18(3)：47-52.

[117]周立群．创新、整合与协调[M]．北京：经济科学出版社，2007.

[118]周琳，商瑞．天津坚定实施制造业立市战略——以智能科技引领现代产业[N]．经济日报，2022-10-09(7).

[119]周维富．京津冀产业协同发展的进展、问题与提升路径[J]．中国发展观察，2023(5)：11-15.

[120]周志霞．价值链视角下科技创新与产业升级研究[M]．北京：企业管理出版社，2021.